Genevieve Kingston
» Wenn ich dir nur sagen könnte ...«

GENEVIEVE KINGSTON

»Wenn ich dir nur sagen könnte ...«

Was von meiner Mutter bleibt

Aus dem amerikanischen Englisch
von Renate Graßtat

Mit 17 Schwarz-Weiß-Abbildungen

PIPER

Mehr über unsere Autorinnen, Autoren und Bücher:
www.piper.de

ISBN 978-3-492-07189-5
Die Originalausgabe erschien 2024 unter dem Titel
Did I Ever Tell You bei Marysue Rucci Books,
einem Imprint von Simon & Schuster, LLC, New York
© Genevieve Kingston, 2024
Für die deutsche Ausgabe:
© Piper Verlag GmbH, München 2024
Abbildungen: Mit freundlicher Genehmigung der Autorin
Satz: Uhl + Massopust, Aalen
Gesetzt aus der Fournier MT Std
Litho: Lorenz & Zeller, Inning am Ammersee
Druck und Bindung: GGP Media GmbH, Pößneck
Printed in Germany

Für Kristina, Peter und Jamie

Und für alle, die unserer Familie beigestanden haben

Als ich drei Jahre alt war, erfuhr meine Mutter, dass sie eine aggressive Form von Brustkrebs hatte. Jeden Tag saß sie stundenlang an unserem Esstisch, das dunkle Haar nach hinten gebunden, umgeben von Papierstapeln, dicht bedruckt mit Fachliteratur. Ich sah vom Durchgang zur Küche aus dabei zu, wie sie alle Behandlungsmöglichkeiten durchforschte, die sie nur finden konnte: konventionelle, alternative und auch die Anrufung der Mutter Maria.

Im Laufe der nächsten Jahre suchte sie Ärzte, Spezialistinnen, Homöopathen und Heilerinnen auf. Ein Chirurg schnitt ihr das vom Krebs befallene Fleisch aus dem Körper. Sie hielt sich an strenge Diäten und schluckte Berge von Tabletten. Sie flutete ihren Körper mit Chemotherapie und mit Karottensaft. Sie war immer auf der Suche nach einer Möglichkeit zu überleben.

Als ich sieben war, begannen sich die Materialien auf dem Esstisch zu verändern. Einwickelpapier und Schleifenbänder nahmen die Stelle von Blättern voller markierter Textstellen ein. Die Hände meiner Mutter waren unermüdlich am Werk, der geschorene Kopf mit dem dunklen Flaum darübergebeugt. Eine Schere raschelte durch Geschenkpapier. Papier knautschte unter ihren Fingern zusammen, Bänder wurden mit einem Schnipp auf die richtige Länge geschnitten, Knoten mit einem leisen Quietschen festgezogen. *Raschel, knautsch, schnipp, quietsch.* Sie war dabei, zwei Geschenktruhen zusammenzustellen: eine für Jamie, meinen älteren Bruder, und eine für mich.

In diese Truhen legte meine Mutter Geschenke und Briefe für alle Meilensteine unseres Lebens, die sie verpassen würde: Führerscheine, Abschlüsse und jeden einzelnen unserer Geburtstage bis zum Alter von dreißig Jahren. Als die Truhen voll waren, trug mein Vater sie hinauf in unsere Zimmer.

Jedes Mal, wenn ich diese Truhe öffnete, konnte ich eine Art gemeinsames Leben spüren – etwas, das sich meine Mutter für unsere Zukunft vorgestellt hatte. Wie einen kaum noch wahrnehmbaren Duft oder die ersten Töne eines vertrauten Liedes – jedes Mal ein Hauch ihrer Gegenwart.

Noch Jahre nach ihrem Tod stand die pinkfarbene Papptruhe auf dem Boden meines Kinderzimmers, und ich öffnete den Deckel, um meine Finger über die Reihen säuberlich eingewickelter Päckchen gleiten zu lassen, jedes versehen mit einem Kärtchen an dünnem, sich kräuselndem Geschenkband. Dicke Umschläge voll bedruckter Seiten, in der ordentlichen Handschrift meiner Mutter klar beschriftet – eine Einladung, die sich in eine Ermahnung hüllte: Nichts sollte vor der rechten Zeit geöffnet werden. Damals war die Truhe so schwer, dass ich sie nicht hochheben konnte.

In den letzten zwanzig Jahren ist sie mit mir auf einen anderen Kontinent gereist, von einem Staat in den anderen und von einer Wohnung in die nächste gezogen. Sie war immer das Erste, wofür ich einen Platz fand, sobald der Umzugswagen wieder abgefahren war. Sie hat in engen Nischen oder auf Zwischenböden und ganz hinten in Schränken gestanden; es war mir immer wichtig, sie zu schützen. Sie vor den Blicken anderer zu verstecken. Jedes Jahr ist die Truhe leichter geworden.

Jetzt sind nur noch drei Dinge darin übrig.

TEIL EINS

Das, wovor ich immer Angst gehabt hatte, geschah an einem Mittwochabend. Ich sah Jamie beim Warcraft-Spielen zu. Ich mochte es, ihn beim Computerspielen zu beobachten; auf diese Weise konnte er meine Anwesenheit am besten ertragen. Ich konnte ihm lange Zeit nah sein und seinen konzentriert nach unten geneigten dunklen Kopf ansehen, konnte seine auf den Laserstrahl gerichtete Aufmerksamkeit spüren, seinen tröstenden Jungsgeruch wahrnehmen, ohne dass er mir sagte, ich solle weggehen. Er kämpfte gerade gegen eine Gruppe von Orks, bewaffnet mit mittelalterlichen Schwertern, während grob gezeichnete animierte Schafe vom Rand aus der Schlacht zusahen. Jamie brachte mich zum Lachen, indem er auf ein Schaf klickte, damit es »Baa Ram Ewe« sagte. Dann klickte er noch ein paarmal darauf, damit es explodierte. Mein Vater kam ins Zimmer und sagte, wir sollten nach oben kommen.

Jamie hatte seinen Verlauf noch nicht gesichert und wollte das Spiel nicht unterbrechen.

»Eine Minute«, sagte er und schwenkte auf einen weiteren verpixelten Ork.

Mein Vater nahm ihn sanft am Arm. »Na komm«, sagte er mit seinem weichen britischen Akzent, der nach mehr als zwanzig Jahren in Kalifornien leicht verblasst war.

»Bitte, GLEICH – ?« Jamie drehte seinen Arm weg.

Nachdem er das Spiel abgespeichert hatte, folgten Jamie und ich unserem Vater die Stufen mit dem grauen Teppich hinauf und ins Schlafzimmer meiner Mutter. Ich konnte nicht sofort begreifen, was ich sah, obwohl ich es mir viele Male vorgestellt hatte.

Sie lag, wie schon seit Monaten, in dem Krankenhausbett, das wir in ihrem Zimmer aufgestellt hatten. Regen klopfte an die Fenster. Langsam streckte ich eine Hand aus. Ich hatte nicht direkt Angst, aber ich hätte kein besseres Wort gewusst. Sie jetzt zu berühren hieß, ein Mysterium zu berühren. Sie war nicht kalt, aber die Quelle ihrer Wärme fehlte. Was zurückblieb, war ein Nachhall, wie die leise Erinnerung an eine Verbrennung. Ich blickte in Jamies Gesicht, und mir stockte der Atem. Er kniete am Bett und legte seine Hände auf verschiedene Stellen ihres Körpers, ihr Bein, ihre Hand, ihre Wange, als würde er nach etwas suchen. Sanft zog er eins ihrer Augenlider zurück.

»Versuchst du, sie lebendiger aussehen zu lassen?«, fragte ich.

Er schüttelte den Kopf, legte seine Wange an ihren Bauch und schluchzte. Ich weinte nicht. Ich hatte jahrelang geweint, und jetzt, so schien es, war ich ausgetrocknet. Ein Teil von mir fühlte sich sogar erleichtert. Ich war es so leid, Angst zu haben.

Mein Vater hob ihren Körper hoch und trug ihn in sein Schlafzimmer – das sie früher gemeinsam benutzt hatten –, damit die Schläuche und anderen medizinischen Apparaturen weggeräumt werden konnten. Mich überraschte seine Stärke. Ich hatte nie gesehen, dass er sie getragen hätte, als sie noch am Leben war. Jetzt würden die Frauen in der Familie ihren Körper waschen und anziehen. Meine Mutter hatte mir gesagt, dass dies geschehen würde. Es handelte sich um ein Ritual, das sie für ihre Mutter durchgeführt hatte und das sie sich auch für sich wünschte. Antoinette, die Schwester meiner Mutter, ihre Cousine Sandy und ihre Freundin Sobonfu winkten mich alle ins Zimmer. Im Alter von elf Jahren erfuhr ich so, eingebettet in ihren Kreis, dass ich eine Frau war.

Wir zogen ihr das T-Shirt in Übergröße mit dem Schlitz am Rücken aus. Zu jener Zeit trug sie nur T-Shirts in Übergröße mit einem Schlitz hinten, weil man diese leicht an- und ausziehen konnte, ohne dass sie sich aufsetzen musste. Auf diesem war ein Bild mit einer Ente, die an eine Wand geklebt war, und der Aufschrift: *Duck Tape.* Meine Mutter lag nackt auf dem Bett und sah dabei nicht so sehr wie meine Mutter aus, sondern vielmehr wie ein Beweis für das, was man ihr alles angetan hatte. Ihre linke Brust war unter einer langen, horizontal verlaufenden Narbe eingezogen, und die Brustwarze fehlte. Eine weitere lange Narbe von der Operation ihres gebrochenen Rückgrats zog sich ihre Wirbelsäule entlang. Ein Medikamentenport aus Plastik verursachte eine kleine Erhebung in der Haut ihrer Brust. Ihr Gesicht und ihr Körper waren durch Steroide angeschwollen. Ihr Haar war nach einer letzten Chemo-Runde kurz, und auf ihrer Stirn zeigten sich blasse Narben, an den Stellen, an denen einst ein metallener Ring in ihren Schädel geschraubt worden war. Damit sollte der Krebs behandelt werden, der sich auf ihr Gehirn ausgeweitet hatte. Sie war wie eine Landkarte, dachte ich. Nur wusste ich nicht, wohin sie führte.

Jemand füllte eine Schüssel mit Wasser. Wir tauchten Tücher in die Schüssel und befeuchteten ihre Haut. Sie war jetzt kühler, sie verlor jede Minute an Wärme. Ich kämpfte gegen den Impuls an, mich auf ihren Rücken zu legen und ihn mit meinem Körper zu bedecken, um sie ein wenig länger warm zu halten. Die Zeit verging bereits sehr schnell. Sie rann mir durch die

Finger wie das Wasser, sosehr ich auch versuchte, die Sekunden in die Länge zu ziehen.

Ich bemerkte ein Muttermal auf ihrer Brust und versuchte, mir seine genaue Form und Position einzuprägen. Ich bemerkte die hellen Dehnungsstreifen, die sich um ihre Brüste und den Bauch abzeichneten, Spuren zweier Schwangerschaften. Ich bemerkte die feinen Furchen auf ihren Fingernägeln und die tiefen Linien in ihren Handflächen – und wünschte, ich könnte sie lesen. Vielleicht hatten sie eine Geschichte mit einem anderen Ausgang zu erzählen. Mir fiel das leuchtend grüne Display des CD-Weckers ins Auge: Es war zehn Uhr an einem Mittwochabend. Wir hätten eigentlich *Star Trek* sehen sollen.

Meine Mutter war ein schlaksiger, dunkelhaariger Teenager gewesen, als die ursprüngliche *Star-Trek*-Serie zum ersten Mal ausgestrahlt wurde. Ich stelle mir vor, dass sie – wie viele Mädchen ihres Alters – für Captain Kirk schwärmte, gespielt von dem jungen William Shatner. Als in den späten Achtzigern die Nachfolgeserie, *The Next Generation*, gesendet wurde, wurde das gemeinsame Ansehen der Folgen in unserer Familie ein Ritual. Solange ich zurückdenken kann, quetschten wir vier uns auf die abgenutzte braune Kunstledercouch, sobald die Worte »Der Weltraum, unendliche Weiten« im Bariton Patrick Stewarts von der Royal Shakespeare Company aus unserem klobigen schwarzen Fernseher erklangen. Diese Worte signalisierten, dass ich für die nächste Stunde von meiner Familie umgeben sein würde, sicher und geborgen. Meine Lieblingsfigur auf dem Raumschiff war Counselor Deanna Troi, und ich träumte davon, dass sich eines Tages meine glatten blonden Fransen in eine so beeindruckende dunkle Lockenpracht wie ihre verwandeln würden.

Für mich erschloss sich durch die Sendung auch ein neues

Zeitkonzept. Zeit war in *Star Trek* etwas, das verändert, umgestaltet und nachbearbeitet werden konnte. Wenn die »Enterprise« explodierte, wusste ich, dass jemand in der Zeit zurückgehen und sie reparieren musste. Tausendmal bin ich in meiner Fantasie durch die Ebenen der Zeit zurückgereist, bis hin zu dem Moment, als der Krebs meiner Mutter begann, um ihn herauszureißen, bevor er Wurzeln schlagen konnte.

Nach der Ausstrahlung der letzten Folge von *The Next Generation* erlaubte mir meine Mutter dann, mittwochabends lange mit ihr aufzubleiben, um *Star Trek: Voyager* zu sehen. Meine Bewunderung für die Kommandantin der »Voyager«, Kathryn Janeway, stellte das, was ich für Deanna Troi empfunden hatte, weit in den Schatten. Janeways Raumschiff war mitsamt seiner Crew in einem entlegenen Quadranten der Galaxie, Tausende von Lichtjahren entfernt von zu Hause, gestrandet. *Voyager* war eine Geschichte des Heimwehs, und ich empfand eine solche Sehnsucht, solange ich denken konnte – nicht einfach nach einem Ort oder einem Menschen, sondern nach einer Welt, in der meine Mutter nicht sterben würde. Und Captain Janeway hatte glattes, dunkelblondes Haar.

Mittwoch für Mittwoch sahen meine Mutter und ich dabei zu, wie die »Voyager« sich im Delta-Quadranten behauptete und ein weiteres Hindernis auf einer Reise, für die mehr als siebzig Jahre veranschlagt waren, aus dem Weg räumte. Zuerst saßen wir zusammen auf der Couch, wenn wir die Serie schauten, dann Seite an Seite in ihrem Krankenhausbett. Und schließlich, als sie nicht mehr wach war, saß ich beim Fernsehen an ihrem Bett und hielt ihre Hand. Sie verpasste die letzte Folge um drei Monate.

Und so war ich am Mittwoch, dem 7. Februar 2001, um zehn Uhr abends dabei, den Körper meiner Mutter zu waschen, und wünschte mir, ich könnte *Star Trek* einschalten. Ich sah in die Gesichter der anderen Frauen und wusste, dass ich ihnen das niemals würde erklären können: Warum ich noch einmal bei meiner Mutter sitzen wollte, wenn der Vorspann die Lichter von Novae und Warp-Antrieben über unsere Gesichter gleiten lassen würde. Warum ich gerade in diesem Moment das Bedürfnis hatte zu wissen, dass einige Dinge gleich blieben. Warum ich mich nach einem anderen Zeitverständnis sehnte. Ich hätte ihnen niemals erklären können, dass wir uns alle jahrelang gemeinsam auf einer Reise befunden hatten, meine Mutter, Captain Janeway, die »Voyager« und ich; einer Reise nach Hause, von der wir wussten, dass sie vielleicht unser ganzes Leben lang andauern würde.

Zehn Tage später wurde ich zwölf.

Ich wachte früh auf in einem stillen Haus, und wie an den vorhergehenden zehn Morgen fragte ich mich, ob ich alles geträumt hätte. Vielleicht würde ich, wenn ich meine Tür öffnete und den Flur mit dem grauen Teppich entlang zum Nebenzimmer ginge, sie dort liegen sehen, mit dem rieselnden Tropf, den summenden Apparaten und ihrem Atem, der die Luft um ihren Schlaf bewegte. An diesem Morgen lag ich im Bett, wie an den vergangenen zehn Morgen, bis die innere Verwirrung nachließ. Das hier war real. Das hier würde für den Rest meines Lebens real sein. Es würde auch noch real sein, wenn ich schon gestorben war.

Ich schwang meine nackten Beine aus dem Bett. Ich trug eins der Nachthemden, die meine Mutter für mich gemacht hatte. Jeden Sommer nähte sie drei: zwei langärmelige, ein kurzärmeliges, zwei aus Baumwolle, eins aus Flanell. Jedes Jahr machte sie sie eine Größe größer und setzte dabei sorgfältig die Taschen vorne auf, sodass sie sich perfekt ins Muster fügten. Dieses hier war zu klein, denn in den letzten zwei Jahren konnte sie nicht mehr gut genug sehen, um zu nähen, und sie konnte nicht aufrecht sitzen, um die Maschine zu bedienen. Es schnitt unter den Armen ein.

Meine Mutter und ich hatten am selben Tag Geburtstag, und in jedem anderen Jahr wäre ich den Flur entlanggerannt und zu ihr ins Bett gekrochen. Mein Vater hätte uns heiße Schokolade oder einen Blumenstrauß gebracht und uns »die Geburtstagsmädels« genannt. Meine Mutter hätte mich an sich gedrückt und wie jedes Jahr gesagt: »Das schönste Geburtstagsgeschenk, das ich je bekommen habe.« Stattdessen blieb ich in meinem Zimmer und schob den Zeitpunkt weiter auf, zu dem ich meine Tür würde öffnen und feststellen müssen, dass sie fort war.

Seit Monaten stand die Truhe schon in meinem Zimmer auf dem Boden, und ich hatte versucht, sie zu ignorieren. In dieser Zeit hatte sie eine Zukunft verkörpert, von der ich hoffte, dass sie niemals eintreten würde. Jetzt bewegte ich mich langsam aus dem Bett und kniete mich neben sie. Ich zog die Schnappverschlüsse einen nach dem anderen zurück, zögerte den Moment hinaus. Als ich den Deckel hob, sah ich als Erstes ein großes schwarzes, spiralgebundenes Notizbuch mit zwei roten Birnen auf dem Einband. Mein Atem beschleunigte sich, als ich es herauszog und die erste Seite aufschlug.

Liebste Gwenny,

eine Auflistung der beigefügten Briefe und aufbewahrten Andenken, um bedeutsame Ereignisse im Leben zu würdigen und zu feiern. Ich habe diese Liste für dich gemacht, nur für den Fall, dass etwas mit den Briefen oder Erinnerungsstücken

selbst passiert. Den Stift, mit dem ich sie geschrieben habe,
schenke ich dir auch und hoffe, dass du Freude daran hast.
In Liebe, Mommy

An dem Spiralbuch war mit einer Klammer ein grün-goldener Füllfederhalter befestigt – einer von denen, die mit flüssiger Tinte schreiben. Ich zog ihn heraus und fühlte sein erstaunliches Gewicht in der Hand. Tränen ließen die Worte vor mir verschwimmen. Meine Mutter hatte mir Jahre zuvor das Notizbuch gezeigt, und ich hatte es, genauso wie die Truhe, in meinem Kopf ganz nach hinten geschoben – wie ein Werkzeug, das ich gar nicht lernen wollte zu benutzen. Ich maß seine Dicke mit den Fingern ab und drückte es an meine Brust, hungrig nach den Worten, die es in seinem Inneren bereithielt.

Unter dem Notizbuch war die Truhe bis zum Rand vollgepackt. Päckchen in verschiedenen Formen und Größen waren wie in einem dreidimensionalen Puzzle angeordnet. Innen an dem gewölbten Deckel klebte ein dünnes Blatt Millimeterpapier, auf dem der gesamte Inhalt der Truhe systematisch aufgelistet war. Ich ließ meinen Finger die Liste entlanggleiten. Auf Geburtstage folgten Abschlüsse, darauf Heirat und Kinder. Neben jedem Teil zeigte ein Häkchen, dass er vorhanden war – abgehakt.

Ich durchsuchte die oberste Schicht der Päckchen, bis ich das mit der Aufschrift *Gwennys zwölfter Geburtstag* fand. Es war ein Pappkästchen mit einem Muster aus Muscheln und einem rosa Kringelband. Als ich es in der Hand hielt, fühlte ich plötzlich den ersten stechenden Schmerz der Neugier: Ich wollte sehen, was meine Mutter für mich ausgesucht hatte. Ich löste das Band und öffnete das Kästchen.

Darin fand ich einen kleinen Messingring in der Form einer

Blume mit einem winzigen Amethyst in der Mitte. Der Amethyst war unser Geburtsstein. Auf der Rückseite der Karte stand: *Herzlichen Glückwunsch, mein Schatz! Seite 8*, und ich blätterte durch die cremeweißen Seiten des Notizbuchs. Oben auf Seite acht war ein Foto des Rings, und darunter hatte meine Mutter ein paar Sätze geschrieben.

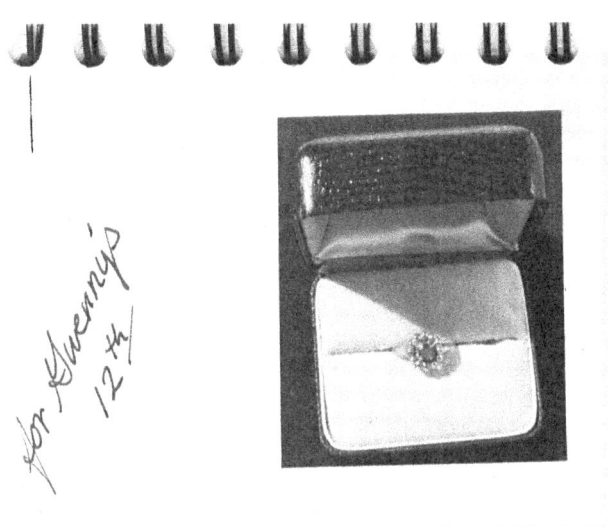

Liebe Gwenny,

das war mein zweiter Ring mit meinem Geburtsstein. Ich hatte immer einen Geburtsstein-Ring haben wollen, als ich ein kleines Mädchen war, und bettelte Granny Liz an, damit sie mir einen schenkte. Schließlich gab sie nach, und wir suchten in einem Schmuckladen im Ort einen hübschen kleinen Ring aus. Ich kann es gar nicht in Worte fassen, wie sehr ich ihn liebte. Eines Tages, als ich schwimmen ging, wickelte ich ihn in mein Handtuch ein, um ihn sicher aufzubewahren. Als ich vom Schwimmen zurückkam, war er weg. Ich war am

Boden zerstört. Aber Granny Liz und ich fanden dann diesen
bei Cost Plus in San Francisco. Ich hoffe, er gefällt dir auch.
    xox Mommy

Der Ring passte auf meinen rechten Zeigefinger. Ich zog ihn
über und stellte mir vor, wie meine Mutter denselben Ring zum
ersten Mal auf ihren Finger gesteckt hatte. Ich versuchte, sie
mir so vorzustellen – ein kleines Mädchen, voller Schuldgefühl,
weil es den alten Ring verloren hat, und voller Dankbarkeit für
den neuen. Dieser Moment lag über drei Jahrzehnte zurück.
Ich wurde an dem Morgen geboren, als meine Mutter sieben-
unddreißig wurde. An diesem Tag wäre sie neunundvierzig
geworden. Ich hielt das Notizbuch offen auf meinem Schoß
und zeichnete die Spuren ihres Füllers nach. Ihre Worte, mit
denen sie die Kluft zwischen uns überbrücken wollte, bohrten
sich durch Zeit und Raum. Ich las sie immer und immer wieder.

Ich weiß nicht mehr, wie und wann ich erfuhr, dass meine Mutter krank war. Meine Erinnerung setzt erst eine Weile nach dem Tag ein, an dem sie mit der Nachricht vom Arzt zurückkam, dass der Knoten in ihrer Brust kein verstopfter Milchkanal war, aus der Zeit, als sie mich gestillt hatte. Ich erinnere mich nicht mehr an das blaue und weiße Haus, in dem wir lebten, als all das passierte, abgesehen von den undeutlichen Konturen eines splitterigen hölzernen Klettergerüsts und der Kinderzimmertapete mit den Enten am oberen Rand. Irgendwo in diesem Haus muss es einmal einen winzigen schwarz-weißen Welpen gegeben haben, einen schwächlichen Hofhund mit einem starken Herdeninstinkt und zwei verschiedenfarbigen Augen. Doch Tippy erscheint mir immer nur schwanzwedelnd als ausgewachsene Hundedame, den weißen Streifen auf ihrer Nase mit Schmutz bedeckt, im Maul die von der Sprinkleranlage meines Vaters ausgerissenen Gummischläuche. Der Welpe ist, wie auch die Diagnose, in der Ursuppe des *Davor* untergegangen.

Das Haus, an das ich mich dagegen erinnere, war blassgrau, hatte zwei Stockwerke und versteckte seine Fassade hinter einem Vorhang violetter Blauregenpflanzen. Es hatte eine großzügige Veranda mit weißen Korbmöbeln und einem metallenen Briefkasten neben der Eingangstür. Ein paar Häuser weiter links stand das große Gutshaus, wo 1960 der Film *Alle lie-*

ben Pollyanna gedreht wurde, in dem meine Großmutter als Komparsin aufgetreten war. Als wir einzogen, lebte Granny Liz noch anderthalb Blöcke weiter die Straße hinab. Meine Mutter kehrte, wie eine Meeresschildkröte, an den Ort zurück, an dem sie aufgewachsen war, um nun ihre eigene Familie großzuziehen. Unser neues Haus war viel größer als das alte. Es hatte vier Schlafzimmer, eine Garage für zwei Autos und einen Swimmingpool im Garten. Finanziert wurde es durch eine Erbschaft, die meine Mutter kürzlich erhalten hatte. Wir bezogen es kurz nach ihrer Krebsdiagnose, an meinem dritten »Vierten Juli«, dem amerikanischen Unabhängigkeitstag.

Meine Mutter strich die vier Schlafzimmer himmelblau. Ich durchlief gerade eine Prinzessinnenphase, und ich war begeistert, als mein Vater ein hauchdünnes Moskitonetz über meinem großen Bett aus poliertem Kiefernholz aufhängte. Ich fühlte mich ganz wie die Disney-Prinzessin Jasmin, nur ohne den Tiger.

Mein Bruder und ich teilten uns ein Badezimmer und eine Wand. In Jamies Zimmer befanden sich eine beeindruckende Lego-Sammlung sowie Regale mit Dungeons-and-Dragons-Miniaturen, kleinen Drachenfiguren in verschiedenen Stadien der Bemalung. Ich beneidete ihn um seine Fantasiewelten. Er konnte darin Stunden allein zubringen, geschützt vor den Ängsten um die Gesundheit meiner Mutter, die sich bereits in unserem Haus ausbreiteten und immer intensiver wurden. Meine eigenen Fantasiespiele bestanden aus planlosen, unmotivierten Szenen wie »Mein Bett ist ein Piratenschiff« oder »einen Zaubertrank aus Dreck mischen«. Ab und zu durfte ich sein exklusives Multiversum betreten. Es störte ihn nicht, wenn ich ihm beim Malen oder Lesen zusah, solange ich nicht redete. Ich lechzte nach seiner Aufmerksamkeit wie nach der Luft zum

Atmen, und ein einziges Wort, ein einziger Blick, zähneknirschend gewährt, konnte mich stundenlang glücklich machen. Er nannte mich Gwenny, nach Königin Guinevere aus seinem Lieblingsfilm, *Camelot;* und obwohl auf meiner Geburtsurkunde der Name Genevieve stand, blieb sein Name für mich bestehen.

Die Straße vor dem Haus war eine breite, von Magnolien-, Ahorn- und Ginkgobäumen gesäumte Allee. Das eine Ende führte in die Innenstadt von Santa Rosa, das andere zum nächstgelegenen Friedhof. Solange sie gemeinsam dort lebten, gaben meine Eltern an jedem 4. Juli auf der Straße vor unserem Haus ein Fest für die ganze Nachbarschaft. Mein aus England immigrierter Vater liebte den amerikanischen Unabhängigkeitstag, bestand aber darauf, neben der amerikanischen auch die britische Flagge zu hissen.

Es war noch legal, ein eigenes Feuerwerk zu veranstalten, und überall in der Straße saßen Familien draußen und zündeten kleine, helle Raketen. Die Luft war rauchgeschwängert und roch beißend, wie der Kopf eines Streichholzes. Onkel Jonathan (genannt Onkel Q) war der jüngste der drei Brüder meiner Mutter. Er erschien immer, wenn es noch hell war, mit Taschen voll selbst gebastelter Pyrotechnik. Selbst dünn wie ein Streichholz, hatte er die Raketenhüllen vom letzten Jahr aufgehoben und bestückte sie mit den Raketen von Piccolo Pete, sodass sie losgingen wie ein Artilleriefeuer, wenn man es am wenigsten erwartete. Er hatte schon immer eine Schwäche für alles, was brannte. Es gab das Gerücht, dass er als Teenager in genau dieser Straße die Briefkästen mit Cherry Bombs in die Luft gesprengt haben solle.

Ich kann unsere Hündin Tippy vor mir sehen, völlig verschreckt durch das Feuerwerk, wie sie ungewöhnlich still liegt –

schwarze und weiße Streifen, flach auf den Boden gepresst. Wenn die Sonne unterging, durften Jamie und meine älteren Cousins jeder eine Wunderkerze anzünden. Sie liefen damit los, wirbelten sie herum und schrieben ihre Namen, brannten helle, flüchtige Skizzen in die herannahende Dunkelheit. Granny Liz, die die zweihundert Schritte von ihrem Haus gekommen war, saß aufrecht auf einem Campingstuhl mit einer Decke im Schottenmuster auf den Knien und einer riesigen Brille (ihre »spectacles« nannte sie »spectaculars«), die mit ihren gebogenen Bügeln tief in dem kurzen Haar mit den Silbersträhnen steckte. Antoinette, die Schwester meiner Mutter, saß daneben.

Mein Vater, in Khakishorts und langen weißen Socken, zündete den Grill an, ein qualmender Zeitungsstapel fiel zu den Kohlen hin in sich zusammen, eine Reihe von Hähnchenvierteln lag bereit. Meine Mutter legte den Schlauch zurecht, für den Fall, dass entweder der Grill oder die wie Frankenstein zusammengebastelten Feuerwerksraketen außer Kontrolle gerieten. Sie war immer auf der Hut, angespannt wie Tippy; sie ließ uns anderen unseren Spaß und wappnete sich, immer, gleichzeitig für die Katastrophe.

Die ersten Schritte in der Behandlung meiner Mutter bildeten eine Mastektomie, bei der zusammen mit dem Tumor die gesamte rechte Brust entfernt wurde, sowie eine Rekonstruktion, um den leeren Platz auszufüllen, den sie hinterlassen hatte. Eine lange rosa Wunde ersetzte ihre Brustwarze, wie ein Mund mit eingezogenen Lippen, der die Bedrohung, so hofften wir, im Innern versiegelte. Zuerst sagten meine Eltern nur, dass sie krank war. Später erklärten sie uns, dass ihr Alter (sie war erst vierzig) und die Aggressivität des Krebses bedeuteten, dass er wahrscheinlich zurückkommen würde – obwohl die Operation sehr gründlich durchgeführt worden war. Ihre Ärzte empfahlen Bestrahlung und dann Chemotherapie.

Nachdem meine Mutter aus dem Krankenhaus nach Hause gekommen war, weigerte ich mich wochenlang, von ihrer Seite zu weichen. Ich folgte ihr von einem Zimmer ins andere, selbst ins Bad, vor Angst, sie könne sich in Luft auflösen, wenn ich nur einmal blinzelte. In diesen Wochen konnte ich beobachten, wie das lange Oval unseres Esstisches unter Papierstapeln verschwand. Jeden Tag saß sie dort stundenlang, unterstrich Textstellen in Zeitungsartikeln und blätterte durch Berge bedruckter Seiten.

»Es war eine der schwierigsten Entscheidungen meines Lebens«, sagte sie einige Jahre später und blickte dabei in die

Linse einer Kamera, mit der sie eine Videobotschaft für meinen Bruder und mich aufnahm, »was ich tun würde, um gegen den Krebs anzukämpfen. Ich habe sechs Wochen damit zugebracht, zu lesen, zu forschen, zu reden und zu beten. Ich entschloss mich dazu, eine OP machen zu lassen, aber nicht die konventionellen Behandlungen, die mir empfohlen wurden. Ich hatte das Gefühl, ich würde dieses Toxische nicht ertragen. Ich hatte das Gefühl, es würde mir dabei zu elend gehen und ich würde es nicht überstehen. Ich weiß nicht, ob das stimmte oder auch nicht; es war meine Intuition, die mir das sagte.«

Stattdessen machte sie ein alternatives Behandlungsprogramm einer Privatklinik ausfindig, das unter dem Namen »Gonzalez Protocol« bekannt ist.

Dr. Gonzalez sagte meiner Mutter, dass Heilung möglich sei, doch nur, wenn sie keinerlei andere klinische Untersuchungen durchführen lasse: keine Tests, keine Scans. Alle anderen Ärzte, die sie aufsuchte, müssten innerhalb der Parameter arbeiten, die er festsetzte. Während seines Programms befolgte sie eine strenge vegetarische Diät, nahm jeden Tag bis zu einhundert Tabletten und verabreichte sich zweimal täglich einen Kaffeeeinlauf. Sie kaufte auch einen General-Electric-Champion-Entsafter, ein wuchtiges Ding aus beigefarbenem Kunststoff und Emaille, der eine ganze Arbeitsplatte für sich mit Beschlag belegte. Sie ließ täglich einen ganzen Beutel Karotten durch den Champion laufen und trank bis zum Rand gefüllte Gläser von der schaumigen orangefarbenen Pampe.

»Das ist antikarzinogen.«

Ich fragte sie, was das bedeutete.

»Es schützt vor Krebs«, sagte sie, »und Karotin hilft auch, im Dunkeln zu sehen.«

Ich probierte ein paar Schluck von dem orangefarbenen

Schleim. Ich fand, er schmeckte nach Baumrinde. Später ging ich nach draußen, um meine Sehfähigkeit im Dunkeln zu testen, aber alles war wie immer. Ich hatte den Verdacht, dies sei nur ein weiterer Trick der Erwachsenen, um uns Gemüse schmackhaft zu machen.

Meine Mutter trank Karottensaft, bis ihre Hände und ihr Gesicht sich orange färbten. Als wir im nächsten Jahr in der Vorschule Bilder von unserer Familie zeichneten, benutzten alle anderen weißen Kinder die orangefarbene Kreide für die Haut.

»Aber die von meiner Mom ist wirklich orange«, verkündete ich, »deshalb passt das bei mir.«

Das war in den Neunzigern, und meine Eltern glaubten fest an Homöopathie und Naturheilmittel. Ihnen gehörte eine kleine Getränkefirma, die sie auch selbst betrieben – ein früher Pionier beim Einsatz von Nahrungsergänzungen. Sie hieß »Mrs Wiggles Rocket Juice«, und ihr Slogan war: »Nutrition for your mission« (etwa: »Die richtige Ernährung für Ihre Mission«). Jamie und ich zogen zusammen mit Onkel Qs Töchtern, Jessie und Tori, durch das große Lager, wo Säfte wie »Ginkgo Think« und »Spirulina Smoothie« gemixt, in Flaschen gefüllt, mit Etiketten versehen und verpackt wurden. Wir vier wetteiferten miteinander, wer es am längsten in dem begehbaren Kühlschrank aushielt, wo wir mit den Zähnen klapperten und unsere Fingerkuppen langsam blau anliefen. Es gab einen herrlichen Raum voll schwerer Kartons, aufgestapelt zu riesigen Bergen, die wir bis zur Spitze hinaufstiegen oder in kunstvolle Festungen verwandelten. Die Luft in der Juice Company roch wie ein Regenwald: feucht, süß und lebendig. Im Büro meines Vaters hing ein langes Bord an der Wand mit allen Rocket-Juice-Labeln, die sie je produziert hatten. Auf jedem Etikett war irgendwo im Bild eine ganz kleine Rakete versteckt, und ich starrte darauf, bis ich jede einzelne gefunden hatte.

Zu Hause in unserer Küche war alles bio. Wir kauften nicht bei Safeway ein, wie die Familien meiner Freunde und Freundinnen. Stattdessen trotteten Jamie und ich hinter unserer Mutter durch die engen Gänge des Community Market – des unabhängigen Bioladens im Ort –, in dem es Dinge wie lose Linsen gab und nach Bienenwachskerzen und Vitaminpulver roch. Bei kleineren Beschwerden gingen wir zu Homöopathen, wo wir braune Glasfläschchen mit Arsen und Opium bekamen, hochverdünnt und in winzige weiße Zuckertabletten gepresst, die wir unter der Zunge zergehen ließen. Niemand bei uns zu Hause trank, rauchte oder aß verarbeitete Lebensmittel. Wir trieben Sport. Wir benutzten Zahnseide. Wir waren ein Musterbeispiel für gesundes Leben – nur dass eine von uns krank war.

Wenn ich die Augen schließe, kann ich meine Mutter immer noch an unserem Esstisch sitzen sehen, den Blick nach unten gerichtet, einen Becher mit dampfendem Lemongrastee neben sich. Sie stützt sich auf ihre braunen Arme voller Sommersprossen und brütet über den Ergebnissen medizinischer Studien, schneidet Artikel aus Zeitschriften aus. Mehr als alles in der Welt möchte ich meine Arme um die Frau am Tisch schlingen und ihr ins Ohr flüstern, was ich über die Zukunft weiß: dass Dr. Gonzalez nicht die Lösungen hat, nach denen sie sucht. Dass sie trotz all ihrer Intelligenz, ihrer Anstrengungen und ihrer Intuition der falschen Person vertraut.

Als ich vier war, bekamen wir einen gelb-grünen Wellensittich mit kleinen blauen Wangenflecken. Er hatte einen weißen Käfig mit einer Kuppel, einem Kalkwetzstein und einer Glocke, die an einem Faden aus Zwirn hingen. Es gab auch einen Spiegel, aber den mussten wir herausnehmen, als er begann, sein Ebenbild zu flügelschlagenden Wettbewerben herauszufordern, die die gesamte Arbeitsplatte erschütterten, auf der sein Käfig stand. Seine oberen Federn waren immer am Flügel gestutzt, daher ließen wir die kleine weiße Tür einen Spalt weit offen, und er konnte im Haus herumflattern und auf Fingern, Schultern und Köpfen landen.

Davey sprach in kleinen Quietschern, Tschirpen und durch das Auf und Ab seines Köpfchens. Ich lernte, das alles genau zu imitieren, sodass ich wiederholen konnte, was er zu mir sagte. Er sagte etwas, und ich wiederholte es, immer und immer wieder – er dressierte mich statt umgekehrt. Ich wusste nie, was wir da gerade sagten, aber ich war überzeugt, dass es etwas Schönes und Geheimnisvolles war. Er nahm meinen Finger sanft in seinen Schnabel und drehte den Kopf, um mich mit Augen anzusehen, die die Größe und die Farbe schwarzer Sesamsamen hatten. Hin und wieder unterbrach Jamie unsere Unterhaltung, um munter »Chirp chirp, little twerp« zu sagen (Tschirp, tschirp, kleiner Dummkopf) und dann weiterzuziehen.

Mittags, wenn beide Zeiger auf unserer Küchenuhr oben auf die Artischocke zeigten (die Uhr hatte Gemüsesorten anstelle von Zahlen um den Rand herum), stürmte ich von der Vorschule zur Tür herein, und Davey sang einen lauten Willkommensgruß. Sein Tschirpen bedeutete, dass ich einen weiteren Vormittag fern von zu Hause überstanden hatte. Fünf Tage pro Woche setzte mich meine Mutter an der First Presbyterian Preschool ab, anderthalb Blöcke von unserem Haus entfernt, und jeden Morgen schrie ich, schluchzte und bettelte, sie möge mich dort nicht allein lassen. Ich klammerte mich mit Armen, Beinen und Zähnen an sie.

»Bitte!« Ich kreischte, wenn sie sich umgedreht hatte, und die starken Arme einer Lehrerin hielten mich fest. »Bitte komm zurück!«

Von meiner Mutter getrennt zu werden fühlte sich an, wie ohne meine Haut herumzulaufen. Ich wusste, dass ihr Leben in Gefahr war, und es versetzte mich in Panik, auch nur ein paar Stunden fern von zu Hause zu verbringen. Was, wenn sie sterben würde, während ich fort war? Ich traute niemand anderem, wenn es darum ging, für ihre Sicherheit zu sorgen.

In der Vorschule lief ich von Raum zu Raum und spielte ein wenig, doch die meiste Zeit starrte ich auf die großen schwarzen Uhren, die über jeder Tür hingen. Wenn der Vorschultag zu Ende war, stürmte ich hinaus, stieg auf dem Klettergerüst ganz nach oben, schaute über den Spielplatzzaun zu unserem Gartentor und konzentrierte meine ganze Energie darauf, meine Mutter dahinter erscheinen zu lassen.

Eines Sommers entwickelte Davey eine Verdickung an seinem Bein, und wir brachten ihn zum Tierarzt, um sie entfernen zu lassen.

»Er muss operiert werden«, sagte mein Vater im Auto.

Meine Mutter scherzte: »Glaubst du, sie ziehen ihm eine winzig kleine Narkosemaske über seinen Schnabel?«

Ich stellte mir vor, wie er in einem Nachthemd ruhiggestellt auf einem kleinen OP-Tisch lag, während maskierte Gestalten mit Zahnstochern und Pinzetten um ihn herumschwebten. Er kam ohne den Knoten nach Hause, aber der Krebs saß bereits in seinen hohlen Knochen.

Davey hatte immer in meinem Zimmer geschlafen, aber nach der OP brachte meine Mutter ihn in ihres, denn ich vergaß manchmal, morgens das große Handtuch von seinem Käfig zu nehmen, und ließ ihn so in anhaltender Dunkelheit. Plötzlich brauchte er Dinge, die ich ihm nicht geben konnte, wie Medikamente und Mitgefühl. Ich wusste, ich sollte eigentlich traurig sein wegen seiner Knochen, aber die Knochen waren unsichtbar, und so schaffte ich es nicht einmal, überhaupt irgendetwas zu fühlen, was damit zu tun hatte. Wie meine Mutter sah auch Davey nicht krank aus. Er hatte immer noch seine hellen Federn und den gleichen fragenden Blick in seinen Sesamaugen. Immer noch landete er auf meinem Kopf, erleichterte sich und flog wieder weg und machte dabei ein Geräusch wie ein hohes, pfeifendes Lachen.

Wenn Krebs unsichtbar war, hieß das, jeder konnte ihn haben. Ich stellte mir vor, wie er, genau wie Kopfläuse, von einer Person zur anderen wanderte. In meiner Schule wurde viel über Kopfläuse geredet.

»Nein«, sagte meine Mutter, »du kannst nicht von Davey oder von mir Krebs bekommen. Krebs ist einfach etwas, was im Innern schiefläuft.«

Eines Morgens kam meine Mutter mit etwas in den Händen in mein Zimmer und zog das Prinzessinnen-Moskitonetz zur Seite, um sich auf meinen Bettrand zu setzen.

»Heute Nacht wirkte Davey sehr aufgeregt und flog in seinem Käfig herum. Deshalb habe ich ihn herausgenommen und ihn einfach an meine Brust gehalten, sodass er meinen Herzschlag spüren konnte, das schien ihn zu beruhigen. Wir blieben ein paar Stunden lang so, und dann konnte ich sein Herz nicht mehr an meinem fühlen – und ich wusste, dass er gestorben war.«

Als ich das kleine Stoffbündel in den Händen meiner Mutter sah, ahnte ich, was gleich geschehen würde, und mein ganzer Körper stemmte sich dagegen. Ich wollte es nicht sehen. Ich schloss halb meine Augen, als ob ich dadurch nur einen Teil der Wahrheit hereinlassen würde, aber sie schlug das Tuch zurück, und da war er, zwischen den dunklen Rändern meiner Augenlider, ganz grün und gelb und still.

»Du kannst ihn berühren«, sagte sie.

Ganz langsam streckte ich einen steifen Finger aus und streichelte die weichen gesprenkelten Federn.

Bei Davey wirkte der Tod irgendwie archaisch. Reptilienhäute bedeckten seine blanken Augen und auch seine geschuppten Beine und gebogenen Krallen. Es war, als bemerkte ich diese zum ersten Mal. Er sah kleiner aus und ein bisschen fremdartig, wie sechzig Millionen Jahre der Evolution schlafend in einem Tuch in meiner Hand. Lange blieb meine Mutter auf meinem Bett sitzen, ließ mich weinen und hielt dieses abgeschlossene Leben in ihrer Handfläche.

Wir begruben Davey mit einer formellen Zeremonie im Vorgarten. Sein Grab schaufelten wir unter einer Buchsbaumhecke aus und markierten es mit einem kleinen hölzernen Kreuz. Ich streute kleine Zweige von Waldlorbeer, die ich von den Büschen im Garten hinter dem Haus abgebrochen hatte, auf die aufgeworfene Erde, bevor wir Davey hinabließen. Um ihn herum legten wir Hirsekolben und einen Schnabelwetz-stein: das, was er am liebsten gehabt hatte. Ich weinte, alle sagten ein paar Worte, und die ganze Zeit fühlte ich die Augen meiner Mutter auf mir.

Jedes Mal, wenn sich Davey über die Jahre gemausert hatte, hatte meine Mutter die ausgefallenen Federn vom Boden des Käfigs aufgesammelt und in eine durchsichtige Plastikbox mit vielen kleinen rechteckigen Fächern gelegt – eine ähnliche Box wie die für ihre vielen Tabletten. Es gab dort lange, elegante Deckfedern; es gab Daunenfedern von der Brust in Zitronen-buttergelb; und in den kleinsten Fächern bewahrte sie ihre Lieblingsfedern auf: die ganz kleinen Wangenfedern mit ihren kleinen blauen Punkten. Sie sagte, sie werde sie vielleicht eines Tages für ein Kunstprojekt benutzen.

Meine Mutter hatte immer an Dingen festgehalten. Die Schränke und Schubläden in unserem Haus waren voll mit Muscheln und Steinen, die sie auf langen Spaziergängen gesammelt hatte, alten Briefen und Geburtstagskarten, Stapeln von Fotos in Schuhkartons. Selbst Dinge wie Geschenkpapier und Joghurtbecher aus Plastik wurden aufgehoben und wiederver-wendet. Doch als ihre Krankheit weiter fortschritt, maß ich ihrer Sammelleidenschaft eine neue Bedeutung bei. In den nächsten Jahren betrachtete ich jedes Blatt und jede Blume, die sie aufhob und zwischen den Seiten eines Buches presste, jedes alte Band, das sie säuberlich zu einer Kugel zusammenrollte, jeden irgendwo aufgelesenen Knopf, den sie in ihren Nähkorb legte, als ein gutes Omen. Für mich waren sie alle ein Zeichen für ihren Glauben daran, dass sie noch eine Zukunft hatte.

Das Motto für die Party zu meinem fünften Geburtstag – dem ersten, an den ich mich erinnern kann – war *Alice im Wunderland*. Ich habe immer noch eine der Einladungen, die meine Mutter aus Tonpapier gemacht hatte, damit sie wie der graue Zylinder des verrückten Hutmachers aussahen. Auf der Innenseite wurde jedem Gast eine Figur zugeteilt, deren Rolle er spielen sollte. Die Kinder waren die Grinsekatze, die Raupe oder Tweedledee. Die Erwachsenen waren ein Spielkartendeck. Ich war natürlich Alice.

Meine Eltern ließen Granny Liz Unmengen von Bastelpapier auf unserer Veranda anbringen und so anmalen, dass es wie der Eingang zu einem Kaninchenloch aussah. Mein Vater, als das weiße Kaninchen, lieh sich einen kompletten Hasenanzug aus dem Kostümverleih. Meine Mutter fertigte aus Plastikgolfschlägern eine Reihe von Krocketschlägern an, die sie in die Beine von knallrosa Nylonstrumpfhosen steckte. Sie bekamen runde Köpfe und kleine Körper aus weichem Füllmaterial, dazwischen befand sich ein langer Hals. Als Letztes erhielt die ganze Herde Filzfüße, Schnäbel und große, rollende Augen. Sie lagen auf der Terrasse hinter dem Haus bereit, neben einem Paar Styroporbällen, eingewickelt in Kunststoff. Am Tag der Party stand ich in meinem blauen Kleid mit Schürze auf der Veranda vor dem Eingang und wartete auf die Ankommenden.

Die Gäste kamen mit angemalten Gesichtern, Filzohren und pelzigen Schwänzen, und wir saßen im Esszimmer bei Kuchen und Milch zusammen. Mein Vater hatte das Skript der Szene aus dem Disney-Film ausgedruckt, in der Alice in eine verrückte Teegesellschaft gerät, und meine Mutter hatte aus Pappe eine riesige Taschenuhr gebastelt und sie mit Goldfolie umwickelt. Während Jamie (der Märzhase) und Nancy, die Freundin meiner Mutter (der verrückte Hutmacher), ihre Zeilen lasen, spielten wir den Teil, in dem die Gäste zuerst Butter in die Uhr des weißen Kaninchens füllen, dann Tee und dann Marmelade. Danach spielten wir Krocket, wobei wir unsere Flamingos benutzten, um die Igel durch kleine weiße Tore, die in den Rasen getrieben waren, zu jagen.

Meine Mutter hatte sich als Köchin der Herzogin verkleidet, mit einer hohen Kochmütze auf ihrem glänzenden dunklen Haar und einer weißen Schürze um die Taille. Sie lief zwischen uns im Garten umher und schrie immer wieder: »Mehr Pfeffer!« Dabei ließ sie aus einem riesigen Shaker, den sie aus einer leeren Kaffeekanne gemacht hatte, hier und da Konfetti auf einen Kopf rieseln. Sie wurde an diesem Tag zweiundvierzig. Sie erzählte mir später, dass sie sich auf ihre Vierzigerjahre gefreut hatte. Sie hatte das neue Jahrzehnt als Chance gesehen, alten Groll und Erwartungen loszulassen und ein authentischeres Kapitel ihres Lebens zu beginnen.

Meine Erinnerung hat den Tag der Party bewahrt und mit Glanz versehen, alle rauen Ecken und Kanten abgeschliffen. An diesem Tag schien es möglich zu sein, dass die Behandlungen meiner Mutter anschlagen würden. Sie sah gut und stark aus, wie sie da mit ihrer weißen Mütze und Schürze auf der hinteren Veranda stand und das Ergebnis ihrer Arbeit inspizierte. Sie hatte die Geburtstagsfeier genauso geplant und durchgeführt, wie sie mit ihren komplexen Krebsbehandlungen umging und wie sie alles machte: äußerst sorgfältig, unermüdlich und geradezu peinlichst detailgenau.

In einem anderen Jahr spannten mein Vater und sie Familienmitglieder ein, lebensgroße Bilder von Dorothy, dem Blechmann, der Vogelscheuche und dem ängstlichen Löwen auf große Pappflächen zu malen und sie um das Haus herum für Jamies Party mit dem Motto *Der Zauberer von Oz* aufzustellen. Für seine *Ninja-Turtles*-Party stellten sie Ninja-Masken aus Stoff her und verteilten diese, und unser Vater bot im Shredder-Kostüm eine Vorstellung der Entführung unseres Cousins Jessie dar. Für eine Party mit dem Motto *Arielle* verbrachte meine Mutter Tage mit dem Falten eines Origamifischschwarms, die an der Decke unseres Esszimmers entlang durch Seegras aus Seidenpapier schwammen. Inmitten all der Angst und Panik aufgrund der Krankheit meiner Mutter waren die Partys etwas, worauf wir uns freuen konnten. Sie ähnelten riesigen Dorffesten. Freunde, Familie und Nachbarn wurden alle eingebunden, um diese spektakulären Vorstellungen umzusetzen, und in den Wochen, die meine Mutter und mein Vater brauchten, um diese Pracht vorzubereiten, wirkten sie glücklich.

Nach jeder Party ließen meine Eltern die Dekorationen an ihrem Platz, und es kamen immer neue hinzu, bis unser Haus ein einziges Museum von Kinderträumen war. Mehr als ein Jahrzehnt lang bevölkerten die Szenen aus dem *Zauberer von Oz* die Wände des Hauses. Die Fische schwammen weiter über die Decke des Esszimmers. Die riesigen Spielkarten standen wie leere Ritterrüstungen festgezurrt am Geländer, und eine Ehrengarde aus grellrosa Flamingos, im Eingangsbereich stationiert, wachte mit ihren Kulleraugen unter einer immer dichter werdenden Staubschicht über uns.

Peter und Kristina, meine Eltern, begegneten sich 1981 auf einer Party in San Francisco und heirateten zwei Jahre später in derselben Stadt. Er war Wirtschaftsprüfer, und sie hatte gerade ihren Abschluss in Betriebswirtschaft gemacht. Mein Vater hatte England ein paar Jahre zuvor verlassen, sagte aber noch Dinge wie »jolly good«, »bloody hell« und »crickey«. Er war auf eine Art attraktiv, die irgendwo zwischen James Dean und Hugh Laurie lag, mit blauen Augen und strohblondem Haar. Beides hat er an mich weitergegeben. Immer trug er ein Taschentuch in seiner Jackentasche und machte Knoten hinein, um sich an Dinge zu erinnern, die er ohnehin vergessen würde. Er hieß Peter Kingston, aber meine Mutter nannte ihn Peter Pan.

Mein Vater konnte aus allem ein Spiel machen. Der kleinste grasbewachsene Abhang vor einer Kirche oder einer Bank war für ihn eine Gelegenheit *The Grand Old Duke of York* zu spielen, nach einem britischen Kinderlied, in dem die Sinnlosigkeit des Aufmarsches von Soldatenheeren besungen wird, und er ließ uns den Hügel hinauf- und wieder hinabmarschieren. Er liebte Abkürzungen. Unser erstes, blau-weißes Haus stand gegenüber einer Grundschule, die den Zaun zu ihrem Spielplatz jeden Abend mit einem Vorhängeschloss verriegelte. Mein Vater bearbeitete die Kette, die den Zaun verschloss, mit einem Bolzenschneider und brachte sein eigenes Vorhängeschloss daneben an, sodass er den Zaun öffnen konnte, wann immer wir dort spielen wollten. Immer wieder ersetzte die Schule die Kette durch eine neue, und er kaufte ein neues Schloss. Ich hatte über mehrere Jahre lang einen Freund, der Travis hieß und in dem Haus direkt hinter unserem wohnte. Mein Vater sägte ein rechteckiges Teilstück aus unserem hinteren Zaun und setzte an dem ausgeschnittenen Stück Scharniere und eine Klinke ein. Dann ging er zum Haus von Travis und schnitt auch in seinen Zaun ein Loch. Der schmale Weg, der diese beiden Türen verband, verlief durch eine kleine Lücke zwischen den Hinterzäunen unserer Nachbarn und war von Efeu überwuchert und von Wolfsspinnen befallen. Hin und wieder ging mein Vater mit einem Buschmesser durch, schnitt die wuchernden Weinreben zurück und machte den Weg für mich frei. Am Wochenende kaufte er manchmal in der Bäckerei in unserem Ort eine große, fettige Papiertüte voller Muffins und Croissants und versteckte sie dann irgendwo auf dem weitläufigen Friedhof am Ende unserer Straße in den tief hängenden Zweigen einer Eiche oder unter einer Marmorbank. Dann führte er Jamie und mich zum Eingangstor des Geländes und zeigte hinein: »Geht euer Frühstück suchen!«, sagte er.

Er überließ unserer Mutter die Verantwortung für jegliche Disziplin – eine Rolle, die sie zwar brillant ausfüllte, über die sie sich jedoch auch ärgerte. Ständig war sie damit beschäftigt, Abläufe festzulegen, um uns den Alltag so leicht wie möglich zu machen. Sie druckte kleine Speisekarten aus und bat uns auszuwählen, was wir am nächsten Tag zum Frühstück und als Mittagsmahlzeit zum Mitnehmen haben wollten. Die kleinen Häkchen, die ich bei *Grape-Nuts* und *Thunfisch mit Reisgebäck* machte, waren eine Art vertraglicher Vereinbarung, ein Gelöbnis, diese Dinge auch zu essen, weil ich sie mir gewünscht hatte. Sie machte unser Leben so kalkulierbar wie nur möglich, vermittelte Stabilität, wo es in ihrer Macht stand. Gelegentlich versuchte sie, den Spieß umzudrehen und meinem Vater die Rolle des Vollstreckers zuzuschieben.

»Lasst uns alle die Zähne geputzt haben und die Schlafanzüge angezogen, bevor Daddy nach Hause kommt«, sagte sie dann, wenn er mit Tippy in der Nachbarschaft seine gemächlichen Abendrunden drehte. »Er wird nicht begeistert sein, wenn ihr nicht bettfertig seid, wenn er zurückkommt.«

Und manchmal spielten wir mit. Aber wir wussten, dass es ihm nicht wirklich wichtig war, um wie viel Uhr wir ins Bett gingen. Er war eine Art Statist in ihrer Solokampagne, mit der sie Ordnung in unser Leben bringen wollte.

Ich weiß nicht mehr, wann meine Eltern begannen, in verschiedenen Zimmern zu schlafen. Zunächst war mein Vater im größten Zimmer, direkt oben an der Treppe, und dann nebenan im Gästezimmer, wo *sein* Vater schlief, wenn er aus England zu Besuch kam. Als ich aus einem schlechten Traum aufwachte und den Flur entlangtappte, um zu meinen Eltern ins Bett zu kriechen, fand ich dort nur meine Mutter vor, mit riesig viel Platz, um mich neben ihr einzurollen. Diese Veränderung hatte keine weitere Bedeutung für mich. Ich brachte sie nicht mit den Streitereien in Verbindung, die ich oft abends durch meine Zimmertür hörte.

Meine Eltern stritten oben nie, aber ihnen schien nicht klar zu sein, dass ihr Konflikt den Weg durch die Küche und die Stufen hinauffinden könnte und bis zu uns durchdrang. Manchmal versteckte ich mich auf der Treppe oder auf einer Couch unter einer Decke, um dem Auf und Ab ihrer Stimmen zu lauschen. Ich erinnere mich an keines ihrer Worte, nur an die Kreise, die ihre Diskussionen zogen, daran, wie ein Thema auf das nächste abfärbte, bis alles auf eine schmutzig trübe Art voller Groll war. Ich habe nie gesehen, dass Jamie aus seinem Zimmer kam, um diesen Gesprächen zu lauschen. Es schien ihm lieber zu sein, die Stimmen auszuschließen, sich in Büchern zu verlieren oder im Malen oder Schlafen. Er war immer das stille Kind.

»Jamie ist IN-tro-vertiert, und du bist EX-tro-vertiert«, hatte meine Mutter mir einmal erklärt und dabei jede Silbe einzeln betont. »Deshalb kann er nicht immer spielen, wenn du das von ihm erwartest.«

Im Vergleich mit Jamie war alles an mir wild, laut und schrie nach Aufmerksamkeit. Wer zu uns zu Besuch kam, stolperte wahrscheinlich über ein Exemplar von *Wie anstrengende Kinder zu großartigen Erwachsenen werden*, das offen auf dem Boden lag. Wenn diese Besucher versuchten, das Haus zu verlassen, stellten sie fest, dass ich ihre Autoschlüssel versteckt hatte. Manchmal nahm ich einen Faden und band die Beine unserer Gäste an den Esszimmerstühlen fest, auf denen sie saßen. Ich konnte es nicht ertragen, irgendjemanden aus der Tür gehen zu sehen. Ich habe ihnen nie wirklich vertraut, wenn sie sagten, sie würden wiederkommen.

»Du musst wohl vertauscht worden sein«, sagte meine Mutter zu mir, als ich nach einem stürmischen Wutanfall zitternd am Boden lag. »Die Feen haben mein Menschenbaby mit einem ihrer eigenen vertauscht, als ich nicht aufgepasst habe. Du hättest zu einer großen italienischen Familie kommen müssen, wo alle freier mit ihren Gefühlen umgehen. Stattdessen hast du uns bekommen.«

Sie meinte, dass unsere Familie, auf beiden Seiten mit britischen Wurzeln, in einem generationenalten Unbehagen über stark schwankende Emotionen feststeckte. Gefühle, besonders unschöne wie Wut oder Enttäuschung, mussten akzeptiert und dann überwunden werden. Emotionen lagen in der Verantwortung derjenigen, die sie fühlten, und die jeweilige Person sollte in ihr Zimmer gehen und dort so lange bleiben, wie sie brauchte, um sich zu beruhigen. Tränen und Streit waren offenbar Dinge, die man für die Stunden nach Einbruch der Dunkelheit aufhob, wenn man davon ausgehen konnte, dass alle anderen schliefen.

An manchen Abenden, wenn die Stimmen meiner Eltern besonders laut wurden, verließ ich mein Versteck und wagte mich hinaus, mitten in die »Arena«. Dann stand ich zwischen ihnen und schrie oder stieß etwas um – ich tat alles, was ich mir nur vorstellen konnte, um ihre gegenseitige Aufmerksamkeit von sich weg und auf mich zu lenken. Es war sicherer für sie, mit mir böse zu sein, denn mir wurde am Ende immer verziehen.

Sonntags liefen wir vier anderthalb Blöcke weiter zu Granny Liz, um Pfannkuchen zu essen. Die Straße war von Ginkgobäumen gesäumt, und die kleinste Brise ließ Millionen ihrer kleinen Fächerblätter erzittern.

Die Mutter meiner Mutter war eine hochgewachsene, drahtige Frau in ihren frühen Siebzigern, mit Spuren von Silber in ihrem grauen Haar, einem Tattoo mit einer Friedenstaube am Handgelenk und der Angewohnheit, mit der Zunge zu schnalzen. Wie mein Vater kam sie aus England und sprach immer noch mit einem schneidigen Akzent, obwohl sie gerade mal achtzehn war, als sie während des Zweiten Weltkriegs meinem amerikanischen Großvater begegnete und ihn heiratete. Über einen Zeitraum von zehn Jahren bekamen sie vier Kinder, von denen meine Mutter das jüngste war. Meine Mutter sagte mir einmal, dass sie glaubte, sie sei geboren worden, um die Ehe ihrer Eltern zu retten, und dass sie versagt habe. Sie ließen sich scheiden, als sie noch ein Kleinkind war, und ihr Vater, ein Politiker, ging nach Washington, D. C. Dort, auf der anderen Seite des Landes, heiratete er erneut und bekam drei weitere Töchter. Meine Mutter und er standen sich nie nahe. Er starb, als ich drei war, und ich habe keine Erinnerung an ihn.

Zum Haus von Granny Liz gehörten eine rote Vordertür, die nie jemand benutzte, und eine gewaltige Palme, die langsam von ausladenden, an der Fassade hochwachsenden Efeupflanzen erwürgt wurde. In ihrem Schrank in der Diele bewahrte Granny Liz Stapel von Pop-up-Büchern auf mit bunten Zeichnungen von Dinosauriern, Meerestieren und Galapagosvögeln auf, die aus den Seiten hervorsprangen, wenn man sie umblätterte. Jamie und ich drängelten uns darum, eins der Bücher zwischen uns gepresst, an der Lasche aus fester Pappe zu ziehen, die die Füße des Blaufußtölpels tanzen oder das Rad sich drehen ließ, das den Fächer der Fächerechse öffnete.

Die Pfannkuchen von Granny Liz schmeckten nicht wie andere Pfannkuchen, weil sie Magermilchjoghurt (sie sprach ihn »Ja-gat« aus) in den Teig tat. Sie schnitt ein Stückchen Butter in die Pfanne und goss einen Löffel der Mischung hinzu, um die Temperatur zu testen. Sie wendete den Pfannkuchen und schnitt ihn dann in der Mitte durch, um zu sehen, ob er fertig war. Während sie neuen Teig in die Pfanne goss, aßen Jamie und ich den Testpfannkuchen, mit dem besonderen Beigeschmack von Joghurt und heißer Butter.

Granny Liz war Künstlerin und unterrichtete auch Kunst am örtlichen Junior College. Ihr zweiter Mann, Bill Quandt (der Vater von Onkel Q), war Fotograf gewesen und hatte einen kleinen Hi-Fi-Laden im Ort besessen. Nach seinem Tod heiratete sie ein drittes Mal, doch in meiner Erinnerung bestand dieser Ehemann nur aus grauem Haar, das über die Rückenlehne eines Sessels lugte. Zu der Zeit, als ich sie kannte, machte Granny Liz meistens Radierungen, und in ihrem Atelier zeigte sie Jamie und mir, wie sie ein Bild in wachsähnliches Material auf einer Metallplatte ritzte. Dann tauchte sie die Platte kurz in eine Säure, die sich in das Metall hineinfraß und das Bild in seine Oberfläche ätzte. Als Nächstes bedeckte sie die Platte mit Tinte, und eine Druckerpresse übertrug das Bild auf Papier.

Einmal angefertigt, konnte die Platte für viele Drucke benutzt werden.

Von klein auf hatte Jamie ein Talent zum Malen. Anders als ich schien er instinktiv zu wissen, was man machen musste, damit ein Hund wie ein Hund aussah und ein Haus wie ein Haus. Wenn die beiden zeichneten, durfte ich die vielen schönen Gegenstände anfassen und in die Hand nehmen, die Granny Liz in den winzigen Fächern eines alten Setzkastens aufbewahrte, der in ihrem Atelier an der Wand hing. Es waren vom Meer ausgewaschene Teile aus Glas und Splitter ungeschliffener Halbedelsteine. Es gab ganz kleine milchige Muscheln, perfekt in ihren komplexen Windungen, und stumpf gewordene silberne Schlüssel, die so klein waren, dass ich glaubte, sie seien für die Türen von Feenhäusern gedacht. Sie bewahrte sie nur auf, um sie zu studieren und zu zeichnen, aber ich war der Meinung, dass jedes Museum stolz darauf wäre.

»Sie ist eine viel bessere Großmutter, als sie je eine Mutter war«, sagte meine Mutter wehmütig, und zwar mehr als einmal. »Sie hatte nie so viel Zeit für uns.« Damals konnte Granny Liz, eine berufstätige Mutter von fünf Kindern, nie genug Aufmerksamkeit für jedes einzelne erübrigen. Die Kindheit meiner Mutter teilte sich zwischen der unkonventionellen genügsamen Welt von Granny Liz und der wohlhabenden, konservativen ihres Vaters auf, und an beiden Orten waren Zuneigung und Nähe rar. Von Granny Liz bekamen Jamie und ich all die zärtliche Aufmerksamkeit, die meine Mutter nicht bekommen hatte, als hätte die Zeit Grannys Liebe sowohl stärker als auch weicher werden lassen.

Im Herbst nach der Party zu meinem fünften Geburtstag, als die Ginkgoblätter in unserer Straße golden wurden und in schimmernden Stößen auf den Boden fielen, verbrachte meine

Mutter jeden freien Moment bei Granny Liz. Wochenlang schien sie immer, wenn ich sie sah, gerade auf dem Weg zu ihr oder von ihr zurück zu sein, blies sich ihr langes Haar aus dem Gesicht, in der Hand eine gemusterte Keramikschale mit Haferbrei. »Auf dem Sprung« nannte sie es. Unser Sonntagsfrühstück fand nicht mehr statt, weil es Granny nicht gut genug ging, um die Pfannkuchen zu backen. Auch Granny hatte Krebs, erzählte sie uns, nicht in der Brust oder den Knochen, sondern in der Lunge.

Dann rief meine Mutter an einem Morgen Anfang Dezember Jamie und mich zu sich.

»Ihr wisst, dass Granny schon eine Weile sehr krank ist.«

Wir nickten.

»Tja, und heute Morgen bekam ich einen Anruf, dass es ihr immer schlechter ging, also lief ich, so schnell ich konnte, hinüber. Gerade als ich zur Tür hereinkam, hat sie ihren letzten Atemzug getan und ist gestorben.«

Sie sprach einfach und klar, aber beim letzten Wort brach ihre Stimme. Jamie und ich sagten nichts. Ich muss geweint haben, aber ich erinnere mich nur an das Gefühl, dass sie uns etwas sehr, sehr Wichtiges sagte. Granny hatte Krebs gehabt, wie meine Mutter, und sie hatte nicht überlebt.

Dann fragte meine Mutter: »Möchtet ihr sie sehen?«

Die Ginkgobäume waren kahl, als wir zum Haus von Granny Liz liefen. Ihre Zweige stachen in den trüben Himmel, als kämen sie aus einem ihrer Drucke. Die Luft hatte den sauberen Geruch von Erde nach dem Regen an sich. Ich trug einen lila Wollmantel mit großen lila Knöpfen vorne und hielt die Hand meiner Mutter. Für einen ihrer Schritte benötigte ich drei. Jamie und mein Vater liefen hinter uns.

Wir gingen an der nie benutzten Vordertür von Granny Liz

vorbei, an der hohen Palme mit ihrem erdrückenden Efeu und um das Haus herum nach hinten. In der Küche stand kalt und still der Herd. Das Wohnzimmer sah aus wie immer, herbstlich in den Farben, die Granny liebte: in Braun und einem gedeckten Orange. An einer Wand stand die Figur einer Antilope, die sie in jedem anderen Dezember bereits mit Perlen und Glitzerschmuck dekoriert hätte.

Als ich mich der Schlafzimmertür näherte, wurden meine Schritte langsamer. Angst machte sich in mir breit. Ich hatte noch nie einen toten Menschen gesehen. Durch die Tür sah ich Menschen hin- und hereilen, Dinge richten und ordnen. Ich ging ganz langsam näher und erhaschte einen Blick auf Grannys Bett und davor ein Stückchen Stoff. Ich kannte das Kleid, lang, bunt und weich anzufassen. Die Vertrautheit dieses Kleides gab mir den Mut, ins Zimmer einzutreten.

Anfangs hielt ich meinen Blick verschwommen, aus Angst, die Gestalt auf dem Bett direkt anzusehen. Meine Mutter und Antoinette hatten sie bereits für die Bestattung angekleidet. Durch halb geschlossene Augen sah ich, dass sie ihre Hände über ihre Taille gelegt hatten, und ich nahm eine lange Kette mit Silberperlen wahr, die auf ihrer Brust lag. Sie war so still. Entschlossen trat ich vor, um ihr ins Gesicht zu sehen. Da war etwas zutiefst Friedliches in der ruhenden Linie ihres Mundes. Sie schien zu lächeln.

Von meinem Platz am Fuße des Bettes aus beobachtete ich, wie meine Mutter auf diese stumme Gestalt zuging, eine Hand ausstreckte und die Stelle berührte, an der vorher noch Leben gewesen war. Dieses Bild hat sich wie Säure in meine Erinnerung eingefressen und blieb dort eingebrannt wie eine von Granny Liz' Radierungen.

Später erfuhr ich von meinen Tanten und Onkeln, die an

ihrem Bett gesessen hatten, dass Granny in diesen letzten Wochen versucht hatte, einen Pakt mit Gott zu schließen.

»Nimm mein Leben«, war zu ihrem Gebet geworden. »Nimm mich und lass meine Tochter leben.«

Meine Mutter war das vierte von Grannys fünf Kindern. Ihr Bruder Bill war zehn Jahre älter, dann folgte Antoinette und dann Ward. Ward lebte zwei Stunden südlich von uns an einem Retreat- und Seminarort, dem Mount Madonna Center, das nach den Prinzipien des Yoga gegründet wurde. Meine Mutter war wie er spirituell interessiert, und unsere Bücherregale enthielten Bände zu Buddhismus, jungscher Psychologie, Philosophie und den Lehren des New Age.

Als ich sechs war, stellte Ward meine Mutter einem Paar aus Burkina Faso vor, das gekommen war, um in Mount Madonna einen Vortrag zu halten. Sobonfu und Malidoma Somé waren spirituelle Lehrer, Redner und Autoren, die in Oakland lebten. Sie wollten ein neues Workshopkonzept ausprobieren, inspiriert von den Traditionen der Gemeinschaft, in der sie beide als Mitglieder des Dagara-Stammes aufgewachsen waren. Die Gruppe von Menschen, die an diesem ein Jahr lang dauernden Programm teilnahmen, meine Mutter eingeschlossen, nannten sie »The Village«.

Das nächste Jahr über kam eine Gruppe von etwa fünfzig Leuten jeden Monat zu einer großen Konferenz im Merritt College zusammen, wo die Wände aus großen Fenstern mit Blick auf die Hügel und die Bucht bestanden. Manchmal unternahm meine Mutter die einstündige Fahrt nach Oakland allein, manchmal fuhr mein Vater uns alle vier. Als ich das erste Mal den Tagungsraum betrat, wurde ich von einer hochgewachsenen Frau mit einem runden, offenen Gesicht, breiten Wangenknochen und einer großen Lücke zwischen ihren beiden Vorderzähnen begrüßt. Sobonfu trug immer lange Kleider mit bunten Drucken und ein passendes Tuch um ihr schwarzes, geflochtenes Haar gewickelt. Ihr Lachen war eher eine Art fröhliches Kreischen. Sie sprach mit mir genauso, wie sie mit den Erwachsenen im Raum sprach, als sähe sie zwischen uns keinen Unterschied.

Das Dorf, in dem sie geboren war, sagte Sobonfu, räumte Ritualen einen großen Platz ein. Es gab private Rituale und öffentliche. Rituale für Freudenfeiern und für Trauer. Tägliche Rituale, monatliche und jährliche Rituale. Auf diese Weise begingen die Menschen die Ereignisse ihres Lebens und bezeugten das Leben von anderen. Sobonfu und Malidoma führten viele Krankheiten der westlichen Gesellschaft auf den Verlust von Ritualen in unserem Leben zurück. Ohne diese, meinten sie, taten die Menschen sich schwer, einen Sinn zu finden. »The Village« schuf einen Rahmen für Rituale, eine künstlich gebildete Gemeinschaft, um gemeinsame Erfahrungen zu ermöglichen.

Für ein Ritual, sagte Sobonfu, brauche man nur einen geweihten Raum und einen Schrein. Um einen geweihten Raum zu erschaffen, müssen die jeweiligen Personen eine Intention setzen, sich auf ein gemeinsames Ziel verständigen. Den konkreten Raum können sie zum Beispiel in einem Kreis aus Blättern, Steinen oder Asche bilden. Für einen Schrein brauchen sie Objekte, die eine Bedeutung haben. Das können Fotografien sein, Kerzen, eine Perlenschnur, eine Wasserschale. Es gibt fünf Grundelemente, sagte Sobonfu: Wasser, Feuer, Erde, die Natur und das Mineral. Je nach Ritual können eines oder mehrere dieser Elemente durch eine Farbe oder einen Gegenstand repräsentiert werden. Sie und Malidoma glaubten, dass jeder Mensch mit einem dieser Grundelemente verbunden war, das durch das Geburtsjahr bestimmt wird. Bei meiner Mutter war es Feuer, das Element der Träume, des Weitblicks und der Stärke, bei Jamie Erde, das Element von Heimat, Verwurzelung, Stabilität. Bei meinem Vater und mir war es das Mineral, das für Geschichten und Erinnerung steht.

Die Meetings im Konferenzraum dauerten Stunden, und wenn Jamie und ich unruhig wurden, nahm uns mein Vater mit zum Wandern in den nahe gelegenen Bergen. Der Himmel, so schien es, war auf diesen Touren immer bedeckt, der Wind ließ die Wolken über unsere Köpfe hinwegfegen.

Bei der ersten Zusammenkunft fragte ich meine Mutter, ob alle in »The Village« Krebs hatten wie sie, aber sie sagte, nein, sie kämen aus ganz verschiedenen Gründen zusammen. Sie entwickelte eine besondere Freundschaft zu Jay, einem ehemaligen Heroinabhängigen, der eine Harley fuhr und immer nach Pfefferminz und Rauch roch. Oft verbrachte er die Nacht auf unserer Couch, und ich kam morgens nach unten und fand seine lange, schlummernde Gestalt, die über die Enden des Sofas hinausragte. Zuerst war ich ein wenig auf der Hut wegen seiner schieren Größe und der tiefen Stimme, aber als er mich auf seinen Schoß nahm, vermittelten mir seine starken Arme ein Gefühl, als sei ich sicher angeschnallt auf einer Fahrt im Vergnügungspark.

Zwischen den monatlichen Zusammenkünften besuchten sich die Mitglieder in kleineren Gruppen in ihren jeweiligen Häusern. Wenn sie sich bei uns trafen, verbrannten sie immer Salbei, und ich verband diesen Geruch danach mit ihrer Anwesenheit. Ich freute mich immer, Sobonfu zu sehen, und immer wenn sie bemerkte, dass ich mich in der Nähe herumdrückte, machte sie im Kreis Platz für mich. Oft hatte ich gar nicht die Geduld, mehr als ein paar Minuten auszuharren, aber sie hieß mich immer willkommen. Kinder sollten ihrer Meinung nach nie von Ritualen ausgeschlossen werden. Sie half meiner Mutter dabei, vor dem Kamin in der Nähe der Küche einen Schrein aufzubauen. Sie stellten einen langen hölzernen Klapptisch auf und bedeckten ihn mit einem Tuch – in Rot, für das Feuer. Darauf legten sie Fotos von meinen Großeltern und Urgroßeltern sowie Gegenstände, die die fünf Elemente repräsentierten. Meine Mutter half Jamie und mir später dabei, ähnliche, kleinere Schreine für unsere Zimmer zu bauen.

Sobonfu sagte mir, dass diese Fotografien die Gemeinschaft meiner Vorfahren repräsentierten. Ich könne von diesen Menschen Weisheit erlangen, selbst wenn ich ihnen nie begegnet wäre, denn sie seien in die große spirituelle Gemeinschaft eingegangen. Ich starrte auf die Fotos und blickte in jedes einzelne Paar verpixelter Augen. Am längsten betrachtete ich das Bild von Granny Liz und wünschte mir, sie könne mir sagen, wo sie war und wie es dort aussah. *All diese Menschen*, dachte ich, *wissen, wie es ist zu sterben*. Im Laufe der Zeit wurden diese Fotografien zu etwas, was meinem spirituellen Verständnis nach etwas Heiligem am nächsten kam – einer Art Gedenkstätte für meine Vorfahren, die Götter und Göttinnen meiner Vergangenheit.

Das Jahr meiner Mutter mit »The Village« fand seinen Höhepunkt im wichtigsten Ritual von allen: dem Initiationsritus. Die Initiation oder Einweihung, erklärte Sobonfu, bestand aus drei Teilen. Zuerst der Reise: Ein noch nicht eingeweihtes Mitglied der Gemeinschaft muss den Komfort und die Sicherheit des Zuhauses und der Familie verlassen und sich ins Unbekannte wagen. Zweitens, der Feuerprobe: Die Person musste sich einer Form der physischen oder emotionalen Prüfung unterziehen, durch die ihre Entschlossenheit und ihre Ernsthaftigkeit geprüft wurden. Drittens, das Nachhausekommen: Sie kehrte in die Gemeinschaft zurück und wurde dort, auf diese Weise transformiert, wieder aufgenommen.

»Was wird meine Mom machen müssen?«, fragte ich Sobonfu. Ich stellte mir vor, wie sie einen riesigen Felsbrocken auf ihren Rücken hievte.

»Initiation kann für jeden Menschen etwas anderes bedeuten«, sagte sie. »Deine Mutter macht ihre eigene Initiation durch. Ihre Krankheit. Eure gesamte Familie macht das durch.«

Aufgrund ihrer Krankheit machte meine Mutter nicht mit, wenn andere Mitglieder des »Village« sich stundenlang bis zum Hals in der Erde vergruben.

Jahre später stieß ich beim Blättern in dem schwarzen Notizbuch auf ein Foto mit einer kleinen Sammlung aus winzigen Muscheln, Keramikperlen und metallenen Schlüsseln. Sie erinnerten mich an die kleinen Schätze, die Granny Liz in den Fächern an der Wand in ihrem Atelier aufbewahrt hatte. Ich zog die Truhe hervor und durchsuchte den Inhalt, bis ich, ganz unten, eine kleine unbeschriftete, rasselnde Box fand. Unter das Foto in dem Buch hatte meine Mutter geschrieben:

Mein lieber Freund Jay trug während des ganzen Initiationsrituals all diese kleinen Schätze in einem kleinen Beutel um seinen Hals. Weil ich nicht daran teilnehmen konnte, führte Jay alles doppelt so lange durch – einmal für sich, einmal für mich. Dazu gehörte auch, stundenlang in der Erde eingegraben zu sein. Diese kleinen Gegenstände waren mit ihm eingegraben.

Einige dieser Dinge bekommst du, einige Jamie, für eure
Schreine. Sie enthalten eine kraftvolle Energie, einen starken
Spirit und Liebe. Bewahrt sie sicher und gut versteckt auf. Ich
hab dich lieb, mein Schatz.
Deine Mommy

Ich fühlte ein stechendes, schmerzhaftes Schuldgefühl. Den
Schrein in meinem Zimmer hatte ich schon vor Jahren wieder abgebaut. Ich hätte nicht gewusst, wie ich ihn den Freunden und Freundinnen hätte erklären können, die mich besuchten. Ich war inzwischen ein Teenager, und meine Erinnerungen
an Sobonfu, Jay und »The Village« verblassten mit der Zeit.
Jene Zusammenkünfte schienen so weit entfernt von meinem
gegenwärtigen Leben voller Geometrietests, Verliebtheiten
und Freunden, dass sie auch nur ein Traum hätten sein können.

Seltsamerweise hatte das Päckchen kein Etikett, und ich
konnte nicht wissen, wann ich es nach dem Wunsch meiner
Mutter aufmachen und all diese Objekte finden sollte. Ich
drehte die kleinen Erinnerungsstücke in meinen Fingern und
fühlte eine Aufwallung von Dankbarkeit für den Beweis, den
sie dafür boten, dass meine Erinnerungen an »The Village«
echt waren. Inzwischen erschien ein großer Teil meines Lebens
vor dem Tod meiner Mutter wie ein Märchen, eine lang verlo-
rene Fantasiewelt voller Mythen und Magie. Aber als ich jetzt
eine kleine Perle zwischen meinen Fingern rollte, dachte ich,
dass diese Jahre real waren, so real wie die Dinge in meiner
Hand.

Ich weiß nicht mehr, warum wir beschlossen hatten, mein Bett in jenem Winter umzustellen – ob wir sehen wollten, wie es drüben am Fenster aussah oder ob wir eins der vielen Dinge brauchten, die ständig zwischen das Bett und die Wand rutschten: Bücher, Socken, Plastikschwerter, Zauberstäbe. Doch als meine Mutter ihre Hände unter das Gestell am Fußende schob und es anhob, war das Geräusch, das von irgendwo tief aus ihrem Körper kam, wie ein Pistolenschuss.

Knacks!

Es lag nur der Bruchteil einer Sekunde, ein kurzes Herzstolpern, zwischen dem Geräusch und dem Moment, in dem sie fiel. Ich war sechs Jahre alt und wusste nicht, was ich tun sollte, also stand ich bewegungslos in der Tür. Dann schrie sie.

Ich hatte noch nie gehört, dass solche Töne aus einem Menschen kamen. Es klang, als würde sie gefoltert. Ich blieb wie angewurzelt stehen, völlig paralysiert. Ich hatte Angst, sie zu berühren, aber es war unerträglich, wie sie schrie, wie sie sich auf dem Boden krümmte.

Langsam gingen ihre Schreie in ein Atmen über, aus dem sich ihre geflüsterten Worte vernehmen ließen: »Hol Daddy.« Diese Anweisung brach den Bann, und ich rannte los. Ich traf auf meinen Vater, der gerade die Treppe hinaufstürmte, und zeigte auf meine Zimmertür. Er raste an mir vorbei. Das

Gefühl der Panik, das mich hatte erstarren lassen, hatte bei ihm ein rasches, entschlossenes Handeln zur Folge.

Wieder am Eingang, sah ich zu, wie er sich über meine Mutter beugte und ihren Körper mit sanften, tastenden Händen berührte. Er sprach mit leiser, beruhigender Stimme, stellte Fragen, brachte sie zum Atmen. Durch meine Panik hindurch registrierte ich die eigenartige, plötzliche Zärtlichkeit zwischen ihnen – so intim, als wäre ich während eines Kusses hineingeplatzt. Meine Mutter war immer so tüchtig, so Respekt einflößend. Es war schwer, sich vorzustellen, dass sie jemals Zärtlichkeit brauchte oder von anderen bekam. Aber jetzt lag sie weinend auf dem Teppich, und mein Vater strich ihr übers Haar. Nach ein paar Minuten begann er, sie wieder aufzurichten. Es dauerte sehr lange. Jede kleinste Bewegung ließ sie nach Luft ringen oder wimmern. Schließlich stand sie, fest an die Schulter meines Vaters gelehnt. Ich stand daneben, als er sie stützte, einen qualvollen Zentimeter nach dem anderen, beim Gang über das geometrische Teppichmuster und durch die Tür meines Zimmers.

In den Wochen danach schien sich meine Mutter in einem ständigen Auf und Ab von Schmerzen zu befinden. Ich weiß nicht, ob sie bei einem Arzt war, aber ich glaube, die Anweisungen von Dr. Gonzalez hätten das vermutlich verboten. Sie konnte es nicht ertragen, flach zu liegen, deshalb mietete mein Vater ein verstellbares Krankenhausbett und brachte es im Raum neben der Küche unter, damit sie nicht oben allein und isoliert war. In dieser Zeit verbrachte ich meine Nachmittage damit, mit untergeschlagenen Beinen zu ihren Füßen zu sitzen und die Neuheit eines Bettes mitten im Haus zu genießen. An den Tagen, an denen ihre Schmerzen erträglich waren, hörten wir auf einer Kassette *The Immortal Hank Williams*, und sie brachte mir das Nähen bei. Ich lernte, wie man ein Nadelkissen machte, indem man zwei Stoffquadrate aufeinanderlegte und mit einem einfachen Heftstich um den Rand herum zusammennähte, wobei am Ende ein bis zwei Zentimeter offen gelassen wurden. Dann stülpte ich das Ganze um, stopfte alles mit einer Polyesterfüllung und ein paar kleinen Zweigen getrockneten Lavendels aus und schloss die Lücke. An der Ecke stickte ich mit einem unsicheren Kreuzstich die Initialen *G. K.* für meinen Vor- und Nachnamen ein. Es waren auch die Initialen der beiden Vornamen meiner Mutter, Gwenny und Kristina.

Eines Abends erwachte ich spät durch den Lärm von Sirenen, und an meiner Zimmerwand tanzten die blauen und roten Lichter eines Krankenwagens. Ich ging zu meinem Fenster und sah zwei Rettungssanitäter, die eine Trage aus dem Fond zogen. Ich hatte Krankenwagen bisher nur in Filmen gesehen, und einen Moment lang dachte ich, die Trage bedeute, dass meine Mutter tot sei. Ich hatte zu viel Angst, um die Tür zu öffnen, und so blieb ich in meinem dunklen Zimmer. Schritte und Stimmen schwebten von der Diele unten zu mir nach oben. Ich glaubte, die Stimme von Sobonfu zu hören, leise und besorgt. Ein paar Minuten oder auch Stunden später beobachtete ich durch das Fenster, wie die beiden Männer die Gestalt meiner Mutter in den Krankenwagen schoben und sie mit sich nahmen.

Später erfuhr ich, dass Sobonfu in dieser Nacht zusammen mit anderen Mitgliedern des »Village« bei uns im Haus gewesen war und dass sie Rituale durchgeführt hatten, um meiner Mutter zu helfen, mit den Schmerzen fertigzuwerden. Doch die Schmerzen ließen sich nicht in den Griff bekommen, und schließlich wurde ihre Qual so stark, dass jemand den Notruf wählte. Als die Rettungssanitäter kamen, wollten sie meine Mutter flach auf die Trage legen, aber sie sagte ihnen, sie könne keinerlei Druck auf ihren Rücken ertragen, und sie hatten schwer damit zu tun, eine Möglichkeit zu finden, sie zu bewegen.

Im Krankenhaus zeigten Scans von ihrem Rücken eine Kompressionsfraktur. Irgendwann nach dem Tag, an dem sie in meinem Zimmer gefallen war und noch in ihrem Bett im Erdgeschoss lag, war ihr Rückgrat einfach gebrochen. Bei der Operation wurde versucht, die Bruchstelle mit Metallnieten zu stabilisieren, aber ein Wirbel drückte sich für immer nach außen und stach unter der Haut hervor. Der Bruch heilte am Ende, aber die Scans aus dem Krankenhaus, die ersten seit Jahren, zeigten die Ursache dahinter. Der Krebs hatte sich auf ihre Knochen ausgebreitet.

Meine Eltern brachten uns die Nachricht gegen Frühlings-
ende bei. Inzwischen saß meine Mutter aufrecht; sie trug einen
klobigen Stützapparat über ihrer Kleidung. Nach dem Abendessen fanden wir vier uns im »guten« Wohnzimmer ein, das
normalerweise für Weihnachten reserviert war oder für meine
Eltern, wenn sie Gäste zum Abendessen eingeladen hatten. Das
Wohnzimmer war in einem tiefen, samtigen Rotton gestrichen,
die beiden Ledersofas waren rot, und auch in den Teppich auf
dem Boden war Rotes eingewoben. Normalerweise verlieh
das ganze Rot dem Raum etwas Gemütliches, aber an diesem
Abend erschien es mir aggressiv wie ein Alarm. Meine Mutter
und mein Vater saßen auf dem einen Sofa, Jamie und ich auf
dem anderen. Draußen hinter den großen Vorderfenstern war
es dunkel, und auf dem Kaffeetisch aus Eichenholz zwischen
uns stand eine große Keramikschale voll Wasser mit vier runden roten Schwimmkerzen. Vier Kerzen, dachte ich, für die vier
Mitglieder unserer Familie. In dem sorgfältigen Arrangement
dieser Szene witterte ich Gefahr.

Meine Mutter begann zu sprechen. Ich unterbrach sie.

»Warum ist das Huhn über die Straße gelaufen?«

Sie starrte mich an.

»Um auf die andere Seite zu kommen!«

»Okay, Gwenny, jetzt setz dich mal ruhig hin.«

Aber ich konnte nicht ruhig sitzen. Ich erzählte noch einen Witz. Ich machte alberne Stimmen nach. Ich stand auf, um mich auf den Schoß meines Vaters zu setzen. Ich versuchte alles, was mir einfiel, um sie davon abzuhalten, die Worte auszusprechen, von denen ich ahnte, dass sie kommen würden. Wenn ich sie nicht hörte, würden sie nicht, könnten sie nicht wahr sein. Schließlich fixierte mich meine Mutter mit ihren Augen auf dem Sofa.

Sie sagte, dass sie sterben würde. Sie benutzte keine Wörter wie *Metastasen* oder *tödlich*, aber sie sagte, dass der Krebs gewachsen war und sich ausgebreitet hatte, dass sie sich nicht erholen würde und dass die Ärzte einfach nur darauf hofften, ihre Zeit zu verlängern. Sie sagte, dass sie weiter nach neuen Heilungsmöglichkeiten suchte, dass sie nicht aufgegeben habe und niemals aufgeben würde. Sie wollte so viel Zeit mit uns, wie sie nur bekommen könne. Sie wollte mehr als alles andere in der Welt bei uns bleiben. Mit aggressiven Behandlungen, sagte sie, habe sie vielleicht noch ein Jahr.

Das Wort schlug in mein Herz ein wie ein Gongschlag. Ein Jahr. Zwölf Monate. Zweiundfünfzig Wochen. Dreihundertfünfundsechzig Tage und einen viertel Tag. Genug Zeit für eine Klassenstufe oder um Blumenzwiebeln zu setzen und zu sehen, wie sie dann blühen. In einem Jahr können die Haare um fünfzehn Zentimeter wachsen, lässt sich eine neue Sprache lernen, können gebrochene Gliedmaßen heilen. Ich war gerade sieben geworden, und bis zu diesem Moment war mir ein Jahr als eine lange Zeit erschienen. Es war ein Schock festzustellen, dass ein Jahr überhaupt nichts sein konnte. Ich blickte auf die vier Kerzen auf dem Tisch zwischen uns.

Eine von ihnen müsste eigentlich schneller brennen, dachte ich.

Während sie sprach, blieb Jamie vollkommen ruhig und

schweigsam. Er saß in seine Ecke des roten Sofas geklemmt, seine Lider hingen nach unten, als würde er jeden Moment einschlafen. Er hatte seinen eigenen Weg, möglichst nicht zu hören, was unsere Mutter uns sagte, wird mir jetzt bewusst. Als sie weitersprach, ging sein Atmen allmählich in eine Art Beben über; dann begann er zu keuchen, und Tränen fielen auf seine sommersprossigen Wangen. Ich hatte meinen Bruder bisher nur weinen sehen, wenn er fiel und sich verletzte. Als wir alle nach oben gingen, um unsere Schlafanzüge anzuziehen, waren wir beide völlig erschöpft vom Schluchzen.

Dr. Gonzalez ließ meine Mutter als Patientin fallen, als sich ihr Krebs ausbreitete. Er sagte, sie habe seine Methode nicht genau genug befolgt, und im Krankenhaus einen Scan machen zu lassen sei gegen ihre Vereinbarung gewesen. Er brach den Kontakt ab und überließ sie sich selbst, als es darum ging herauszufinden, was als Nächstes zu tun sei.

Ich habe meine Mutter nicht ein einziges Mal darüber reden hören, wie sie sich gefühlt hat, als der Mann, dem sie vertraut hatte, sie zurückwies. Wenn ich versuche, mich in ihre Lage zu versetzen, empfinde ich ein solch überwältigendes Gefühl der Wut und des Verrats, dass es mir Angst macht. Ich möchte diesem Menschen von Angesicht zu Angesicht gegenüberstehen und ihm klarmachen, dass niemand auf der Welt die Aufgabe, die er erteilt hatte, ernster hätte nehmen können als meine Mutter. Sie war für diese Art von Kampf geboren. Ihre ehrgeizige, gründliche und kompromisslose Persönlichkeit passte perfekt zu einem solch anspruchsvollen Programm. Ich glaube, das ist einer der Gründe dafür, warum sie sich in erster Linie davon angezogen fühlte, denn es ermöglichte ihr, ein Gefühl der Kontrolle zu behalten. Sie war der Meinung, wenn sie alles perfekt machte, die höchstmöglichen Standards erfüllte, würde sie überleben.

Meine Mutter mag sogar geglaubt haben, dass sie selbst

schuld am Scheitern des Programms war. Ich stelle mir vor, wie sie die letzten drei Jahre im Geiste immer wieder durchgegangen war. Hatte sie eine Tablette vergessen? Einen Einlauf? Hatte sie einen verbotenen Happen Fleisch gegessen oder ein Glas Wein getrunken? Als sie ein oder zwei Jahre im Programm war, entdeckte sie, dass das spezielle Wasserfiltersystem, das sie in unserem Haus installiert hatte, schadhaft war und dass es sich bei dem Wasser, das sie benutzt hatte, nur um ganz normales Leitungswasser handelte – durch die defekte Anlage vielleicht sogar weniger rein als dieses. Als sie das herausfand, war sie wütend und todunglücklich.

Sie machte sich Sorgen darüber, dass dieser eine Fehler sie um alles gebracht haben könnte. Vielleicht machte sie weiterhin die Jahre mit unreinem Wasser für das verantwortlich, was geschah. Vielleicht war es weniger vernichtend, einem Gerät die Schuld zu geben.

Viele Jahre später recherchierte ich über Dr. Nicholas Gonzalez und erfuhr, dass er in genau den Jahren, in denen er mit meiner Mutter arbeitete, von der Ärztekammer des Staates New York offiziell verwarnt wurde, weil er von anerkannten Praktiken abgewichen war, und zwei Jahre auf Bewährung erhielt. Einige Jahre später konnten bei einer groß angelegten klinischen Studie keine Belege für die Wirksamkeit seiner Behandlungen gefunden werden. Ich sprach auch mit dem Onkologen, der meine Mutter direkt nach Dr. Gonzalez behandelt hatte.

»Als ich sie zum ersten Mal traf«, erzählte mir Dr. Richardson, »sah ich diese aufgeweckte junge, intelligente Frau, die diese skurrilen Dinge unternahm, um ihren Krebs zu behandeln. Die Behandlungen waren schmerzhaft, potenziell gesundheitsschädlich und sehr teuer. Ich bin nicht gegen alternative Medizin, und ich denke, genau deshalb wollte sie mit mir arbeiten – weil ich mich nicht darüber lustig machte. Ich war damit zufrieden, ein weiteres Rädchen in ihrem Behandlungsgetriebe zu sein. Aber einiges von dem, was er von ihr zu tun verlangte, war gefährlich.«

Ich fragte ihn nach seiner Meinung darüber, warum meine Mutter nach all ihrer ausgiebigen Recherchearbeit gerade diesen Weg gewählt hatte.

»Intelligente Menschen wie sie werden sich immer von diesen Dingen angezogen fühlen. Menschen, die sich nicht an die gängigen Regeln halten, die Risiken auf sich nehmen. Sie sind daran gewöhnt, Konventionen zu brechen. Das macht sie erfolgreich, aber auch verletzbar.«

Das erschien mir nachvollziehbar, doch der Gedanke an die Folgen ihrer Entscheidung, sich für etwas ganz Neues und Unerprobtes von herkömmlichen Behandlungsmethoden abzuwenden, ließ mich schwindelig werden vor Schmerz. Ich wollte mich in der Zeit zurückbewegen, wollte plötzlich wie eine Figur aus *Star Trek* aus einer gleißend hellen temporalen Anomalie hereinplatzen und meine Mutter bitten, eine andere Entscheidung zu treffen. Ich kann nicht wissen, ob eine Bestrahlung und eine Chemotherapie zu einem frühen Zeitpunkt sie gerettet hätten, aber vielleicht hätten sie ihr eine Chance eröffnet. Und das war letzten Endes alles, worum sie gebeten hatte – die Chance, um ihr Leben zu kämpfen.

Die Praxis der Kinderpsychologin sah anders aus als jede Arztpraxis, die ich bis dahin gesehen hatte. Es gab dort eine kleine Küche mit einem Kühlschrank, einem Herd, einem Tisch und zwei Stühlen auf einem Boden aus Linoleum. Hinter der Küche befand sich ein Raum mit einem Teppich voller Bücher, Spiele, Spielzeug und einem Minisandkasten, der auf zwei Betonblöcken stand. Die Therapeutin, die mir sagte, ich solle sie Judy nennen, war eine große Frau in den Vierzigern mit lockigem braunem Haar, einer hervorstehenden Nase und braunen Augen, um die herum sich freundliche Falten gebildet hatten. Ich drehte mich nach meiner Mutter um, als ich durch die offene Tür ging. Sie saß im Wartezimmer und las, und eine Maschine für Weißes Rauschen surrte gleichmäßig. Der Stützapparat, den sie noch immer trug, gab ihrem Körper ein merkwürdiges, kastenförmiges Aussehen unter dem lockeren grünen Baumwollkleid. Sie hatte versprochen, während des gesamten Termins zu bleiben, aber ich musste trotzdem meinen ganzen Mut zusammennehmen, um sie aus den Augen zu lassen.

In dieser ersten Sitzung stellte Judy keine Fragen über meine Mutter oder ihre Krankheit. Sie sah mir dabei zu, wie ich mit dem kleinen Sandkasten spielte, Gräben und Tunnel baute und sie mit Plastikfiguren wie Tieren und Disney-Prinzessinnen bevölkerte. Hin und wieder fragte sie, was ich da machte und wer die Menschen seien, die in dieser kleinen Welt lebten. Ich war ziemlich beschäftigt mit dem, was ich da tat, und sah kaum auf zu der Frau, die mich beobachtete.

»Wie ist es gelaufen?«, fragte meine Mutter, als wir zurück zum Auto gingen. Eine ausladende Trauerweide stand draußen vor dem Haus und ergoss ihre langen Zweige auf die Straße.

Ich zuckte die Achseln. Ich hatte keine Worte für das andächtige Gefühl in dem Zimmer voller Spielzeug. Ich würde immer wieder dort ein und aus gehen, sechzehn Jahre lang.

Ein paar Wochen nach der ersten Sitzung bei Judy kam eine Dame aus dem Hospiz zu uns und setzte sich mit mir auf die Sofas in unserem roten Wohnzimmer. Ich weiß nicht, wo Jamie an dem Tag war, aber die Dame erklärte ausdrücklich, dass sie eigens meinetwegen gekommen war. Sie holte ein langes Stück Stoff hervor, das von einem dicken Holzstab herabhing und auf dem viele kleine Taschen aufgenäht waren. Auf den Couchtisch zwischen uns legte sie ein Dutzend kleine gefütterte Kissen wie die, die ich mit meiner Mutter in der Zeit genäht hatte, als sie bettlägerig war. Statt der Initialen waren diese Kissen mit Wörtern bestickt wie *traurig*, *glücklich*, *ängstlich* und *müde*. Sie bat mich, alle Wörter auszuwählen, die beschrieben, wie ich mich fühlte, wenn ich an die Krankheit meiner Mutter dachte, und sie in die Taschen zu stecken.

»Was ist mit dem hier?«, fragte sie, als ich fertig war, und zeigte auf *wütend*. Ich hatte es auf dem Tisch liegen lassen.

Ich zog die Schultern hoch.

»Weißt du, es ist okay, wütend zu sein.«

Ich nickte.

»Vielleicht nur ein kleines bisschen wütend?«, versuchte sie mich zu überreden.

In dem Bemühen, sie zufriedenzustellen, nahm ich es auf.

Ich wusste nicht, warum diese Frau dachte, ich solle wütend darüber sein, dass meine Mutter krank war. Ich konnte mich an keine Zeit erinnern, in der sie es nicht war. Das war, als sollte ich wütend über die Schwerkraft werden.

Ich war manchmal wütend *auf* meine Mutter. Sie ließ mich nicht all die Süßigkeiten essen, die ich wollte, und nach fünf Uhr nachmittags überhaupt keine mehr.

»Wir werden dich mit einem Spachtel von der Decke abkratzen müssen«, sagte sie, wenn ich um einen weiteren Keks bettelte.

Sie verlor häufig die Geduld mit mir, meistens, weil ich sie nicht in Ruhe ließ, wenn sie am Telefon war. Sie schickte mich in mein Zimmer, wenn ich schrie und Sachen gegen die Tür warf – die Idee war, ihr eine Lehre zu erteilen, indem ich ihr Telefongespräch so oder so sabotierte. Dann kam sie vorwurfsvoll und mit funkelnden Augen durch meine Tür. In solchen Momenten schien sie so Furcht einflößend, dass ich mich buchstäblich auf den Boden geworfen hätte, um ihr zu zeigen, dass ich aufgab.

Sie stellte sich immer auf Jamies Seite, wenn wir Streit hatten, denn er konnte raffiniert provozieren, und ich hatte nur eine Art der Reaktion: Ich drehte durch. Besonders wütend machte es mich, wenn sie mein Heulen imitierte.

»Ich wünschte, du könntest dich hören«, platzte sie heraus. »Ich werde in Zukunft einen Kassettenrekorder mit mir herumtragen, damit ich es dir vorspielen kann!«

Doch selbst in meinem größten Zorn wusste ich, dass wir diese Kämpfe haben sollten. Wir hatten ein Recht darauf, und

sie waren kostbar. Hinter jedem Streit, in jeder lautstarken Auseinandersetzung schwebten die Schatten all der anderen, die
wir niemals haben würden. Meine Mutter würde mir niemals
sagen, was ich nicht bei einem Date anziehen sollte, würde
niemals etwas gegen meinen Freund einzuwenden haben oder
gegen meine Entscheidung für eine Universität oder meine
Berufswahl oder meinen Erziehungsstil. Sie würde niemals
passiv-aggressive Bemerkungen darüber machen, wie ich Auto
fuhr oder in welcher Farbe ich ein Zimmer streichen wollte.
Ich würde nie die Gelegenheit haben, ihren Rat zu wiederver-
wendbaren Windeln zu ignorieren, und sie würde nie die Gelegenheit haben, meine zu politischen Fragen in den Wind zu
schlagen.

Das also war vielleicht noch ein Grund, warum ich das
kleine gelbe Kissen auf dem Tisch liegen ließ, denn mit Wut
konnte ich nicht gut umgehen. Ich konnte der freundlichen
Frau mit der sanften Stimme nicht erklären, dass ich mir noch
viele weitere Jahre wünschte, in denen ich auf meine Mutter
wütend sein konnte. So viele weitere Jahre, um mit ihr zusam-
menzusitzen und unsere Initialen in tausend nutzlose Nadelkissen zu sticken.

Am Ende des Frühlings kamen Jamie und ich in eine Art Selbsthilfegruppe, die das Hospiz für Kinder von unheilbar kranken Eltern organisierte. Wir trafen zusammen in dem niedrigen
grauen Gebäude ein, wurden dann aber in zwei verschiedene
Altersgruppen geschickt. Meine Gruppe wurde von zwei
Frauen in mittleren Jahren mit dunklem, lockigem Haar gelei-
tet. Wir versammelten uns um einen großen Tisch in einem
weißen Raum. Ich hasste es, dorthin zu gehen, fühlte mich

danach aber immer besser. Ich hatte sonst keinen Kontakt zu anderen Kindern, deren Eltern krank waren, und es war einerseits merkwürdig, andererseits auch tröstlich zu sehen, dass meine Familie nicht einzigartig war, dass auch andere Familien mit dem ständigen Ticken einer Uhr lebten.

Meine Erinnerungen an diesen weißen Raum verleihen ihm etwas Blasses, wie bei einem überbelichteten Foto. Ich erinnere mich an eine Menge Farben, an Eimer voller Malstifte. Ich erinnere mich auch an Lachen. Das weiße Zimmer war nicht immer ein trauriger Ort. Tatsächlich war es einer der wenigen Orte, an denen die harte Realität der Krankheit meiner Mutter mit Spiel und Humor verbunden werden konnte. Die Frauen, die die Gruppe leiteten, schienen zu wissen, dass Traurigkeit bei Kindern nicht nachhaltig ist. Sie bricht in Wellen durch, und dann sucht ihr Gehirn nach einem Weg, sich abzulenken. In diesem Raum war es sogar akzeptabel, über Krankheit und Tod Witze zu machen. Wie Generationen von Mädchen vor mir war ich oft auf Bürgersteigen herumgehüpft, indem ich von einem Betonrechteck zum anderen sprang und sang: »Don't step on a crack or you'll break your mother's back« (Tritt nicht auf eine Ritze, sonst brichst du deiner Mutter das Kreuz). Unter den Kindern der Selbsthilfegruppe konnte ich auch meine heimliche Pointe verraten, für die ich überall sonst nur Schuld empfunden hätte: »Upps! Zu spät!«

Es waren etwa ein Dutzend Kinder in der Gruppe, aber die einzigen Gesichter, die ich noch in allen Einzelheiten vor mir sehe, gehören zu einem Geschwisterpaar. Ich erinnere mich an Carla und José, weil sie die Gruppe nur ein paar Wochen, nachdem ich dazugekommen war, verließen. Eines Nachmittags verkündete eine der dunkel gelockten Frauen: »Heute sind Carla und José zum letzten Mal dabei.«

Wir sahen uns alle an und fragten uns, ob sich ihr Vater wohl wie durch ein Wunder erholt hatte. Das war natürlich der geheime Wunsch von allen in Bezug auf unsere Eltern, doch wir sprachen ihn selten laut aus. In der Gruppe ging es darum zu akzeptieren, dass es dazu nicht kommen würde.

»Carla und José wechseln nächste Woche in eine andere Gruppe«, erklärte die Dame.

Sofort senkten wir alle den Blick. Wir wussten von der anderen Gruppe, der Gruppe für Kinder, deren Eltern tot waren. Niemand sprach.

»Sie haben zugestimmt, zu einem letzten Treffen zu kommen, sodass sie uns von ihrer Erfahrung erzählen können«, fuhr sie fort, »was ich ganz großartig und selbstlos von ihnen finde.«

Wir blieben stumm.

»Tja, gestern«, begann Carla langsam, »sind wir ins Krankenhaus gefahren, um uns zu verabschieden.«

Ihr Vater wurde seit Wochen künstlich am Leben erhalten, war bewusstlos, und nach und nach versagten seine Organe. Sie erklärten, wie sie ihn umarmt hatten, wie ihre Mutter geweint hatte, wie sie gehofft hatten, dass er auf irgendeine Weise hören konnte, wie sie ihm sagten, dass sie ihn liebten. Wie sie den Raum verlassen hatten, bevor die Ärzte die Maschinen abstellten, die seine Lungen mit Luft und sein Herz mit Blut füllten. Keiner von beiden weinte, als sie sprachen. Auf mich wirkten sie nicht einmal traurig. Sie sahen nur sehr, sehr müde aus. Für die restliche Zeit des Treffens betrachteten wir sie alle mit einer Mischung aus Mitleid und Ehrfurcht. Sie waren an den Ort gereist, auf den wir alle zusteuerten, und hatten einen Blick auf die andere Seite getan.

Nachdem wir ein paar Monate an den Treffen teilgenommen hatten, kündeten die beiden Damen eine Überraschung für uns an. Sie wollten, dass wir alle eine geheime Botschaft an unseren erkrankten Elternteil auf einen Zettel schrieben. Dann führten sie uns aus dem weißen Zimmer hinaus und durch die gläsernen Eingangstüren des Gebäudes nach draußen auf den kurz geschnittenen Rasen. Dort wartete ein Mann mit einer Reihe Verschläge, immer zwei aufeinandergestapelt und voller raschelnder Geräusche in ihrem Inneren. Wir stellten uns in einer Reihe auf, und der Mann nahm unsere Zettel. Er öffnete eine Gittertür und holte vorsichtig eine graue Taube hervor. Er erklärte, dass es Brieftauben waren, dazu dressiert, unsere Nachrichten zu transportieren. Als ich an der Reihe war, steckte er mein Papier in ein kleines Plastikröhrchen, das am Bein einer Taube mit weißen Streifen in den Flügeln festgebunden war. Dann gab er mir den Vogel und zeigte mir, wie ich ihn halten sollte, damit seine Flügel unter meinen Fingern zusammengedrückt blieben, und ich fühlte den zarten Herzschlag in meinen Händen. Ich trat vor, weg von dem Mann, den Kindern und den anderen Vögeln, bis ich mich mit meiner Taube ganz allein fühlte. Ich wiederholte im Stillen, was ich auf den Zettel geschrieben hatte, dann warf ich das kleine, warme, flatternde Etwas in die Luft. Mit beiden Händen, ungefähr so wie man einen Schwung Konfetti hochwirft. In der Nähe hörte ich das Klicken einer Kamera, als jemand ein Foto machte. Nach all diesen Jahren kann ich jetzt das Bild betrachten und die Symbolhaftigkeit des Loslassens erkennen. Ich kann sehen, dass es ein Bild von jemandem sein sollte, der etwas gehen lässt.

Aber auf den Zettel hatte ich statt einer Botschaft einen Wunsch geschrieben. Es war das, was ich mir mit jeder Wimper, jeder Geburtstagskerze, jeder Brücke, jedem Tunnel und jeder Pusteblume gewünscht hatte, seit ich abergläubische Rituale kannte. Der Wunsch bestand aus vierzehn Wörtern:

Ich möchte, dass meine Mom leben, sich erholen und niemals wieder Krebs haben wird.

Im Sommer, als ihr Rücken wieder geheilt war, legte meine Mutter am hinteren Zaun einige Hochbeete an, und wir versuchten, Gemüse anzubauen. Jamie und ich pflanzten ganze Reihen von Karotten, Salat und Lauch. Wir brachten ein kleines Bohnengerüst an dem Holzzaun an, um daran Stangenbohnen hochzuziehen. Wir gingen zur Pflanzenschule King, um Beutel mit besonders nährstoffreicher Erde sowie winzige durchsichtige Plastikbehälter mit Marienkäfern zu kaufen, die Blattläuse fernhalten sollten. Bei King gab es auch einen großen blauen Papagei, der, statt zu wiederholen, was man sagte, heftig seinen Kopf schüttelte und kreischte: »Nei-ein!«, wenn man zu ihm sprach. An der Holzstange, auf der er saß, war für neugierige Besucher eine kleine Warnung angebracht, die besagte, dass er beißen konnte. Auf dem Weg nach Hause wollte ich die Marienkäfer tragen, sodass ich ihre glänzenden roten Rücken betrachten konnte, die winzigen schwarzen Beine und wie sie umeinander herumwuselten.

In unserem Garten öffnete ich den Deckel, nahm die kleinen Wesen mit den Händen auf und verteilte sie über das Grundstück. Ich setzte sie auf Salatblätter, auf Rosen und Vergissmeinnicht und auf die Zierkamille, von der meine Mutter sagte, sie sei früher dazu genutzt worden, um Schmerzen zu lindern und Fieber zu senken. Als ich vier oder fünf war, hatte ich ein

Spiel daraus gemacht, Blumen und Blätter aus unserem Garten zu pflücken und sie in einem kleinen Mörser mit einem Stößel, die ich beide in der Küche bei den Gewürzen gefunden hatte, zu zermahlen. Ich fügte einige Wassertropfen hinzu und ganz wenig Erde, um Elixiere herzustellen, die ich in bunten Glasfläschchen aufbewahrte. Manchmal bat ich meine Mutter, davon zu trinken, in der Hoffnung, es möge ihr dann besser gehen, und sie tat so, als nähme sie einen Schluck, und verzog dann die Nase, um anzuzeigen, dass es scheußlich schmeckte. Ich fand das beruhigend, denn richtige Medizin hatte immer einen unangenehmen Geschmack. Als ich die letzte krabbelnde rubinrote Handvoll aussetzte, hoffte ich, dass das, was man über Marienkäfer sagte, stimmte und dass sie uns Glück bringen würden.

In einer Ecke des Gartens begannen wir damit, unter grünen Abdeckplanen unseren eigenen, penetrant riechenden Kompost anzulegen. Wir sammelten unsere Küchenabfälle, vermischten sie mit Blättern und gemähtem Gras, dann gruben wir den Mulch mit einer Forke um, um Regenwürmer zu finden. Während wir mit unseren Händen in der Erde wühlten, erzählte uns unsere Mutter an den kühlen Morgen etwas über den Zersetzungsprozess – darüber, wie durch das Absterben einer Pflanze der Nährboden für das Entstehen einer neuen Pflanze bereitet wurde. Sie erzählte Geschichten über den Vater von Onkel Q, Poppy Bill, den sie wie einen Vater geliebt hatte und der gestorben war, als sie dreizehn war. Sie erzählte, wie frisch und lebendig ihre Erinnerungen an ihn noch waren. Dass sie ihre Augen schließen und ihn sehen konnte, wie er einen langen Zug von seiner Kent-Zigarette nahm und eine Reihe perfekter Ringe in die Luft blies.

Der Platz, den wir für unsere Beete gewählt hatten, war von

hohen Eichen überschattet, und die Karotten, die wir zogen, waren ganz dünn. Der grüne Salat (den weder Jamie noch ich gegessen hätten, da bin ich mir sicher) hätte vielleicht gerade für eine Schüssel gereicht. Ich glaube, die Bohnen machten sich gut. Heute wird mir bewusst, dass es bei alldem gar nicht um das Gemüse gegangen war.

Im Herbst, als ich in die zweite Klasse kam, kroch meine Mutter oft morgens vor der Schule zu mir ins Bett. Wenn ich gerade aus dem Schlaf auftauchte, fühlte ich ein Paar Arme um mich herum, und noch ganz benommen rutschte ich auf die andere Seite, um Platz in meinem großen Bett zu machen. Sie sagte, sie wolle, dass ich mich an ihren Geruch und das Gefühl ihrer Haut erinnern würde. Sie wollte mich ein stummes Zeichen ihrer Liebe spüren lassen.

»Ich habe Angst, dass ich dich vergesse«, beichtete ich ihr eines Tages, als wir zusammen im Bett lagen und an die Decke starrten. Ich hatte das Gefühl, dass ich bereits dabei war, Granny Liz langsam zu vergessen, die damals zwei Jahre tot war. »Ich wollte, ich hätte einen Film von dir, in dem du zu mir sprichst und den ich immer ansehen könnte, wenn ich Lust dazu hätte.«

In diesem Herbst begann sie mit ihren ersten Zyklen der Chemotherapie. Verglichen selbst mit den strengen Gonzalez-Regeln war die Chemo brutal. An manchen Tagen fehlte ihr die Kraft, auch nur den Kopf zu heben. Wochenlang stand in jedem Zimmer unauffällig eine kleine rosa, nierenförmige Brechschale für sie bereit.

»Warum haben sie diese Form?«, fragte ich Jamie.

»Damit du sie oben ans Kinn halten kannst«, erklärte er.

»Außerdem kann die Kotze dann auf die Seite laufen, sodass in der Mitte wieder Platz ist. Das ist echt Hightech.«

Im Wartezimmer der Onkologiestation verglich ich meine Mutter unwillkürlich mit den anderen Patientinnen und Patienten, den dünnen und glatzköpfigen. *Diese Leute sind wirklich krank*, dachte ich. *Anders als meine Mom*. Das Krankenhaus roch nach Sagrotan und Chlor, und lange Zeit hielt ich den Geruch von Desinfektionsmitteln für den Geruch von Krankheit. Es würden noch viele Krankenhäuser folgen, und alle würden in meinem Kopf miteinander verschwimmen: die gleichen Gerüche, die gleichen Lampen, die gleichen gewundenen weißen Gänge ins Nichts. Keines von ihnen hebt sich in meiner Erinnerung von den anderen ab. Keines schien ein realer Ort zu sein.

In der Woche nach Thanksgiving räumte meine Mutter die vielen Papierstapel weg, mit denen der Esstisch übersät gewesen war, und einen oder zwei Tage lang erschien das Oval aus Holz darunter wie ein vergessenes Gesicht. Dann stellte sie auf die blanke Oberfläche zwei kleine Truhen, eine aus Korbgeflecht, eine aus laminierter Pappe. Dann kamen die Schachteln.

Es gab viele Schachteln: kleine viereckige aus Pappe mit einem Muschelmuster und achteckige Dosen, bedruckt mit Blumenelfen von Cicely Mary Barker. Es gab Schachteln aus Samt in Muschelform und winzige lackierte Dosen wie diejenigen, in die wir unsere ausgefallenen Milchzähne legten. Es gab eine größere Holzschachtel mit metallenen Ecken, die mit Seidenpapier beklebt war, und einen schmalen Zylinder, der einem Stück von einem Birkenzweig ähnelte, bis man an einer versteckten Lasche zog. Es gab ein Gebilde, das aussah wie drei aufeinandergesteckte Tauben, geschnitzt aus einem knochenähnlichen Material, und eine flache braune Lederschachtel, die aufsprang, wenn man an der richtigen Stelle drückte. Diese Ansammlung von Schachteln machte mich nervös. Einerseits wusste ich, was sie zu bedeuten hatte, und andererseits wusste ich es auch wieder nicht. Ich bin sicher, meine Mutter hat es mir erklärt, aber ich sträubte mich dagegen, die Information wirklich in mich aufzunehmen. Die Schachteln gehörten in eine Zukunft, über die ich nicht nachdenken wollte.

Manchmal saß meine Mutter am Kopfende des Tisches, manchmal an der Seite; sie wechselte den Platz, wenn sie eine geheimnisvolle Aufgabe beendet hatte und eine neue begann. An manchen Tagen verbrachte sie Stunden damit, kleine Dinge in die Schachteln zu verteilen, weiße Kärtchen zu beschriften und ein Band hindurchzuziehen. So wie sie früher über den Ergebnissen klinischer Studien gebrütet hatte, so senkte sie nun ihren dunklen Kopf über helle Päckchen und band eine Schleife nach der anderen. Manchmal saß Tippy bei ihr, ihren klugen schwarz-weißen Kopf hoch aufgerichtet, weil vielleicht doch einmal etwas von dem Tisch herunterfallen könnte, an dem wir niemals zu essen schienen.

Ich wollte unbedingt die Aufmerksamkeit meiner Mom für mich und versuchte, sie von dem Projekt abzulenken.

»Lass uns schwimmen gehen!«, oder: »Lass uns Mancala spielen, du kannst auch anfangen.«

»Später, Schätzchen, ich bin gerade beschäftigt.« Die Bedeutung von *später* wurde von Tag zu Tag enger.

Im Laufe der nächsten Wochen begann ich, die Schachteln zu hassen. Es gab so viele von ihnen, und damit dehnte sich die Zeitspanne ohne meine Mutter immer weiter aus. Wie konnten die Schachteln für sie wichtiger sein als ich? Ich war eifer süchtig auf mein zukünftiges Selbst, das nur in der Vorstellung vorhandene Mädchen, an das meine Mutter dachte, während ich doch direkt vor ihr stand. Ich stellte mir vor, den Tisch zu kippen und all die Schachteln, Bänder, Listen und Kärtchen auf den Boden rutschen zu lassen. Aber der Tisch war zu schwer für mich.

In jenem Dezember suchte mein Vater eine fünf Meter hohe Douglastanne aus, mehr als doppelt so groß, wie sonst unsere Weihnachtsbäume waren. Wir schlugen immer unseren eigenen Baum auf einer Farm in Sebastopol. Als mein Vater das eine Ende des Baumes in den kleinen Holzanhänger unseres Autos geklemmt und das andere mit einem Gummiband am Dach festgemacht hatte, hingen immer noch ein paar Zweige voller Nadeln über die ersten Zentimeter der Windschutzscheibe.

Er stellte den Baum in die Diele, wo die Decke zwei Stockwerke hoch war, und befestigte die Krone mit Angelschnüren in der richtigen Position. So stand er aufrecht und schmiegte sich gleichzeitig in den Bogen der Treppe. Dann platzierten mein Vater, Jamie und ich uns auf den Stufen, warfen uns gegenseitig Knäuel mit weißen Lichterketten zu und wickelten sie um die Zweige.

Jedes Jahr ließ meine Mutter in den Wochen vor den Weihnachtsferien Jamie und mich Geschenke für Freunde und Familie basteln. In den vergangenen Jahren hatten wir einfache Sachen gemacht, wie Seidenpapier zu Origamisternen gefaltet, die man in die Fenster hängen konnte, oder Styroporkugeln mit Goldspray in Weihnachtsschmuck verwandelt. Aber dieses Jahr hatte sie unzählige runde weiße Kerzen und dünne Platten aus buntem Wachs gekauft, aus denen wir mit einem Bastelmesser Formen schneiden sollten. Wir weichten die Wachsplatten an einer Flamme auf und klebten sie dann schichtweise in einem Muster auf die Oberfläche der weißen Kugeln. Jamie dekorierte seine Kerzen mit Schlössern und Drachen. Meine waren abstrakter. Es war ein ehrgeiziges Unterfangen, und wir arbeiteten über eine Woche lang jeden Nachmittag daran, aber am Abend vor Weihnachten waren wir immer noch nicht fertig. Unsere Mutter beorderte uns zurück an den Esstisch, aber wir waren von dem Projekt ziemlich gelangweilt, sodass wir uns beide nicht darauf konzentrieren konnten. Wir alberten herum und kabbelten uns. Wir tröpfelten uns gegenseitig geschmolzenes Wachs auf die Finger und schmierten uns die bunten Reste ins Gesicht.

Plötzlich bemerkten wir, dass unsere Mutter nicht mehr im Raum war. Wir gingen nach oben und in ihr Schlafzimmer, wo wir leise Geräusche aus dem angrenzenden Bad hörten. Als wir hineingingen, fanden wir sie, vollständig angezogen, auf der gefliesten Duschbank sitzend. Sie schluchzte.

Ich hatte meine Mutter selten weinen sehen. Ich kannte sie ernst, enttäuscht, frustriert und wütend, aber ich glaube nicht, dass ich sie jemals verzweifelt erlebt hatte. Sie hatte das Gesicht hinter den Händen verborgen, doch zwischen ihren Fingern rannen Tränen. Als sie unsere Schritte hörte, beugte sie sich weiter vor, um ihr Gesicht zu verbergen. Jamie und ich tauschten einen schuldbewussten Blick. Es war mir nicht in den Sinn gekommen, dass die Kerzen mehr als ein Geschenk zum Fest bedeuteten, dass sie in der Vorstellung meiner Mutter zu einem wichtigen Bestandteil dieses letzten, perfekten Weihnachten geworden waren. Sie sah so niedergeschlagen aus, wie sie da in der trockenen Duschkabine kauerte. Ich versuchte, etwas zu sagen, aber ich fand keine Worte. Stattdessen verzogen Jamie und ich uns schweigend nach unten und machten uns wieder an unsere Arbeit.

Am Weihnachtsmorgen wachte ich als Erste auf. Ich lief den Flur entlang zu Jamies Zimmer und hüpfte auf sein Bett, bis er einwilligte, mit nach unten zu kommen und nach unseren Weihnachtsstrümpfen zu sehen. Unser Vater kam als Nächster herunter, in seinem blauen Frotteebademantel, und legte eine CD des Choir of King's College mit Weihnachtsliedern ein. Nachdem es ihrem Rücken besser ging, schlief meine Mutter wieder oben, das gemietete Krankenhausbett hatten wir zurückgegeben. Jamie und ich nahmen unsere Strümpfe und gingen damit in ihr Schlafzimmer.

Jamie und ich hatten immer Geschenke für unsere Eltern und auch füreinander gemacht. In jenem Jahr hatte mir meine Mutter dabei geholfen, einen kleinen Teppich in der Form eines roten Geckos für Jamies Zimmer zu knüpfen. Für mich hatte Jamie eine hölzerne Box für Rezepte in Form einer Hütte gebastelt, mit einem kleinen aufgemalten Fenster, einer Tür sowie einem Strohdach und einem Schornstein aus Ziegelsteinen. Das Dach ließ sich abheben, darunter kam ein Stapel Karteikarten zum Vorschein, und der Schornstein hatte einen kleinen Schlitz, in den man aufrecht eine einzelne Karte stecken konnte. Meine Mutter hatte bereits einige Karten mit Familienrezepten beschrieben: die Pfannkuchen von Granny Liz, den Schokoladenkuchen ohne Mehl, den wir immer an Geburtstagen bekamen, die glutenfreien Chocolate-Chips-Kekse, die sie sich ausgedacht hatte, weil Jamie keinen Weizen vertrug.

Nachdem alle Geschenke ausgepackt waren, nahm mich mein Vater mit auf einen langen Spaziergang mit Tippy. Wir liefen unsere ganze Straße entlang, am Friedhof vorbei, des-

sen Tore geöffnet waren, die Grabsteine in tiefem Schatten. Es lag noch Nebel überall, der alles feucht und grau erscheinen ließ. Wir grüßten ein paar Freunde der Familie, die mit einem kleinen Welpen auf ihrer Veranda saßen, einem Weihnachtsgeschenk für ihre Kinder. Der Welpe, ein Australian Shepherd, schwankte auf seinen überdimensionalen Pfoten und hielt seine Nase in die weite Welt, die es zu erforschen galt.

Als wir nach Hause zurückkamen, lagen Jamie und meine Mutter noch zusammen im Bett. Sie schienen immer auf eine Art miteinander verbunden, die ich mit meiner Mutter nicht hatte. Sie sahen sich sogar sehr ähnlich mit ihrem dunklen Haar, der geraden Nase und den braunen Augen. Ich war blond wie mein Vater, und unsere Nasen waren leicht nach rechts gebogen, auch wenn er immer sagte, dies sei die Folge einer alten Rugbyverletzung. Ich fühlte mich wie das fremde Kind, das Baby der Fee, das bei der Geburt vertauscht worden war und das in dieser Menschenfamilie erst lernen musste, wie man dazugehörte. Manchmal fragte ich mich, warum eine Fee jemals in eine menschliche Familie gehören wollte, wenn dies doch das Schwierigste und Schmerzhafteste auf der Welt war.

Im Frühling saß ich mit meiner Mutter auf der ausladenden Veranda hinter unserem Haus, und die Haarschneidemaschine der Friseurin surrte wie ein zorniges Insekt. Meine Mutter drückte meine Hand, wenn das lange, glatte Haar in Büscheln auf den Boden fiel. Die Klingen taten ihre Arbeit, und der kahle Schädel meiner Mutter, der durch das noch verbliebene Haar hindurchschimmerte, ließ mich an einen Piraten denken. Ich unterdrückte den Drang, ganz frech zu sagen: »Ahoi!« Oder vielleicht sagte ich es auch. Ich sagte offenbar häufig das Falsche zur falschen Zeit. Wir ließen das Haar für die Vögel auf der Terrasse liegen, sodass sie es in ihre Nester einweben konnten, aber meine Mutter hob einen langen Strang auf, flocht ihn zu einem Zopf, etwa so dick wie eine Lakritzstange, und schenkte ihn mir. Ich legte ihn in eine kleine Metallschachtel in meinem Zimmer. Noch Jahre später öffnete ich manchmal diese Schachtel, um den noch zu erahnenden Duft ihres Shampoos einzuatmen.

Die Chemo schlug an.

Gegen Ende des Jahres, das meine Mutter laut den Ärzten noch zu leben hatte, zeigten neue Scans, dass sich ihr Zustand stabilisiert hatte. Ich nahm die Nachrichten mit einem Gefühl der Benommenheit auf, das etwas von einer unerwarteten Enttäuschung an sich hatte. Nachdem wir ein Jahr lang gedacht hatten, dass wir unseren letzten Vierten Juli miteinander begingen, unser letztes Halloween, Thanksgiving, Weihnachten, die allerletzte von meinen Eltern so aufwendig veranstaltete Geburtstagsparty, standen wir nun wieder am Anfang mit der Perspektive auf ein weiteres Jahr voller »letzter Gelegenheiten«. Noch ein Jahr, hatten die Ärzte gesagt, nicht mehr.

Die besten Nachrichten, die wir erhoffen konnten, und doch ...

Ein Jahr.

Ein Jahr würde nicht einmal eine kleine Kerbe in der Zeit ausmachen, die ich mir mit meiner Mutter wünschte. Ich wollte Zeit im Überfluss, Zeit, die mich vergessen ließ, dass unser gemeinsames Leben überhaupt ein Ende haben würde.

Wir merkten, dass wir nicht weiterhin unter solch einem Druck leben konnten, wie es bisher der Fall gewesen war. Es war anstrengend, jeden Augenblick miteinander zu verbringen, jeden Tag voll auszukosten.

Im gleichen Jahr geriet »Mrs Wiggles Rocket Juice« in Schwierigkeiten. In Kalifornien konnte ein Ausbruch von *E.-coli*-Infektionen auf eine andere Firma mit einem ähnlichen Produkt zurückgeführt werden. Daraufhin wurden neue staatliche Gesetze für den Verkauf von Lebensmitteln eingeführt. »Mrs Wiggles« war ein kleines Unternehmen und konnte es sich nicht leisten, die neuen Standards zu erfüllen. Meine Eltern mussten in Erwägung ziehen, das Geschäft zu verkaufen – und auch, dass es eventuell pleitegehen würde. Meine Mutter kümmerte sich immer noch von zu Hause aus um die Verkaufs- und Marketingstrategien, überließ aber meinem Vater das tägliche Geschäft. Die Sorgen meiner Eltern um den Betrieb schienen sich mit den Sorgen um die Krankheit meiner Mutter zu vermischen, bis diese beiden Dinge für mich nicht mehr auseinanderzuhalten waren – eine undurchsichtige Wolke aus Erwachsenenangelegenheiten.

Meine Eltern hatten nie mit Jamie oder mir über Geld gesprochen. Es war immer genug da gewesen. Die Kosten für die Behandlung meiner Mutter drohten nie, unsere Familie in den Ruin zu treiben. Wir hatten uns nie zwischen ihrer medizinischen Pflege und anderen Notwendigkeiten entscheiden müssen. Als meine Eltern beide berufstätig waren, konnten sie auch eine Kinderbetreuung für uns bezahlen, und als die Beschäftigung mit ihrer Krankheit für meine Mutter zum Vollzeitjob wurde, kam eine wundervolle Frau namens Elisabeth drei Tage pro Woche zum Kochen, Saubermachen und für die Wäsche. Durch die bedrohliche Situation für die Firma bekam ich zum ersten Mal eine Ahnung davon, dass meine Eltern sich Sorgen um die Finanzen machen könnten, und es sollte noch viele Jahre dauern, bis ich begriff, wie gravierend diese Sorgen gewesen waren.

Eines Nachmittags, auf dem Höhepunkt der Krise, ging meine Mutter hinaus ins Büro meines Vaters, ein kleines Gebäude hinter dem Haus, und fand ihn mit einer Schrotflinte in der Hand vor. Als sie fragte, was er da tat, beichtete er ihr, dass er den Gedanken hatte, seinem Leben ein Ende zu setzen. Ich kann nur erahnen, was in meiner Mutter vorging, als sie ihrem körperlich gesunden Mann dabei zusah, wie er mit dem Tod in seinen Händen spielte. *Nein*, hat sie vermutlich gedacht, *du kannst nicht sterben. Du bist derjenige, der am Leben bleiben muss.*

Tatsächlich sagte sie – so wurde mir erzählt –, dass er versprochen habe, mit Jamie an diesem Nachmittag eine Fahrradtour zu machen. Ob er daran nicht gedacht habe? Offenbar genügte das, um meinem Vater dazu zu bringen, das Gewehr niederzulegen und weiterzuleben. Danach entfernte sie sowohl die Schrotflinte als auch sein Jagdgewehr aus dem Haus. Als ich schließlich die Geschichte erfuhr, lange nachdem die Firma erfolgreich verkauft worden war, klang sie wie etwas, das einem anderen Mann zugestoßen war, in einer anderen Familie. Wie konnte die Person mit dem Gewehr in der Hand dieselbe Person sein, die diese zauberhaften Geburtstagspartys ausrichtete, die sich Schnitzeljagden ausdachte, sich in alberne Kostüme warf und mir abends etwas vorsang? Die Person mit dem Gewehr, so schien es, hatte überhaupt nichts mit mir zu tun.

In der dritten Klasse wechselte ich die Schule – von einer privaten auf eine öffentliche Grundschule in unserer Nähe. Jamie hatte eine Klasse übersprungen und war bereits in der öffentlichen Mittelschule. Es kam mir nicht in den Sinn, dass dies mit den finanziellen Problemen unserer Eltern zu tun gehabt haben könnte. Meine Mutter sagte, sie wollte, dass wir Freunde in der Nachbarschaft finden.

Ich mochte meine neue Schule, weil ich dorthin laufen konnte. Ich fand es einfacher, mein Zuhause zu Fuß zu verlassen. Ich hasste es, mitansehen zu müssen, wenn einer von unseren Eltern wieder von mir fortfuhr.

Zuerst durfte ich nur zusammen mit einem älteren Mädchen, das in unserer Ecke wohnte, zur Proctor Terrace Elementary laufen. In der fünften Klasse, versprach meine Mutter, würde ich alleine gehen dürfen. Auch meine Mutter war auf die Proctor Terrace gegangen, mehr als dreißig Jahre zuvor, und ich hatte morgens den gleichen Schulweg wie sie.

Meine beste Freundin in der neuen Schule war Becca.

Sie war groß, mit glattem, seidig braunem Haar und einem Gesicht voller Sommersprossen. Als die Einladung kam, bei Becca zu übernachten, war ich so aufgeregt, dass ich ganz vergaß, dass ich vorher noch nie eine ganze Nacht bei einer Freundin verbracht hatte. Mein Vater fuhr mich an einem Samstagnachmittag hinüber. Wir spielten im Hof mit dem jungen Siamkater Alexander, den sie gerade bekommen hatte. Sie zeigte mir, wie man Lipton-Eistee machte und ihn mit Minze aufpeppte, die sie aus einem kleinen Beet an ihrer Tür zum Garten gezupft hatte. Später spielten wir mit dem Make-up ihrer Mutter, malten uns dunkle Striche über die Augenbrauen und verteilten lila Lidschatten auf unseren Wangen. Nichts benutzten wir so, wie es gedacht war, denn wir wollten uns nicht hübsch machen, sondern uns gegenseitig zum Lachen bringen.

Das Gewicht legte sich immer schwerer auf meine Brust, als die Sonne unterging. Ich saß mit Beccas Familie beim Abendessen und schob das ungewohnte Essen auf meinem Teller hin und her. Zu Hause hätte mir mein Vater Rührei gemacht oder Nudeln nur mit Butter. Das war schon ein Witz bei uns in der Familie – dass ich nur beigefarbene Lebensmittel aß. Ich hätte mit meinem Vater und meinem Bruder an der Küchentheke gegessen. Meine Mutter hätte am Esstisch gesessen und gelesen und geschrieben, oder sie wäre oben in ihrem Zimmer gewesen.

Nach dem Essen spielten wir in Beccas Zimmer mit ihren Barbiepuppen. Ich durfte zu Hause keine Barbies haben (meine Mutter sagte, sie würden kein positives Frauenbild verkörpern), also liebte ich sie natürlich besonders. Als die Zeit zum Schlafengehen gekommen war, machte ich es mir in meinem lila Schlafsack auf dem Boden neben Beccas Bett gemütlich, und ihre Mutter kam, um uns einen Gutenachtkuss zu geben.

Im Dunkeln breitete sich das Gefühl in meinem Brustkorb bis zum Hals aus. Mein Vater würde jetzt mit Tippy rausgehen, ihre rote Leine um seinen Nacken geschlungen, während sie in der Dunkelheit vor ihm hertrottete. Meine Mutter und Jamie würden in ihren Zimmern sein und im Schein einer Lampe lesen. Das Zimmer zwischen ihnen, mein Zimmer, wäre leer.

In meinem Mund hatte ich den Geschmack von Metall. Meine Wangen prickelten, und meine Hände wurden heiß. Ich konnte mein Herz hören, und ich machte mir langsam Sorgen, dass Becca es auch hören könnte. *Schlaf ein!*, befahl ich mir selbst. Wenn ich nur einschlafen könnte, dann wäre es schon Morgen, und alles wäre überstanden. Mein Atem ging schneller, und ich presste mir mein Kissen in den Mund.

»Ich werde nicht sterben, während du weg bist«, hatte mir meine Mutter Jahre zuvor versprochen, als ich Angst hatte, auch nur eine Sekunde von ihrer Seite zu weichen. »So ist es nicht bei Krebs. Es wird nicht plötzlich passieren. Wir haben viel Zeit, um uns darauf vorzubereiten.«

Ich glaubte ihr, und doch versuchte da dieses Tier in meinem Brustkorb, seine Krallen auszustrecken. Beccas Mom war noch wach, als ich das Zimmer verließ und ins Wohnzimmer ging. Sie rief meinen Vater sofort an, als ich sie darum bat, und Minuten später war er da.

Am Montag erzählte Becca allen Mädchen beim Mittagessen an unserem Picknicktisch aus Holz, dass ich mitten in der Nacht verschwunden war.

»Sie wollte zu ihrem Daddy«, sagte Becca, und sie lachten.

Meine Ohren brannten. Ich begriff, dass sie mich mit ihren Worten beschämen wollte, obwohl sie doch nur sagten, wie es gewesen war.

Das Haar meiner Mutter wuchs in einem kleinen, lockigen Flaum nach, ganz anders als das Haar, das sie verloren hatte. Sie sah für mich mit Locken merkwürdig aus; sie machten ihr Gesicht weicher, ließen die Linien um ihre Wangenknochen und die hervortretende Spitze ihres Kinns unscharf erscheinen. Sie steckte ihr neues Haar mit großen lila Klammern zurück, damit es ihr nicht in die Augen fiel.

Jeden Nachmittag rief sie, wenn ich aus der Schule zur Tür hereinkam: »Gwenny, Gwenny! Du bist zu Hause!« Sie begrüßte mich wie früher Davey, mit ungehemmter, offener Freude. Dann sagte sie mir, dass ich mich zum Üben ans Klavier setzen sollte.

Wir hatten ein altes Klavier von Yamaha, und fünf Tage pro Woche sollte ich auf der lackierten Holzbank sitzen und dreißig Minuten lang üben. Meine Lehrerin kam immer donnerstags und öffnete sofort das schwarze Notizbuch, in das sie meine Aufgaben schrieb, um die Ecke oben links zu überprüfen, wo ich meine Übungszeiten aufschreiben sollte. Es gab dort selten mehr als drei Einträge, aber es kam mir nie in den Sinn, die Auflistung zu fälschen und ein paar mehr hinzuzufügen.

Meine Mutter hatte als Kind auch Klavierstunden bekommen, war aber nicht dabeigeblieben. »Ich hätte mir so *gewünscht,* jemand hätte mich zum Üben angehalten, als ich in deinem Alter war«, sagte sie.

Ihrer Vorstellung nach würde mich das tägliche Üben dazu befähigen, zu einer bestimmten Art von Mensch zu werden – zu jemandem, der Weihnachtslieder begleiten, einen Raum mit angenehmen Musicalmelodien füllen oder ein geselliges Zusammensein mit sanften Tönen untermalen konnte. Jemand, der sich an die immer gleichen schwarzen und weißen Tasten setzen und Musik machen konnte, wo auch immer in der Welt er sich befand.

Doch die Stunden, die ich in der Woche üben sollte, waren Investitionen in die Zukunft, und die Zukunft war ein Ort, den ich schon vor langer Zeit gelernt hatte zu fürchten und dem ich einen Widerstand entgegensetzte. Ich wollte kein Mensch werden, der Klavier spielte, ich wollte ein Mensch bleiben, der eine Mutter hatte.

Nach einigen Jahren Klavierunterricht entschied sich Jamie, Dudelsack spielen zu lernen. *Er* übte fleißig und verursachte einen permanenten Lärm, der an eine Prozession von Katzen und Gänsen denken ließ, die in dem Raum über der Garage systematisch gefoltert wurden. Ich hörte Wochen und Monate dabei zu, wie sich das unharmonische Gedudel langsam in etwas Erträgliches verwandelte und schließlich in etwas Angenehmes. Er hatte sieben Jahre mit unserer Mutter gehabt, bevor sie krank wurde. Irgendwann in dieser Zeit musste er gelernt haben, was ich nicht gelernt hatte: dass die Zukunft kommen würde, egal, ob man sich darauf vorbereitet oder nicht.

Meine Mutter überlebte das zweite Jahr, das ihre Ärzte prognostiziert hatten, und erhielt ein weiteres.

Sie las uns abends immer noch vor: *Die Drachenprinzessin*, *Wise Child*, *Psammy sorgt für Abenteuer*. Während wir zuhörten, uns im Bett herumwälzten und uns mit Kissen bewarfen, lehnte sich mein Vater an das Fußteil des Bettes aus Holz, schnitt Äpfel in Scheiben und reichte uns das kühle, süße Obst. In dem Jahr, in dem ich neun wurde, war *Der goldene Kompass* von Philip Pullman mein Lieblingsbuch. Es ging darin um ein Mädchen, Lyra, das ein wenig älter und viel tapferer war als ich. Am besten gefiel mir an der Geschichte, dass Lyra in dem Glauben aufgewachsen war, ihre Eltern seien tot und dann, mit elf Jahren, herausfand, dass sie am Leben waren. Ich war tief bewegt, als meine Mutter den letzten Satz las und das Buch zuklappte.

Jamie durfte das nächste Buch der Serie lesen, *Das magische Messer*, aber mir erlaubte es meine Mutter nicht. Sie sagte, es sei zu Angst einflößend.

»Ich lese es dir vor, wenn du älter bist«, sagte sie, »wenn du zehn bist.«

So wie acht das richtige Alter war, um in Begleitung zur Schule zu laufen, und dreizehn das richtige Alter für ein Ohrpiercing, so war zehn das richtige Alter für das Angst einflößende Buch.

Doch in diesem Herbst, als ich noch neun war, ließ ihr Sehvermögen nach. Sie brauchte meine Hilfe, um einen Faden in die Sticknadel einzufädeln. Sie kaufte ein beleuchtetes Vergrößerungsglas, mit dem sie aussah, als wollte sie eine Operation durchführen. Eine Reihe weiterer Scans zeigten, dass der Krebs sich auf ihr Gehirn ausgebreitet hatte.

Um den Gehirntumor zu behandeln, musste ein metallener Ring an ihren Schädel geschraubt werden, damit sie ihren Kopf stillhielt. Direkt über den äußeren Enden ihrer Augenbrauen, dort, wo der Knochen am dicksten war, wurden Löcher gebohrt. Die Ärzte drängten den Tumor erfolgreich zurück, aber ihr Sehvermögen blieb beeinträchtigt. Im Winter hatte sie wieder das Krankenhausbett, diesmal in ihrem Zimmer oben.

Nachdem sie aus dem Krankenhaus nach Hause gekommen war, schickte ihr jemand einen »singenden Valentinsgruß«: zwei junge Männer im Smoking und zwei Frauen in Samt, Seide und Perlen vom Chor der nahe gelegenen Highschool. Sie standen in unserer Küche und sangen, und meine Mutter hielt inne mit dem, was sie gerade hinter der Arbeitsplatte machte, und hörte ihnen zu. Sie lächelte sie an, als sie ihre Lieder sangen, klatschte am Ende und bot ihnen etwas Warmes zu trinken an, bevor sie sich wieder nach draußen auf den Weg in die Kälte machten. Als sie gegangen waren, sank sie ein wenig in sich zusammen.

»Die Ärmsten«, murmelte sie, »ich muss erschreckend ausgesehen haben.«

Sie berührte die runden Pflaster, die die Löcher an ihren Schläfen bedeckten. Jedes Pflaster war von Blut durchtränkt.

»Als ob ich Hörner hätte«, flüsterte sie.

Ich sah sie erstaunt an. Die Veränderungen an ihrem Äußeren waren so allmählich passiert, dass ich sie kaum wahrgenommen hatte. Ich versuchte, sie durch die Augen eines Fremden zu betrachten. Ihr Gesicht und ihr Körper waren von der Behandlung mit Steroiden angeschwollen, und sie stützte sich auf einen Rollator. Ihre flaumigen Locken, die sie nach der Chemo bekommen hatte, fielen ihr auf die Schultern, und dahinter traten die beiden blutdurchtränkten Verbände hervor.

Die Frist für den Ablauf ihrer Krankheit wurde immer unklarer. Ich begann, sie mir als einen Sonderfall vorzustellen, eine Ausnahme, ein Phänomen, das die Wissenschaft noch nicht völlig erklären konnte. Ich glaubte weiterhin, im Geheimen, dass sie für immer am Leben bleiben würde, egal, wie häufig mir andere sagten, das sei unmöglich. Irgendwann in der nahen Zukunft würde nach und nach der aktive Sterbeprozess einsetzen.

Ich machte eine Art düsteres Spiel daraus, meiner Mutter Überlebensziele zu geben. »Bleib bis zu unserem Geburtstag am Leben«, sagte ich und saß am Fußende ihres Bettes, während sie versuchte, eine Karte zu schreiben oder einen Saum umzunähen. Dann »bis zum Ende der Schulzeit«, »bis zu Weihnachten«. Über längere Phasen ging der Verfall ihrer Gesundheit langsam vonstatten, fast unmerklich; dann verlor sie plötzlich die Fähigkeit, die Treppe hinunterzugehen oder die Regeln eines neuen Spiels zu verstehen. Ich wollte konkrete Fixpunkte, Zeitangaben, auf die ich mich verlassen konnte und für die ich sicher war, dass sie nicht verschwinden würden. »Bleib bis zum neuen Jahrtausend am Leben«, bat ich sie zu Beginn des Jahres 1999. Jedes Mal lächelte sie und sagte: »Ich werde mein Bestes tun.«

Drei Tage nach dem singenden Valentinsgeschenk wurde ich zehn. An diesem Morgen weckte mich meine Mutter früh mit einer kleinen Schachtel aus glänzender schwarzer Pappe, bedruckt mit bunten Vögeln. Daran hing ein rosa Kringelband mit einer kleinen Karte, auf der Geburtstagsglückwünsche standen. In der Schachtel lag, auf einem Baumwolluntergrund, eine kleine ovale Brosche mit einem Amethyst in einer Goldeinfassung. Unter *Happy Birthday* stand: *Seite 16*. Ich sah zu ihr hoch.

Sie übergab mir ein spiralgebundenes Notizbuch, etwas größer als ein DIN-A4-Format. Es war schwarz und hatte zwei rote Birnen auf dem Einband. Ich blätterte zu Seite 16, wo ich ein Foto von genau der Brosche fand, die ich in der Hand hielt.

Ich empfand das als merkwürdig irreal, so als würden sich zwei Dinge überschneiden, die sich eigentlich nicht berühren sollten. Es war das erste der kleinen Päckchen, die meine Mutter auf dem Esstisch vorbereitet hatte. Ich saß neben ihr und las die Worte, von denen sie gewollt hatte, dass sie nach ihrem Tod gelesen werden sollten. Dies hier war die Zukunft. Wir hatten irgendeine Schwelle überschritten und die späteren Versionen unserer selbst eingeholt. Jetzt war ich die Zehnjährige, die sie sich vorgestellt hatte, als sie die Amethystbrosche eingepackt und ihr Foto in das Buch geklebt hatte; und sie war sowohl die Stimme in dem Buch als auch die Frau aus Fleisch und Blut neben mir. Und doch wusste niemand von uns, was als Nächstes passieren würde. Ich ließ die Brosche zu Hause, als ich zur Schule ging; ich konnte mir nicht vorstellen, sie in meinem vierten Schuljahr zu tragen.

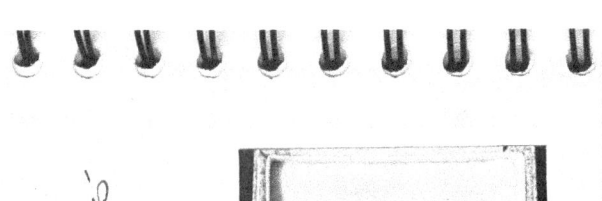

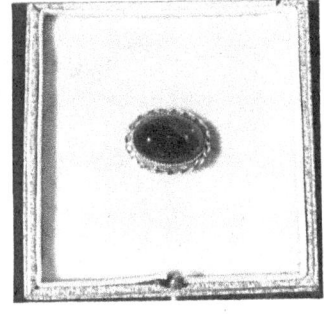

Gwenny's 10th

Diese Amethystbrosche hat mir Granny Liz zu Weihnachten oder zu einem meiner Geburtstage geschenkt. Ich hatte auch passende Ohrstecker dazu. Ich bat Granny Liz, sie umändern zu lassen, für Ohrpiercings. Sie brachte sie ins Geschäft, um sie ändern zu lassen, hat sie aber dann vergessen, und wir haben sie nie wieder zu Gesicht bekommen.

   xox Mommy

An diesem Nachmittag ging meine Mutter mit mir zum Ohrlochstechen, drei Jahre zu früh. In unserem Einkaufszentrum suchte ich mir ein Paar sehr kleine weiße Kristallohrringe aus. Ich saß in dem großen Liegesitz, während zwei Verkäuferinnen, jede mit einer kleinen Plastikpistole, hinter mir standen. Meine Mutter saß vor mir und hielt meine Hand. Wir zählten alle bis drei.

Ich sah in den beleuchteten Spiegel, als sie die Kristallohrringe bezahlte, und auch ein Paar kleiner goldener Herzen, die ich tragen konnte, wenn meine Ohrlöcher erst einmal verheilt waren. Mir fiel auf, dass ein Ohrring höher zu sitzen schien als der andere.

»Nein«, sagte meine Mutter und sah mich mit zusammengekniffenen Augen an, »sie sind gleich.«

Die Verkäuferinnen erinnerten mich daran, jeden Tag an dem kleinen Stift zu drehen und meine Ohren mit Alkohol einzureiben und zu säubern.

Draußen auf dem Parkplatz öffnete mein Vater, der auf uns gewartet hatte, die Autotüren. Als sie gerade einsteigen wollte, hielt meine Mutter plötzlich inne. Sie nahm mein Gesicht in ihre Hände und neigte es in dem winterlichen Sonnenlicht erst auf die eine, dann auf die andere Seite. »Du hast recht«, sagte sie schließlich, »sie sind schief.«

Wir gingen zurück, um das linke Ohr noch einmal machen zu lassen. Ich fragte, was ich nun mit dem ersten, leeren Loch machen sollte.

»Das wird von alleine verschwinden«, sagte eine der Damen. »Die Löcher schließen sich schnell wieder, wenn nichts darin ist, was sie offen hält.«

In den folgenden Monaten wurde sich meine Mutter immer stärker ihres sich verändernden Aussehens bewusst. Manchmal machte sie dann einen Witz daraus. Jamie war jetzt ein Teenager, groß und schlaksig, und bewegte sich in einem neuen Umfeld. Eines Morgens machte er beim Frühstück eine unwirsche Bemerkung darüber, dass unsere Eltern ihm peinlich seien, und sie schwenkte langsam auf ihrem Rollator herum und sah ihm ins Gesicht.

»Ich«, sagte sie bedächtig und drohend, »werde meine ausgebeultesten, schäbigsten Sachen anziehen, meine Augenbrauen verwuscheln« – sie ließ den Worten Taten folgen, bis ihre Augenbrauen wie aufgeschreckte Raupen aussahen – »meine Vorderzähne schwärzen und in deiner Schule auftauchen, um allen zu sagen, dass ich die Mutter von Jamie bin!«. Ich konnte mich vor Kichern nicht mehr halten. »Manchmal, Jamie«, sagte sie, »ist ein Gespräch mit dir wie ein Tag ohne Sonnenschein.«

Doch kurz darauf fragte sie, ob es mir lieber wäre, wenn sie nicht mehr zu meinen Basketballspielen mitkäme. Ich brauchte einen Moment, um zu verstehen, was sie meinte.

»Es würde meine Gefühle nicht verletzen«, sagte sie.

Ich sagte ihr, dass sie weiterhin dabei sein sollte.

Eines Nachmittags kam Sandy, die Cousine meiner Mutter, um sie zu einem Wellnesstag abzuholen. Meine Mutter erhielt eine Massage und eine Hautbehandlung, und dann ließ sie ihr Make-up machen und ihr Haar glätten. Als sie nach Hause kam, sah sie enttäuscht aus.

»Ich weiß nicht, was ich erwartet hatte«, sagte sie. »Ich vermute, ich dachte, ich würde wieder wie ich selbst aussehen.«

Ihr geglättetes Haar war glänzend, aber kraftlos, und es betonte, wie rund ihr Gesicht von all den Steroiden geworden war, mit denen man sie vollgepumpt hatte. Sie sah aufgedunsen aus, die Haut gespannt.

In dem Sommer, nachdem ihr Krebs gestreut hatte, hatte meine Mutter Jamie und mich dazu angehalten, an Fotoalben zu arbeiten, um unsere Kindheit zu dokumentieren. Als wir die Stapel alter Fotos durchgingen, stießen wir auf Schnappschüsse unserer Mutter als Teenager oder in ihren Zwanzigern, bevor wir geboren wurden.

»Mommy, du warst so hübsch!«

Sie hielt ein Foto einen Moment lang in der Hand.

»Ja«, sagte sie. »Ich wünschte, ich hätte das damals gewusst.«

Als ich zehn war, ging ich eines Tages an der Tür meiner Mutter vorbei und hörte aus ihrem Zimmer ein leises Stimmengemurmel. Die Tür war leicht geöffnet, und ich konnte meine Mutter nackt in der Mitte des Raumes stehen sehen. Neben ihr stand Sobonfu und hielt einen Glaskrug, der mit etwas gefüllt war, das wie nasser Kaffeesatz aussah. Ich beobachtete, wie sie ihre Finger in die dunkle Flüssigkeit tauchte und damit langsam auf den Körper meiner Mutter Muster strich, auf die Haut ihrer Brust, ihrer Schultern, ihres Rückens. Ich hatte die nackte Gestalt meiner Mutter nicht mehr gesehen, seit ich alt genug gewesen war, um ohne sie zu baden. Ich konnte die Stelle sehen, an der ihr gebrochener Wirbel immer noch unter ihrer Haut eine Beule bildete, die glänzenden rosa Linien ihrer Operationsnarben. Die Achtsamkeit, mit der Sobonfu sie berührte, war völlig anders als die klinische Präzision, die ich in den behandschuhten Händen der Ärzte wahrgenommen hatte. Es war eine Form der Zärtlichkeit, die ich sonst nur gegenüber Kindern gesehen hatte.

Als ich noch näher an die Tür herantrat, knarrte sie laut, beide Frauen drehten sich um und sahen mich an. Ich machte einen Schritt zurück und wartete darauf, dass mir ihre Gesichter verrieten, was das bedeutete, ob es mir peinlich sein müsste, dass ich es gesehen hatte. Einen Moment lang schienen sie sich stumm miteinander zu beraten. Dann lächelte Sobonfu, und meine Mutter streckte mir die Arme entgegen. Ich machte einen Schritt ins Zimmer, und Sobonfu überreichte mir den Krug aus ihrer Hand. Der Geruch sagte mir, dass er Asche enthielt. Sie war mit Wasser vermischt worden und hatte die Konsistenz dünner Farbe. Ich tauchte meine Finger in das Glas, und Sobonfu und ich strichen die Asche über den Körper meiner Mutter.

Ich fragte nicht, was das Ritual bedeutete. Alles, was ich über die Jahre an Sobonfu beobachtet hatte, sagte mir, dass unsere Berührung eine heilsame war, dass sie etwas harmonisieren sollte, was aus dem Gleichgewicht geraten war. Ich versuchte, meine ganze Energie auf meine Fingerspitzen zu konzentrieren, und wünschte mir, ich könnte unter die Haut meiner Mutter dringen und herausziehen, was dort nicht hingehörte. Meine Mutter schloss die Augen, als könnte sie so unsere Berührung besser aufsaugen. Ich malte Punkte und Linien, imitierte zunächst Sobonfus Muster und bildete dann meine eigenen. Sobonfu machte mir keine Vorschläge und griff nicht ein. Sie sagte, ich könne gar nichts falsch machen.

Im Sommer nach meinem vierten Schuljahr verkündete mein Vater, er werde Jamie und mich mit nach England nehmen, um seine Familie zu besuchen. Ich war aufgeregt, denn ich hatte meine britischen Cousins und Cousinen jahrelang nicht gesehen. Meine Mutter zeigte mir, wie ich meinen Koffer packen konnte, einen altmodischen braunen mit einem Kombinationsschloss und einem kleinen Lederriemen. Sie rollte meine Socken und meine Unterwäsche zusammen und stopfte sie in meine Schuhe, damit diese in Form blieben. Sie legte meine Kleider ungefaltet auf den Boden, packte alles Weitere hinein und dann die überstehenden Ränder der Kleider obenauf, sodass sie nicht knitterten. Ich hatte eine extra Tasche in rotem Leder für meinen Pass. Mein Vater erinnerte mich daran, dass ich während der Zeit im Vereinigten Königreich nach dem »Klo« oder der »Toilette« fragen sollte, nicht nach dem »Restroom«. Am Abend vor unserer Abreise ließ er mich vor dem Spiegel einen Hofknicks üben, für den Fall, dass wir der Queen über den Weg liefen.

Meine Mutter machte im Pool ihre Übungen, als wir den Wagen beluden, um zum Flughafen zu fahren. Sie war gerade beim Wassertreten in ihrem lila Badeanzug, gehalten von einer langen Schaumstoffnudel, das lockige Haar oben auf dem Kopf zusammengesteckt. Eine Frau von einem Pflegedienst saß am

Wasserrand. Sie würde im Haus bleiben, während wir unterwegs waren.

»Auf Wiedersehen, Süße!«, rief meine Mutter fröhlich aus dem Wasser.

Ich stand in meinem grauen GAP-Sweatshirt an den Betonstufen, einen Rucksack voller Snacks für den Flug über der Schulter. Bis zu diesem Moment hatte ich das Gewicht nicht gespürt, das es bedeutete, sie zurückzulassen.

Ich dachte daran, wie sie nach unserer Abreise aus dem Pool kommen, sich schwer auf das Metallgeländer stützen und in ein leeres Haus gehen würde. Ich dachte daran, wie sie mit der Pflegerin in der Küche oder oben in ihrem Zimmer zu Abend essen würde. Ich dachte daran, wie sie morgens aufwachen und der Tag sich vor ihr ausdehnen würde. Plötzlich konnte ich mir nicht vorstellen, wie wir alle hatten beschließen können, dass es in Ordnung sei, sie allein zu lassen. Sie lächelte aus dem blauen Wasser zu mir hoch. Schuldgefühle rieselten wie Sand in mich hinein, und meine Füße wurden schwer. Ich wollte zu ihr ins Wasser, mitten hinein in dieses Blau, aber das Auto war gepackt, und Jamie und mein Vater warteten.

Ich blieb noch am Rand des Pools stehen und hoffte, sie werde Fragen stellen, die es mir erlaubten, ihr zu sagen, wie schrecklich ich mich fühlte. Aber sie trieb einfach nur auf dem Wasser, lächelte und winkte zum Abschied.

Die ganze Fahrt zum Flughafen über fühlte ich, wie die Tränen in mir aufstiegen, und als wir die Sicherheitskontrollen passiert hatten, brachen sie hervor. In einem Café weinte ich mir die Seele aus dem Leib. Ich sagte meinem Vater, dass ich nicht mehr nach England fliegen wollte. Dazu sei es zu spät, erklärte er, ich würde mich besser fühlen, wenn ich erst einmal im Flugzeug säße. Er gab mir sein Handy, um zu Hause anzurufen.

»Ich hab dich lieb«, schluchzte ich in das schwarze Motorola.

»Ich hab dich auch lieb, mein Schatz«, sagte meine Mutter heiter. »Ihr werdet so viel Spaß haben!«

Der Flug von San Francisco nach London Gatwick dauerte zehn Stunden. Ich weinte und schlief, und dann weinte ich noch ein bisschen.

Wir verbrachten etwa zwei Wochen im Vereinigten Königreich. Ich besuchte meinen Großvater und spielte mit meinen Cousins und Cousinen, ging zum Tower of London und fütterte die Vögel vor der St. Paul's Cathedral, aber ich schwor mir, ich würde meine Mutter niemals wieder so im Stich lassen.

Der Rollstuhl engte unseren Radius ein. Überall ergaben sich Einschränkungen und Hindernisse, die früher unsichtbar gewesen waren. Wir mieteten einen Kleinbus mit einem hydraulischen Lift, um sie hinein- und herauszuheben. Zuerst wollte ich sie überallhin schieben, aber ich konnte nicht gut um die Ecken steuern, und so knallte ich oft ihre Zehen an eine Wand. Jamie war besser. Er war vorsichtig und gewissenhaft und stärker. Er rollte sie sanft einen Flur entlang und neigte dabei seinen Kopf zu ihr hinunter, um mit ihr zu reden.

Sie musste mehr Zeit im Bett verbringen, was für ihren Körper Probleme mit sich brachte. Der ständige Druck der Decken auf ihren Zehen führte dazu, dass ihre Nägel einwuchsen, also besorgten wir ein kleines Metallgestell, das sie unter den Decken über ihre Füße legen konnte. Ihr Körper musste regelmäßig gewendet werden, damit sie keine wunden Stellen bekam. Sie hatte Fotos der neugeborenen Babys ihrer jüngeren Halbschwestern am Bettgitter kleben, die sie sich ansehen konnte, wenn sie stundenlang auf einer Seite lag.

Täglich kamen Pflegerinnen, um bei ihr zu sitzen, ihr vom Bett auf den Stuhl und wieder zurück zu helfen und ihr Medikamente zu verabreichen. Ein Freund der Familie besaß einen Pflegedienst, und ich bekam dort einen Job nach der Schule, um mir ein bisschen zusätzliches Taschengeld zu verdienen. Dabei musste ich auf einer kleinen elektrischen Schreibmaschine Papiere und Formulare ausfüllen. Ich liebte das Geräusch, das die Schreibmaschine machte; jeder Anschlag klang wichtig. Manchmal ging ich ans Telefon. Die Anrufer und Anruferinnen waren vielleicht überrascht, eine Zehnjährige am anderen Ende zu hören, aber ich sprach den Namen der Agentur deutlich aus, und ich fragte, wie ich behilflich sein könne. Ich hatte bereits jede Menge Übung. Es trieb meine Mutter zum Wahnsinn, wenn Eltern ihre Kinder ans Telefon gehen ließen und so die Zeit der Anrufenden verschwendeten. Ich meldete mich an unserem Apparat immer zügig mit: »Hallo, hier ist Gwenny Kingston. Mit wem spreche ich, bitte?« Oft fragte die Anruferin oder der Anrufer dann nach »Ms Mallard«. Der Familienname meiner Mutter war Mailliard (gesprochen Meijard), und es galt die Regel: Wenn sie ihren Namen nicht aussprechen konnten, wollte sie nicht mit ihnen reden.

Jedes Mal, wenn die Ärzte meiner Mutter vorhersagten, das Ende sei nah, wehte ein Schwung von Freundinnen und Freunden sowie Verwandten ins Haus, und alle hofften, noch ein Gespräch, eine Umarmung oder eine Erinnerung zu erhaschen. Ich liebte es, wenn unser Haus voller Menschen war, auch wenn ich wusste, aus welchem Grund sie da waren. Ich liebte es, in die kleinen Ausschnitte der Erwachsenengespräche hinein- und wieder herauszugleiten. Jamie verzog sich meistens in sein Zimmer, aber ich wanderte umher. In jeder Menschentraube wurde ich freundlich begrüßt. Hände legten sich auf meine Schultern oder meinen Kopf, Arme zogen mich auf einen Schoß. Überall fühlte ich mich geliebt und erwünscht. Es war, als wäre das Haus selbst, das ich liebte wie einen Menschen, zum Leben erwacht. Stimmen rannen von seinen Wänden, Körper erstrahlten zwischen den Möbeln. Ich wünschte mir, sie würden für immer bleiben und ich müsste nie wieder allein sein.

Jeden Tag waren mindestens fünf oder sechs Leute da, wenn ich von der Schule nach Hause kam. Sie saßen auf Stühlen um das Bett meiner Mutter herum, liefen die Treppe hinauf und hinunter, um Tee, Bücher und Eiswürfel zu holen. Ich saß auf dem Treppenabsatz, wo alle an mir vorbeikamen und kurz anhielten, um zu fragen, wie mein Tag war, und mir mit den Fingern durchs Haar strichen. Ich wollte zu ihnen allen Kontakt, aber ich hielt mich vom Schlafzimmer meiner Mutter fern, wenn sie sich dort versammelten, denn in diesem Zimmer wurde immer geweint. Von meinem Platz auf der Treppe aus sah ich, wie sie mit geschwollenen Augen herauskamen. Eines Tages beobachtete ich eine der jüngeren Halbschwestern meiner Mutter, zu Besuch aus einem ganz anderen Teil des Landes, wie sie aus der Schlafzimmertür stürmte, in ihrem schwarzen Overall und den weißen Socken, und das Gesicht in den Händen vergrub. Ihr dunkles Haar fiel nach vorne.

Nachdem sie fort war, ging ich ins Zimmer meiner Mutter und schlüpfte zu ihr ins Bett. Wir lagen nebeneinander und redeten über die Schule, über meine Freunde und die Bücher, die ich las. Als ich nach oben an die Decke blickte, sah ich ein paar Weberknechtspinnen, die sich in den Ecken versammelt hatten.

»Igitt! Ich hole den Handstaubsauger.«

»Schon gut«, sagte sie. »Ich habe ihnen Namen gegeben. Das da ist George und das Alan.«

Ich sah zu ihnen hoch. Eine hatte eine Fruchtfliege in ihrem unsichtbaren Netz hängen und pikste mit ihren spillerigen Beinen nach ihr. Einen Moment lang bekam ich eine leichte Ahnung davon, wie sehr sich meine Mutter langweilen musste.

Ihre Augen ließen es nicht mehr zu, dass sie las oder nähte. Sie hatte Hörbücher aus der Bücherei und gab sie manchmal an mich weiter. Ich hatte es schon immer gemocht, mir etwas vorlesen zu lassen.

Es fehlte ihr, draußen sein zu können, und wenn das Wetter gut war, bat sie jemanden, die französischen Fenster zu öffnen, die von ihrem Zimmer auf einen kleinen hölzernen Balkon zum Garten hinführten, sodass Geräusche und Gerüche hereinwehen konnten. Hin und wieder fand eine hellgrüne Laubheuschrecke den Weg durch die Schwingtüren mit dem Insektenschutzgitter, und meine Mutter empfand das als großes Glück. Sie bewunderte deren Ruhe und die Art und Weise, in der ihre zusammengefalteten Flügel wie ein neues Blatt aussahen. Immer wenn ich eine fand, fing ich sie vorsichtig in meinen Händen und brachte sie zu meiner Mutter hinüber. Ein bisschen Frische von draußen. Dann nahm ich sie mit auf den Balkon, streckte meine Handfläche aus und wartete darauf, dass sie loshüpfte.

Am Morgen meines elften Geburtstags rollte ich mich aus dem Bett und lief direkt zum Schlafzimmer meiner Mutter hinüber. Sie war schon wach. Eine kleine Schachtel in Geschenkpapier lag zusammen mit einem schwarzen Notizbuch auf dem schwenkbaren Holztablett ihres Krankenhausbettes. Wir wünschten uns gegenseitig alles Gute zum Geburtstag. Sie wurde achtundvierzig.

In der Schachtel war eine kleine rechteckige Anstecknadel aus blauem und weißem Emaillelack, auf der ein von Wellen durchbrochener Horizont hinter dem Wasser zu sehen war, ein kleines Segelboot und eine Windmühle.

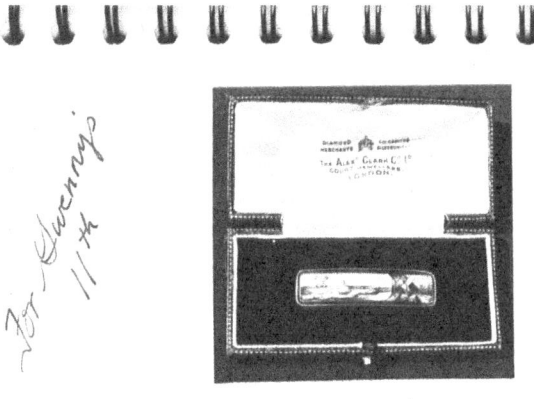

Ich weiß nicht, warum ich von dieser Nadel so angetan war. Ich habe sie an einem Antiquitätenstand bei einer Veranstaltung auf unserem Festplatz gesehen. Ich dachte, das Blau-Weiße würde dir stehen, und mir gefiel, dass sie eine Geschichte zu erzählen scheint.

Wie es auch bei der Amethystbrosche im Jahr zuvor der Fall gewesen war, fand ich sie schön, hatte aber Schwierigkeiten, mir vorzustellen, sie zu tragen. Mädchen in meinem Alter trugen dünne Ketten oder Ohrringe und manchmal ein geflochtenes Freundschaftsarmband ums Handgelenk, aber keinerlei echten oder wertvollen Schmuck, und niemand trug eine Brosche. Ich stellte mir vor, wie ich dieses hübsche Ding an mein graues Baumwollsweatshirt steckte und in der Pause auf den Spielplatz lief. In der fünften Klasse war ich damit beschäftigt, mein Tetherballspiel weiter zu verbessern. Ich konnte mich gegenüber fünf oder sechs Gegnerinnen halten, bevor ich mich geschlagen geben musste, und nahm dann sofort wieder meinen Platz am Ende der Reihe ein. Ich malte mir aus, wie der weiche gelbe Ball auf mich zugeschleudert kam, das Segelboot und die Windmühle zerschmetterte und wie die Brosche auf den Teerboden fiel und zwischen den Skechers von anderen zertrampelt wurde.

Ich ließ meine Finger über die glatte Emaille gleiten und sagte: »Vielleicht können wir ausmachen, dass wir jedes Jahr an unserem Geburtstag aneinander denken, wo immer wir sind.«

»Um wie viel Uhr?«, fragte sie.

Ich sah auf die Uhr. »Um acht Uhr morgens?«

»Abgemacht.«

Als der Herbst kam, wurden die Schlafphasen meiner Mutter immer länger. Sie rief nicht mehr ihren Willkommensgruß, wenn ich von der Schule nach Hause kam, und wenn ich in ihr Zimmer ging, um an ihrem Bett zu sitzen und zu reden, wirkte sie häufig ziemlich benommen und durcheinander. Nach einer Weile steckte ich nur noch meinen Kopf hinein, um Hallo zu sagen, bevor ich in mein Zimmer ging, um meine Hausaufgaben zu machen oder meine Freundinnen anzurufen. Als ich eines Abends im letzten Dämmerlicht auf der hinteren Veranda saß, fragte mich mein Vater, ob ich ihr irgendetwas sagen wollte, solange sie mich noch hören konnte.

»Wenn es etwas gibt, was du ihr nicht gesagt hast, dann wäre jetzt eine gute Zeit dafür.«

Ich dachte eine Weile darüber nach. »Ich möchte, dass sie weiß, dass es mir leidtut, wenn sie etwas mit mir machen wollte und ich Nein gesagt habe, weil ich etwas anderes vorhatte. Ich fühle mich deshalb schuldig.«

»Ich glaube, es wäre gut, ihr das zu sagen. Es gibt wahrscheinlich ähnliche Dinge, die sie bedauert. Darüber könntet ihr dann sprechen.«

Später an diesem Abend ging ich zu ihr ins Zimmer.

»Hi, Süße«, sagte sie träge und schlaftrunken.

»Mommy«, begann ich, »fühlst du dich manchmal schuldig

wegen der Dinge, die wir nicht geschafft haben, zusammen zu machen?«

»N-nein«, sagte sie und versuchte angestrengt, sich auf mein Gesicht zu konzentrieren. Ihr Kiefer war schlaff, und die Zunge erschien dick und wulstig in ihrem Mund. »Nein, weil ich w-weiß, ich« – sie nahm einen tiefen Atemzug, sammelte genügend Luft, um die nächsten Worte herausstoßen zu können – »hab es so gut gemacht, wie ich konnte.« Sie schloss wieder die Augen. Ich sah auf sie hinunter, ihr großes weites T-Shirt, die Schläuche, die in ihren Armen steckten. Ich konnte noch einen Rest von den Tüchern riechen, mit denen sie nach dem Benutzen der Bettpfanne sauber gemacht wurde. Ich hatte das Gefühl, das Gespräch war ganz falsch gelaufen. Ich wollte, dass sie aufwachte und mir die richtigen Fragen stellte. Ich hätte ihr gesagt, dass ich wisse, sie habe ihr Bestes getan, das Beste überhaupt. Ich hätte ihr gesagt, dass ich jeden Tag Schuldgefühle hatte wegen der Stunden, die ich nicht mit ihr verbracht hatte, wegen der Zeiten, in denen ich nicht bei ihr sein *wollte*, bei ihr und der schrecklichen, betäubenden Traurigkeit, die den Raum erfüllte, in dem sie sich langsam selbst verlor. Ich hätte ihr gesagt, dass ich die größten Schuldgefühle wegen all der Anteile in mir hatte, die wollten, dass dies endlich vorbei wäre, sodass ich damit beginnen könnte, mich so an sie zu erinnern, wie sie gewesen war, nicht, wie sie jetzt war. Doch ihre Augen blieben geschlossen.

Im Jahr zuvor hatte mich meine Mutter, wie versprochen, *Das Magische Messer* lesen lassen, und ich hatte schließlich entdeckt, was sie an dem Buch so Furcht einflößend gefunden hatte. In dem Nachfolgeband zu *Der goldene Kompass* reist Lyra in eine andere Welt, die von gewissen Kreaturen, den Spectren, heimgesucht wird. Die Spectren ernähren sich von menschli-

chem Bewusstsein und entziehen ihren Opfern jegliches Interesse und jegliche Neugier – sie entziehen ihnen vollständig
den Lebenswillen. Doch Kindern können sie nichts anhaben,
nur Erwachsenen. In einer Szene durchwaten ein Mann und
sein kleiner Sohn bei dem Versuch, einer Horde von Spectren zu entkommen, einen Fluss, doch die Kreaturen holen sie
ein. Sie fressen die Seele des Mannes und lassen seinen Körper
im Fluss stehen. Sein Sohn bekommt langsam Schwierigkeiten in dem tiefen Wasser. Er ruft nach seinem Vater, der ihm
helfen soll, doch der Mann steht einfach nur da, gleichgültig,
unerreichbar, und sieht zu, wie sein Sohn ertrinkt. Das hatte
ihr Angst gemacht.

In jenem Herbst kam *Das Bernstein-Teleskop*, das letzte Buch
der Trilogie, in die Buchläden. Es war ein 500-Seiten-Wälzer,
doppelt so dick wie die vorherigen Bücher, aber Jamie und ich
verschlangen es innerhalb von Tagen. Dann bat meine Mutter
Jamie, es ihr vorzulesen, damit sie erfuhr, was in der Geschichte
weiter passierte.

An den nächsten Tagen kam Jamie nach der Schule nach
Hause, saß bei ihr am Bett und las ihr vor. Er imitierte nicht
all die verschiedenen Stimmen der Figuren, so wie sie es getan
hatte, aber er trug jedes Wort deutlich in seiner neuen tieferen
Stimmlage vor und ließ die Geschichte für sie lebendig werden.
Er las von Lyras Abenteuern in anderen Welten, von Hexen,
Wissenschaftlern und Panzerbären. Ab und zu blieb ich an der
Tür stehen und hörte ein paar Absätze lang zu, doch in diesem Zimmer spürte ich, dass etwas zwischen meiner Mutter und
ihrem Erstgeborenen vor sich ging, eine Beziehung, die schon
vor meiner Geburt bestand, dass es da ein älteres Recht gab.
Er war schon etwa bis zur Hälfte des Buches gelangt, als sie
ihn bat aufzuhören. Sie sagte, sie könne der Geschichte nicht

mehr folgen. Es machte sie unruhig, wenn sie den Faden verlor und ihn bitten musste, immer wieder zurückzugehen. Sie schien auf dem Weg an einen Ort zu sein, an den Worte nicht folgen konnten.

Es war ein Mittwoch, und das hieß, ich hatte am Nachmittag einen Therapietermin bei Judy. Mit meinen fast zwölf Jahren fühlte ich mich inzwischen dem Spielzimmer entwachsen, und so trafen wir uns in dem kleinen Büro nebenan, in dem sie normalerweise mit den Eltern der Kinder sprach. Judy saß in einem Sessel, und ich saß auf der Couch. Meine Mutter schlief schon seit mehreren Tagen, mit einer Sauerstoffkanüle unter der Nase.

»Ob sie noch mal aufwacht?«, fragte ich mich laut.

»Ich weiß es nicht. So ist es zum Ende hin, sie schlafen immer mehr.«

Ich nickte; die Damen vom Hospiz hatten das Gleiche gesagt. Mein Gefühl war merkwürdig taub, meine emotionale Kraft war durch all das Warten sehr geschwächt. So viele Jahre lang hatte ich Angst gehabt, meine Mutter würde plötzlich sterben, wenn ich in der Schule war, bei einer Freundin übernachtete oder unterwegs auf einer Reise war. Es kam mir vor, als hätte ich mein ganzes Leben zu Hause verbracht und sie beobachtet. Aber ich hatte mir nie vorgestellt, dass der Tod so sein könnte, so langsam, so langweilig.

Es regnete, als mein Vater mich nach Hause fuhr. Wir waren allein im Auto, weil Jamie die Therapie schon Jahre zuvor beendet hatte. Ich dagegen hatte diese Routine zu mögen begonnen, die Couch und die Ruhe. Manchmal sprachen wir nur über Freunde und Freundinnen oder über Hausaufgaben, aber ich fand es einfach gut zu wissen, dass ich Judy alles sagen konnte.

Sobald wir zu Hause angekommen waren, lief ich hoch, um nach meiner Mutter zu sehen. Sie sah genauso aus wie am Tag zuvor und am Tag vor diesem. Antoinette, Sobonfu und Sandy waren um ihr Bett herum versammelt. Onkel Ward war in Indien, wo er jedes Jahr ein paar Monate verbrachte, und wir hatten ihn angerufen, um ihm zu sagen, dass es auf das Ende zuzugehen schien. Er hatte ein Ticket gebucht, um früher zurückzukommen, war aber noch unterwegs. Irgendjemand hatte meiner Mutter das Telefon ans Ohr gehalten, als er aus Tausenden von Meilen Entfernung mit ihr sprach. »Ich komme«, hatte er gesagt, »aber wenn du nicht auf mich warten kannst, ist es auch in Ordnung.« Nachdem ich alle Besucherinnen begrüßt hatte, ging ich nach unten, um Jamie zu suchen, der an seinem Computer Spiele spielte.

Unsere Mutter hatte uns schon vor Jahren gefragt, ob wir im Raum sein wollten, wenn sie starb. »Das überlasse ich ganz euch. Ihr entscheidet, was ihr möchtet, und wir werden versuchen, es so einzurichten. Und ihr könnt eure Meinung auch wieder ändern, selbst in allerletzter Sekunde.«

Jamie und ich sprachen nicht miteinander über die Krankheit unserer Mutter. Wir schienen keine Worte dafür zu finden. Wir redeten nur mit Erwachsenen darüber, die die Unterhaltung vorsichtig anleiten und uns beibringen konnten, unsere Gefühle zu benennen. Aber getrennt voneinander hatten wir beide unserer Mutter gesagt, ja, wir wollten im Raum sein, wenn sie starb.

Doch an diesem Abend waren Jamie und ich beide unten und starrten auf den Computerbildschirm. Ich hatte mir immer vorgestellt, dass ich es wissen würde, wenn es schließlich so

weit war. Ich würde etwas ahnen, eine Tür in meinem Bewusstsein würde sich öffnen oder schließen, oder das Licht würde
sich verändern. Aber ich bemerkte nichts. Jamie spielte weiter
sein Spiel, und ich murmelte Ermunterungen, bis unser Vater
runterkam, um uns zu sagen, dass dieser Abschnitt unseres
Lebens nun beendet war. Später am Abend, nachdem er den
toten Körper unserer Mutter gesehen hatte, suchte Jamie all
seine Computerspiele zusammen und warf sie aus der hinteren
Tür nach draußen in den Regen.

Meine Mutter hatte darum gebeten, verbrannt zu werden, und
der durchsichtige Plastikbeutel mit ihrer Asche wurde zusammen mit einem separaten Beutel voller Metall geliefert, das ein
Techniker mit einem Magneten aus ihren Überresten gezogen
hatte: lange Schrauben und Stahlnieten, die ihren beschädigten
Körper zusammengehalten hatten.

Sie hatte gehofft, ihre Asche könnte im alten Teil des idyl-
lisch angelegten Friedhofs am Ende unserer Straße begraben
werden. Doch in diesem Bereich mit seinen wundervollen
knorrigen Bäumen und dem sanften Licht, das sich durch sie
brach, konnte man schon lange keine neuen Grabstätten mehr
bekommen. Sie sprach mit uns über andere Orte, wo wir ihre
Überbleibsel verstreuen könnten – den Pazifischen Ozean, die
Ranch ihrer Familie in Mendocino County, wo Mammutbäume
wuchsen, unseren eigenen Garten hinter dem Haus –, aber keiner schien der richtige zu sein. Dann hörte Dr. Richardson, der
Onkologe meiner Mutter, dass sie nach einem Platz auf dem
Friedhof suchte. Seine Familie hatte dort eine größere Grabstelle, in der ein Platz für ihn reserviert war. Er schenkte ihn
ihr.

Der Grabstein, den mein Vater bestellte, war aus Rosengranit, ein einfaches Prisma mit abgerundeten Ecken. Jamie entwarf einen keltischen Knoten für den oberen Teil des Steins. Vorne standen nur ihr Name und ihre Lebensdaten. Auf der Rückseite des Steins war zu lesen: *Mutter von Jamie und Gwenny.*

Zehn Jahre später traf ich bei einem Gedenkgottesdienst auf Dr. Richardson und dankte ihm dafür, dass er seinen Platz auf dem Friedhof meiner Mutter überlassen hatte. Ich sagte ihm, wie viel es mir bedeutet hatte, sie dort über die Jahre besuchen zu können.

»Habe ich Ihnen je erzählt«, fragte er, »wie Ihre Mutter mich um den Platz gebeten hat?«

»Nein«, sagte ich.

»Tja«, er zupfte an seiner Fliege. »Sie sagte, sie wolle auf diesem Friedhof begraben werden, weil sie als kleines Mädchen immer dort gespielt hatte, und sie erinnerte sich daran, wie sie hinter die Grabsteine gepullert hat.« Er brach in Gelächter aus, seine Schultern bebten, die Augen waren feucht. »Wie hätte ich dazu Nein sagen können?«

Am Tag der Trauerfeier regnete es immer noch, und die Veranstaltung ist in meinem Gedächtnis ganz verschwommen, als wäre sie draußen in diesem Wetter geblieben. Mein Vater fehlt an diesem Tag völlig, als wäre er überhaupt nicht da gewesen. Meine Mutter war über die letzten Jahre von so vielen Menschen umgeben gewesen, dass mein Vater in den Hintergrund gerückt war, und nach ihrem Tod stürzten diese Menschen sich auf mich. Die Trauerfeier fand auf einem Grundstück nahe Calistoga statt, das häufig für Hochzeiten und Retreats vermietet wurde. Ich trug ein blaues Samtkleid, und ich hatte Husten. Als wir eintrafen, führte uns Sobonfu in einem gelben Regenmantel durch einen natürlich gewachsenen Bogengang aus Weidenästen und frischen Blumen vor den Eingang eines großen Zelts. Mein Husten machte es mir schwer, still zu sein, während die Leute ihre Reden hielten. Ich erinnere mich, wie einer der Ärzte meiner Mutter das Podium betrat und sie mit Captain Kirk aus der *Star-Trek*-Serie verglich.

»Ich fühlte mich wie ein Offizier unter ihrem Kommando. Es war mein Job, neue Technologien zu erforschen und ihr zu unterbreiten.«

Er sprach über ihre Bereitschaft, Risiken einzugehen, neue Therapien auszuprobieren und Schmerzen und Unannehmlichkeiten zu ertragen.

»Wenn ich etwas Vielversprechendes hatte, rief ich sie an und sagte: ›Kristina, ich habe Dilithiumkristalle für dich!‹, und sie sagte: ›Beam me up, Scotty!‹«

Ich erinnere mich an keine der anderen Reden, aber am Ende stand Jamie auf, um Dudelsack zu spielen. Er ging nach vorne und rückte den Dudelsack auf seiner Hüfte zurecht, doch statt den Chanter in den Mund zu nehmen, bewegte er sich auf das Podium zu und stellte sich vor das Mikrofon. Niemand hatte von uns eine Ansprache erwartet, am wenigsten von ihm, dem Introvertierten. Er sprach nicht, weil es erwartet wurde, sondern weil er es wollte. Seine Stimme war fest, und ich fühlte, wie der ganze Raum gemeinschaftlich den Atem anhielt.

»Ich wollte nur sagen, dass all die Menschen, die heute hier sind, wirklich zeigen, was für ein Mensch sie war.«

Ich sah zu ihm hoch, meinem Bruder, beinahe sechzehn und so groß. Ich empfand plötzlich einen ungeheuren Stolz auf ihn. Er hielt es kurz, nur ein paar Sätze, aber die Leute sogen sie auf. Der Raum floss über vor Dankbarkeit, als hätte er gerade eine unausgesprochene Frage dazu beantwortet, ob wir okay sein würden. Dann hob er das dunkelrote Holzrohr an die Lippen, füllte den Dudelsack mit Luft und spielte die ersten Töne von *Amazing Grace*.

In den Monaten nach dem Tod meiner Mutter kam ich jeden Tag nach der Schule zur hinteren Tür ins Haus, machte mir eine Kleinigkeit zu essen und begab mich dann auf den Weg nach oben in ihr Schlafzimmer. Hinter der weißen Tür war der Raum zur Vergangenheit zurückgekehrt. Alles sah genauso aus wie in den Jahren, bevor sie an ein Krankenhausbett gefesselt war. Das geschnitzte Bettgestell aus Eichenholz war zurück an seinem Platz. Der Raum war sonnig und friedlich. Er roch noch nach ihr, als wäre sie gerade erst vor einem Moment hinausgegangen.

Ich saß auf dem Bett oder in dem beigefarbenen Fernsehsessel, balancierte mein Essen auf den Knien und sah auf dem weißen 12-Zoll-Bildschirm auf einem der niedrigen Bücherregale unter den Fenstern fern. Meine Mutter hatte mich nur öffentlich-rechtliche Sender sehen lassen, aber meinen Vater kümmerte das nicht. Ich sah oft den ganzen Nachmittag lang in ihrem Schlafzimmer fern, und dann blieb ich noch dort, um meine Hausaufgaben zu machen, und verteilte meine Bücher auf dem ganzen Boden.

Mittwochs schaltete ich UPN ein, um mir die nächste Folge von *Voyager* anzusehen. Ich erwartete das Serienfinale mit einer Mischung aus Aufregung und Angst. Ich wollte nicht, dass die Serie zu Ende ging, aber ich wollte auch sehen, wie die Crew nach Haus gelangte. In der letzten Fortsetzung, die Ende Mai ausgestrahlt wurde, fand Captain Janeway einen Weg, ihr Schiff zurück zur Erde zu bringen, indem sie in der Zeit zurückreiste.

Noch Monate danach träumte ich, Captain Janeway wäre meine Mutter, oder besser, meine Mutter wäre Captain Janeway: immer noch da draußen, irgendwo im Universum, unterwegs auf einer anderen Zeitachse. Wenn meine Mutter allerdings jemals das Zeitreisen entdeckt hätte, da war ich sicher, wäre ihr Reiseziel die Zukunft gewesen.

TEIL ZWEI

Es war ein heißer Tag im Juli. Ich war zwölf, und meine Mutter war seit fünf Monaten tot. Den ganzen Nachmittag über hatte sich irgendwo in meiner Körpermitte ein kalter Schmerz aufgebaut. Er erinnerte mich an das Gefühl, wenn mein Vater früher in meinen geöffneten Mund gegriffen und einen lockeren Zahn herausgerissen hatte. Ich erzählte ihm nichts von diesem neuartigen Schmerz. Stattdessen schloss ich die Tür zu meinem Zimmer und ging zu meiner Truhe.

In den Monaten seit meinem Geburtstag hatte sie in der Ecke der Fensterbank gestanden, wo ich sie jeden Morgen von meinem Bett aus sehen konnte. Ihr Anblick tröstete und frustrierte mich zugleich. Nach der freudigen, kurzen Aufregung, die es bedeutet hatte, den Amethystring auszupacken und die Worte meiner Mutter zu lesen, war die herbe Erkenntnis eingesunken, dass ich nun ein ganzes Jahr auf ihre nächste Nachricht würde warten müssen. Ich war noch nie gut im Warten gewesen. Angesichts ihres Todes erschien ein Jahr, wieder einmal, als eine lange Zeit. Also war ich glücklich, einen Grund zu haben, den gewölbten Pappdeckel so bald schon wieder zu öffnen, selbst wenn der Schmerz in meinem Unterleib zunahm und in ein ziehendes, zermürbendes Puckern überging.

Der Brief *Gwennys erste Periode* fand sich in einem Umschlag, der mit einem Pappknopf und einem langen goldenen Band verschlossen war. Er wölbte sich in der Mitte, und als ich seinen Inhalt auf meinen Teppich ausschüttete, klackerte zusammen mit dem Brief eine graue Audiokassette in einer durchsichtigen Plastikhülle heraus.

Wenn ich als kleines Kind nicht einschlafen konnte, steckte meine Mutter eine Kassette in den Player neben meinem Bett, und eine Stimme begleitete mich in den Schlaf. Im Laufe der Jahre hatten sich die Regale in meinem Zimmer mit Dutzenden glänzender Hüllen gefüllt, die Aufnahmen von Kinderbüchern, Fantasyserien und Krimis enthielten. Beinahe jeden Abend meines Lebens war ich mit einer Stimme weggedriftet, die mir eine Geschichte vorlas; es war das Beruhigendste auf der Welt.

Ich steckte die Kassette in den Rekorder und drückte auf Play. Nach ein paar Sekunden Stille erklang die Stimme meiner Mutter aus dem Lautsprecher. Ich blickte auf den Brief hinunter und folgte den Worten, während sie mir vorlas, wobei die glatten Seiten in meiner Hand zerknitterten.

Liebste Gwenny,

deine erste Periode! Wie gern ich das mit dir geteilt hätte! Ich hätte gerne deinen Stolz und deine Aufregung über diesen wundervollen Übergang vom Mädchen zur jungen Frau geteilt.

Meine erste Periode setzte ein, als ich elf Jahre alt und in der sechsten Klasse der Proctor Terrace School war. (Ich frage mich, wie und wann deine wohl begonnen hat.)

Ich war ein wenig ängstlich und besorgt und aufgeregt und überhaupt nicht sicher, was zu tun sei. Ich war mir nicht hundertprozentig sicher, ob ich wirklich meine Periode hatte; was, wenn irgendetwas mit mir nicht stimmte? (Keine mei-

ner Freundinnen hatte bisher etwas darüber erzählt, dass sie ihre Periode bekommen hatte.) Aber ich hatte das Gefühl, dass ich gerade eine Grenze überschritten und mich für immer verändert hatte.

Als ich an diesem Tag von der Schule nach Hause kam, zeigte ich Granny Liz meine Unterhose. Sie sagte etwas wie: »Oh, der Fluch. Du wartest hier, und ich gehe in den Laden. Ich bin gleich wieder da.« Sie kam mit Binden und einer Art Gürtel dafür zurück. Dann sagte sie etwas wie: »Du weißt, wofür die sind.« Sie übergab mir alles, und das war mein erster Schritt ins Frausein.

Ich wollte dir so gerne eine andere Sichtweise vermitteln, denn für mich bedeutet deine erste Periode, dass du in der Lage bist, deine eigene Gwenny oder deinen eigenen Jamie auf die Welt zu bringen. Was für eine Freude!! Dies ist der Beginn deines Lebens in der Gemeinschaft der Frauen. Wenn ich nur hier bei dir sein könnte und dir sagen, wie stolz ich auf dich bin und wie schön ich es finde, dass sich deine Weiblichkeit entwickelt und sich dein Gefühl für dich selbst vertieft.

Bei dem Wort »Binden« hatte ich das Band angehalten und war zu meinem Schrank gegangen. Ich zog die Kleidungsstücke auf den Bügeln wie einen Vorhang zur Seite, griff ganz nach hinten und zog ein dickes Paket mit Maxibinden hervor.

»Damit du vorbereitet bist«, hatte meine Mutter gesagt, Jahre zuvor, als sie es in ein Regal gelegt hatte. Sogar daran hatte sie gedacht.

Ich drückte die lila und weiße Packung zusammen. Es waren die mit Flügeln.

Ursprünglich hatte ich vor, hier bei dir zu sein, als deine Verbündete bei dieser ziemlich verstörenden und komplexen Erfahrung, die wir Erwachsenwerden nennen. Und hier bist du nun und machst diesen wichtigen Wandel ohne mich durch.

Deine Mutter in so jungen Jahren zu verlieren könnte dazu führen, dass du an dir zweifelst, an deinem Recht auf Glück und auf Liebe, auf das Leben und die Zukunft. Bitte lass all solche Zweifel los. Du hast das Recht auf das beste Leben, das du dir erschaffen kannst.

Meine größte Hoffnung ist, dass du aus der Erfahrung heraus, wie sehr du als Kind geliebt wurdest, in der Lage sein wirst, dir solche Menschen als Freundinnen und Gefährten auszusuchen, die dich um deines eigenen wahren Selbst willen lieben. Dass du wissen wirst, wie du dir ein glücklicheres, freundlicheres und liebevolleres Leben erschaffen und dir mehr Unterstützung zukommen lassen kannst, als ich es für mich tun konnte. Weil ich mit Eltern groß wurde, die nicht wussten, wie sie ihre Liebe für mich zum Ausdruck bringen konnten, und die selbst als Kinder keine Liebe erfahren haben, wusste ich nicht, wie ich mir als Erwachsene ein liebevolles, selbstfürsorgliches Leben bereiten konnte. Ich bete darum, dass ich in der Zeit, die wir zusammen hatten — auch wenn sie nicht annähernd lang genug war —, trotzdem dazu beitragen konnte, dass du dich geliebt und wertvoll fühlst und dass du wissen wirst: Du bist es wert, als Erwachsene geliebt und unterstützt zu werden, und ich hoffe, dass du wiederum anderen offen deine Liebe und deine Fürsorge zeigen kannst.

Ich habe diesen Ring für dich ausgesucht, um deine erste Menstruation zu feiern. Für mich repräsentiert er die Unschuld deiner Mädchenzeit und dein Erblühen zur Frau.

In einer Schleife aus rosa Seidenband, durch zwei Löcher in der Ecke einer Seite gezogen, steckte ein zierlicher Goldring mit Saatperlen in Form einer Blume mit einem kleinen Türkissplitter in der Mitte.

Ich bemerkte, dass mit dem Beginn meiner Periode auch meine romantischen Gefühle einsetzten. Gerade waren die Beatles aus England zu ihrer ersten US-Tour eingetroffen. In der sechsten Klasse projizierte ich die meisten dieser Sehnsüchte auf sie. Da Mädchen dazu tendieren, körperlich schneller reif zu sein als Jungen, fand ich die Jungen in meinem Alter zurückgeblieben und kindlich und als Objekte der Verehrung kaum geeignet.

Doch in diesem Alter, in dem das Bedürfnis nach der Aufmerksamkeit von Jungen die Mädchen oft dazu veranlasst, sich auf eine bestimmte Art und Weise anders zu verhalten als früher und ihre eigenen Ansprüche zu vergessen, beginnt etwas zu passieren. Die Mädchen haben Angst, für die Jungen eine Bedrohung darzustellen und vielleicht weniger Chancen zu haben, deren Gunst zu erwerben, wenn sie klug, wettbewerbsorientiert oder sportlich sind. Gwenny, du hast einen großartigen Verstand. Bitte versuch, dir vor Augen zu halten, dass jeder Junge, für den es notwendig erscheint, dass du dich kleiner machst, als du bist, damit er dich mag und sich in deiner Gegenwart wohlfühlt, deiner Zuneigung nicht wert ist. Vielleicht möchtest du dich an einen deutlich älteren Jungen halten, wenn es um eine bestimmte Art der Beziehung geht. So war es jedenfalls bei mir. Doch dann musst du zu schnell erwachsen werden, um seinen Erwartungen gerecht zu werden.

Was ich dir damit sagen möchte: Du brauchst dir in den nächsten Jahren nur selbst treu zu bleiben. Es wird sehr schwierig sein, einen Jungen in deinem Alter zu finden, der reif genug ist, mit all dem umzugehen, was du sein und tun kannst – und ein älterer wird dich dazu verleiten, eher in seine Welt einzutreten, als zu lernen, dir selbst eine Welt zu gestalten, die dir entspricht.

Du hast eine so leidenschaftliche Natur, kleine Gwenny. Wenn du kannst, versuche, dir deine Leidenschaft für dich selbst zu bewahren; für deine Interessen und deinen Wunsch, immer weiter zu lernen. Sei nicht so schnell bereit, deine Leidenschaft für die Vorstellungen eines anderen herzugeben – darüber, wie du sein solltest, um für ihn attraktiv zu erscheinen. Mädchen geben sich sehr schnell auf, weil sie sich danach sehnen, sich mit anderen verbunden zu fühlen. Zuallererst solltest du mit dir selbst verbunden sein.

Ich weiß, es sieht manchmal so aus, als würde es eine Ewigkeit dauern, erwachsen zu werden, aber in Wirklichkeit nimmt der Zeitraum von der Geburt bis zum Erwachsenendasein lediglich ein Viertel deines Lebens ein. Drei Viertel bringst du damit zu, auf diese Zeit zurückzublicken. Genieße sie, solange sie andauert, und koste jedes Quäntchen davon voll aus. Nimm dir Zeit, um dich mit dir selbst anzufreunden. Nimm dir die Zeit herauszufinden, was dich interessiert, welche Überzeugungen und Gefühle du hast, entdecke dein eigenes Verständnis von der Welt und welche Werte dir am wichtigsten sind. Wir müssen zu uns selbst finden, als Mensch heranreifen. Es ist ein Prozess. Er geschieht nicht automatisch, und er ist nicht garantiert. Wir müssen uns in jedem Abschnitt unseres Lebens wieder neu entdecken.

Bitte versuche, dich nicht zu verlieren. Es sind herausfordernde Jahre. Versuche, dir selbst und deiner Suche nach deiner Lebensaufgabe treu zu bleiben. Bitte mich um Hilfe, wenn

du verwirrt bist. Bitte Granny Li₃ um Hilfe. Du trägst unsere
Liebe und unsere Weisheit in deinem Her₃en, und wenn du
dort suchst, wirst du etwas finden.
  Ich hab dich lieb, mein Schat₃,
  deine Mommy

Ich lag auf dem Rücken, den surrenden Kassettenrekorder auf
meinem schmerzenden Bauch abgestellt. Tränen rannen aus
meinen Augenwinkeln und sammelten sich in meinen Ohren.
Mein Kopf war voll. Ich hatte nie einen Gedanken an das romantische Leben meiner Mutter verschwendet – das Leben, bevor
sie meinen Vater kennenlernte. Sie und ich waren in der gleichen Gegend aufgewachsen, zur selben Schule gegangen, und
doch hatte ich sie mir (bis zu ihrem Tod) nie als kleines Mädchen vorgestellt, nie daran gedacht, auf welche Weise sich ihre
Kindheit entfaltet hatte – gleich hier die Straße hinunter, vor all
den Jahren. Zum ersten, doch nicht zum letzten Mal bedauerte
ich meinen Mangel an Neugier in Bezug auf meine Mutter, in
Bezug auf die Person, die sie für den größten Teil ihres Lebens
gewesen war, in den Jahrzehnten, bevor ich geboren wurde.
Irgendwie hatte sie gewusst, dass ich eines Tages diese Dinge
über sie würde wissen wollen, und sie hatte Fragen beantwortet, die mir noch nicht einmal in den Sinn gekommen waren.

Ich starrte auf die leere Weite an der Decke und dachte an
September, wenn ich an der Mittelschule in Santa Rosa beginnen würde, und einen Moment lang stellte ich mir meine Mutter
vor, wie sie auch an die Decke starrte: als wäre sie einfach ein
anderes Mädchen in meiner Klasse, eine andere Fremde in ihrem
eigenen, sich verändernden Körper. Der Perlenring blitzte auf
seinem Blatt, rund und glänzend wie eine Münze. Ich spulte die
Kassette wieder an den Anfang zurück und drückte auf Play.

Volle Kraft voraus, diese verfluchten Torpedos!«, rief mein Vater, als wir in seinem weißen Toyota durch die Straßen schlingerten. Er war noch nie besonders zurückhaltend hinter dem Steuer gewesen, und in dem Jahr, in dem ich dreizehn wurde, jagte er die Nadel seines Tachos auf ungeahnte Höhen. Ohne die sorgfältige Planung meiner Mutter war unsere Dreierfamilie immer wieder spät dran. Mein Vater, Jamie und ich verließen das Haus um 7:58 Uhr auf dem Weg zu zwei verschiedenen Schulen, die beide um 8:00 Uhr mit dem Unterricht begannen. In jenem Jahr stellte die Stadt auf der Route, die mein Vater jeden Morgen fuhr, drei neue Stoppschilder auf. Die Anwohner hatten sich beschwert.

Gelegentlich stoppte uns auf diesem Straßenabschnitt ein Polizeiauto. Der blau uniformierte Beamte näherte sich dann dem Fenster meines Vaters und klopfte zweimal an die Scheibe.

»Kennen Sie die Geschwindigkeitsbegrenzung auf dieser Straße?«

»Ähm, fünfundzwanzig, oder?«

»Korrekt. Und wissen Sie, wie schnell Sie gefahren sind?«

»Wie schnell?«

»Fünfzig.«

»Ah.« Mein Vater wirkte etwas kleinlaut. »Gut, hab's verdient.« Und er streckte seine Hand nach dem Ticket aus. Hin und wieder beließen sie es bei einer Verwarnung. Sein britischer Akzent kam bei den Ordnungshütern meist gut an.

Als Jamie seinen Führerschein bekam, fuhr er zuerst mit dem alten Volvo-Kombi unserer Mutter mit ihrem Wunschkennzeichen HLY MKRL für »holy mackerel«, heilige Makrele – seinem Lieblingsausdruck, als er klein war. Wie unser Vater fuhr er schnell, und als ich einige Jahre später meinen Führerschein erhielt, fuhr ich genauso. Wir fuhren alle drei, als wären wir getrieben, als wüssten wir nach so vielen Jahren eines Lebens unter Zeitdruck nicht, wie man das Tempo wieder drosselt.

Die Santa-Rosa-Schule, vor der mein Vater mich jeden Morgen absetzte, bestand aus grauem Beton und war von einem hohen Maschendrahtzaun umgeben. Sie sah aus, als wäre sie eher gebaut worden, um Menschen einzusperren, als ihnen Bildung zu vermitteln, als sei die Entwicklung der Kinder zu Teenagern etwas, das unter Kontrolle gehalten werden muss. Mein Lieblingsbereich des Schulgeländes war der lange, überdachte Gang voller Reihen mit Schließfächern aus Metall. Morgens und nachmittags hallte er von den Geräuschen wider, die Hunderte Schüler und Schülerinnen machten, wenn sie Schränke aufschlossen, mit den Türen knallten und an ihren Kombinationsschlössern drehten. Ich bedeckte die Wände meines Schließfaches mit ausgeschnittenen Fotografien und Blättern mit Notizen, die ich mit meinem milchigen Gelstift gemacht hatte. Ich liebte das, wie ein Kind alles liebt, was verschlossen und geheim gehalten werden kann. Diese wenigen Kubikzentimeter »Grund und Boden«, die ich zwei Jahre lang besaß, boten mir auf engstem Raum etwas Eigenes auf diesem neuen, feindlichen Territorium. In meiner ersten Woche suchte ich mit den Augen immer wieder die Reihen der kleinen Metalltüren ab und fragte mich, welches Schließfach wohl meiner Mutter gehört hatte. Wenn ich die

Augen zusammenkniff, dachte ich, ich könnte sie beinahe zwischen all den Gestalten erblicken: groß wie ich, aber mit dunklen Haaren und einem dicken Pony, einem Schottenrock und weißen Kniestrümpfen – ein Mädchen, das ich nur von Schwarz-Weiß-Fotos auf dem Boden eines Schuhkartons kannte.

Manchmal stellte ich mir vor, wie dieses Mädchen durch die vollen Gänge neben mir zu meiner Klasse lief. Oder sie erschien hinten im Klassenzimmer, sagte nichts und kritzelte gedankenverloren mit einem Stift auf einem Tisch herum, bis die Stunde endete. Ich erhaschte einen Blick auf einen karierten Rock, der gerade durch die Tür der Mädchentoilette verschwand, und sagte mir, das müsse sie gewesen sein. Diese Eindrücke kamen und gingen, mal mehr, mal weniger häufig; sie waren doch nur ein Echo, ein dreißig Jahre alter Widerhall eines Mädchens, das einst in den gleichen Fluren unterwegs gewesen war. Nach der Schule nahmen wir den gleichen Weg. Wir vermieden beide die geschäftige Hauptstraße und schlängelten uns durch Seitenstraßen. Wir bogen beide nach links in die McDonald Avenue ein. Dann drehte sie in das weiße Haus mit der roten Eingangstür ab, während ich allein noch weiterlief.

Am Morgen meines dreizehnten Geburtstags zog ich einen kleinen Beutel aus der Truhe. Er war aus blauer Seide und mit einer Metallklammer verschlossen. Ich öffnete das schwarze Notizbuch auf der Seite, die auf dem weißen Schildchen angegeben war.

Ich habe diese einfachen Perlenohrstecker gekauft, als ich im Osten der USA lebte. Ich glaube, das war, bevor ich mit der Arbeit auf dem Capitol Hill begann, um mehr wie eine Erwachsene auszusehen. Oder ich habe sie für ein Bewerbungsgespräch gekauft, nachdem ich meinen Abschluss an

der Business School gemacht hatte. Aber ich erinnere mich
gut daran, dass sie das Erste waren, was ich im Kaufhaus
Bloomingdale's, einer absoluten Institution an der Ostküste,
erstanden habe.

In Liebe, Mommy

Ich hielt die beiden milchigen Kugeln in meiner Handfläche. Sie sahen schön und seriös aus. Dreizehn war das Alter, in dem ich mir nach dem ursprünglichen Versprechen meiner Mutter Ohrlöcher stechen lassen durfte – ein Alter, in dem in manchen Kulturen ein Mädchen zur Frau wird.

Meine Mutter hatte mir nie von ihrer Zeit in Washington, D. C., erzählt, aber ich wusste durch diese merkwürdige Osmose der Kindheit, dass sie Kalifornien etwa mit Mitte zwanzig verlassen hatte, um als Assistentin für einen Senator zu arbeiten. Ich stellte mir meine Mutter vor, jung und langbeinig, in dieser Bilderbuchstadt kuppelförmigen Marmors und gemeißelter Steinfassaden, wie sie die vielen Stockwerke hinauf- und hinuntereilte, die Belange der Nation im Sinn. Es müssen die 1970er-Jahre gewesen sein, und in meiner Vorstellung trug sie ein Kostüm, die Perlenstecker in den Ohren. Wie war sie damals? Diese Frau auf der Höhe ihrer Kraft, unbelastet durch Ehemann und Kinder, alles um sie herum strotzend vor drängendem Leben.

Ich nahm die Ohrringe wieder ab, bevor ich an diesem Morgen aus meinem Zimmer ging, und legte sie auf meine Kommode. Ich fühlte mich nicht annähernd reif und erfahren genug, um sie zu tragen. Es mag Zeiten und Orte gegeben haben, wo Dreizehnjährige als Frauen betrachtet wurden, doch obwohl ich fast bis zu meiner vollen Größe ausgewachsen war, empfand ich mich noch mit jedem Zentimeter als ein Mädchen.

Einige Jahre später würde ich sie in einem Theaterstück an der Highschool tragen und einen von ihnen für immer in der Dunkelheit hinter der Bühne verlieren.

Etwa einen Monat nach meinem Geburtstag war Antoinette, die Schwester meiner Mutter, bei mir, als mein Vater abends ausging. Wir hatten uns Essen zum Mitnehmen bestellt und kamen gerade aus dem Parkhaus vor dem Restaurant, als Antoinette neben mir abrupt stehen blieb, die Augen auf etwas hinter den vorbeifahrenden Autos geheftet.

»Was?«, fragte ich.

Ich folgte ihrem Blick und erspähte sie durch die Glasscheibe des Fensters unseres Lieblings-Thairestaurants. Mein Vater und die Frau waren hell beleuchtet, wie ausgestellt in einem Schaufenster. Die Frau hatte rotes Haar. Während ich sie noch ansah, stand sie auf und ging in den hinteren Teil des Restaurants, wo die Toiletten waren. Antoinette stockte auf dem Bürgersteig noch einmal kurz, bevor sie losmarschierte.

»Komm mit«, sagte sie.

Wir gingen durch die Schwingtür aus Glas und auf den Schalter für die Bestellungen zu. Mein Vater, der uns erblickte, stand von seinem Tisch auf. Antoinette ging zu ihm hinüber und sagte leise und entschuldigend etwas, was ich nicht hören konnte. Ich starrte in den hinteren Teil des Restaurants und wartete darauf, dass die Frau zurückkam. Als sie erschien, versuchte Antoinette, sich schnell mit unserem Essen auf den Weg zu machen, aber mein Vater stellte uns in aller Ruhe vor, als hätte er schon immer geplant, dass wir uns eines Tages auf diese Weise begegnen würden.

»Gwenny, das ist Shirlee«, und wir gaben uns die Hand.

In dem Jahr seit dem Tod meiner Mutter hatte mein Vater Verabredungen mit mehreren Frauen gehabt. Da hatte es zum Beispiel eine Frau namens Helen gegeben, die meinen Vater und mich in einem Diner traf, das *Mac's on Thursdays* hieß. Ich hatte überbackene Käsesandwiches und Eisbecher bestellt und eine seltsame Unterhaltung geführt. Jamie durfte aufgrund seines Alters und seines Geschlechts meistens allein zu Hause bleiben.

Ich stellte meinem Vater viele Fragen über Helen. Ich wollte wissen, wie sie sich begegnet waren und was er an ihr mochte. Ich wollte wissen, ob sie Kinder hatte und ob sie welche wollte.

»Liebst du sie?«, fragte ich eines Tages im Auto, als wir auf dem Weg zu *Trader Joe's* durch die Straßen jagten.

»Nein«, sagte er nach einer langen Pause, und mein ganzer Körper entspannte sich auf dem Beifahrersitz.

»Solange ihr nur keinen Sex habt«, sagte ich.

Mein Vater sagte nichts und blickte stur geradeaus, während wir weiterrasten. An dem Tag, als er mir erzählte, dass er mit Helen Schluss gemacht hatte, durchflutete mich ein Gefühl der Erleichterung. Eine seltsame, undefinierbare Gefahr war an mir vorübergegangen.

Das Erste, was mir an Shirlee auffiel, war, dass ich sie kannte. Sie war die Mutter eines Jungen, mit dem ich seit der dritten Klasse zusammen zur Schule gegangen war. David und ich hatten uns nie besonders füreinander interessiert. Er hing an den Basketballplätzen ab und spielte in der Mittagspause auch dort. In meiner Brust breitete sich ein Fünkchen Panik aus, als ich ihre Hand mit den rot lackierten Nägeln in meiner hielt, und ich sagte: »Hi.«

Sicher zurück mit unserem Essen im Auto, stieß Antoinette einen langen Atemzug aus.

»Ich hatte überlegt, einfach umzudrehen und das Essen stehen zu lassen, aber dann dachte ich, er hatte uns vermutlich schon durchs Fenster gesehen.«

»Ich kenne sie«, sagte ich mit einem Gefühl, als ob ein kleiner Fahrstuhl in mir nach unten stürzte. Dass sie mir vertraut war, machte alles realer. Das war keine Frau, die einfach wieder aus meinem Leben verschwinden würde wie Helen, ein plötzlich leerer Platz am Tisch von *Mac's*. Antoinette und ich fuhren schweigend nach Hause, beide vertieft in unsere eigenen Gedanken.

In den folgenden Monaten gewöhnte ich mich an den Anblick von Shirlees geblümter kleiner Tasche mit den Sachen zum Übernachten unten an der Treppe, die anzeigte, dass der freie Platz im Bett meines Vaters in dieser Nacht besetzt sein würde. Ich glaube nicht, dass mein Vater wusste, dass ich mit dreizehn immer noch manchmal zu ihm kroch, wenn ich nicht schlafen konnte. Es war nach dem Tod meiner Mutter so geblieben, dass ich nicht woanders als zu Hause schlafen konnte, aber ich wachte oft schwer atmend mitten in der Nacht auf, weil ich Albträume hatte. Dann irrte ich von meinem eigenen Zimmer durch den Flur, rollte mich neben meinem Vater auf der Decke ein und lauschte seinen langsamen, rhythmischen Atemzügen. Er schlief tief, und ich schlich immer noch vor dem Morgen in mein eigenes Bett zurück, beruhigt durch die Anwesenheit eines anderen warmen, vertrauten Menschen.

Shirlee übernachtete offenbar bei uns, wenn David bei seinem Vater war.

»Ich mag es nicht, wenn sie über Nacht bleibt«, sagte ich einmal.

»Na ja« – mein Vater breitete die Arme aus – »es ist nicht an dir, das zu entscheiden.«

Wir stritten ein paar Minuten, dann:

»Nur, damit es klar ist: Ist das unser Haus? Oder ist es dein Haus, und ich wohne nur hier?«

Er dachte einen Moment lang nach. »Das ist mein Haus«, sagte er langsam, »und du wohnst hier.«

Ich fühlte, wie der Boden unter meinen Füßen ein wenig schwankte.

»Das muss sich anfühlen, als ob deine Mutter ersetzt würde. Als ob du ersetzt würdest«, sagte Judy, als ich am Mittwoch nach dem Streit auf der Couch in ihrem Büro saß.

»Warum muss er sich mit *ihr* verabreden«, fragte ich. »Warum eine Mom von jemandem aus meiner Schule?«

»Das muss unangenehm für dich sein«, sagte sie.

»Ich glaube, sie haben Sex«, sagte ich.

»Wahrscheinlich«, sagte sie.

Ich verbarg meinen Ärger darüber, dass mein Vater diese neue Person in mein Leben brachte, nicht. Ich war kühl und distanziert, ohne wirklich unhöflich zu sein. So ist es in meiner Erinnerung, obwohl ich nicht unbedingt ein Video mit meinem Verhalten sehen wollte. Ich lernte, mich mit Worten auf einem schmalen Grat zu bewegen, wählte diejenigen aus, die meinen Groll erkennbar werden ließen, mich jedoch nicht in Schwierigkeiten bringen konnten. Ich hatte Sprache immer geliebt, sie aber bis dahin nie als Waffe einsetzen wollen. Meine scharfe Zunge gab mir vorübergehend das Gefühl von Macht in einer Situation, über die ich keinerlei Macht besaß. Ich hatte Angst, dass jede Form von Herzlichkeit für Shirlee, jedes Bröckeln meiner Schutzmauern meinem Vater signalisieren würde, dass sein Verhalten für mich nicht schmerzhaft sei. Es war ein ermüdender Protest, aber ich legte ihn trotzdem ein und klammerte mich an meinen Groll, als könnte er mich davor bewahren, in purer Trauer zu ertrinken.

Ich war in der glücklichen Lage, die Freundin meines Vaters nicht mögen zu müssen, weil es bereits eine Fülle wundervoller Frauen in meinem Leben gab. Ich hatte den Freundeskreis meiner Mutter geerbt, wie andere Töchter vielleicht eine tolle Kollektion von Designerkleidern bekommen. Es waren die Frauen, die unzählige Nächte auf Klappbetten in Krankenzimmern verbracht hatten, Hunderte von Meilen zu Arztterminen gefahren und quer durchs Land geflogen waren, um Spezialisten zu konsultieren. Sie waren verheiratet oder ledig, Mütter von vier Kindern oder kinderlos. Sie waren Rechtsanwältinnen, Geschäftsinhaberinnen und Hausfrauen. In den ersten Jahren nach dem Tod meiner Mutter luden sie mich an ihrem Todestag zu einem Mittagessen ein, und wir tauschten über Suppe und Gemüseplatten Erinnerungen aus. Sie konnten eine vielschichtigere Person beschreiben als die Mutter, an die ich mich erinnerte. Sie sprachen über eine Frau, deren scharfe Zunge und scharfer Verstand nicht nur beeindrucken, sondern auch verletzen konnten.

»Junge, was sie da manchmal rausließ«, sagte Sandy kopfschüttelnd, »ich konnte nur noch nach nebenan gehen und weinen.«

Ich rutschte schuldbewusst auf meinem Stuhl hin und her und dachte an das Vergnügen, das es mir gerade selbst bereitete, meinen eigenen Worten Stacheln zu verleihen.

»Und sie wollte damit gar nicht verletzen«, fuhr Sandy fort, als wollte sie meine Mutter vor sich selbst verteidigen, »ihr Verstand arbeitete einfach so schnell, und sie dachte nicht immer daran, wie ihre Worte auf andere Menschen wirken würden.«

»Sie gab wundervolle Ratschläge«, sagte eine Frau namens Anne. »Weil sie so viel im Bett liegen musste, wusste man immer, wo man sie finden konnte. Ich glaube, sie mochte die

Ablenkung durch das Nachdenken über die Probleme von anderen.«

»Aber dann«, fiel eine weitere Freundin ein, »musste man mit den Konsequenzen klarkommen. Wenn man sagte, man werde eine Veränderung im Leben vornehmen, einen Job kündigen oder mit jemandem Schluss machen, dann fragte sie das nächste Mal, wenn man sie sah, was man in der Sache unternommen hatte. Und wenn die Antwort ›nichts‹ war, dann fühlte man sich so klein mit Hut. Das Problem war, sie hatte immer recht. Deshalb war es so frustrierend, und deshalb kam man immer wieder auf sie zurück.«

Ich versuchte, diese Anekdoten mit der Person zusammenzubringen, die mir Geschichten vorgelesen und mich abends ins Bett gebracht hatte. Sie war auch die Person, die so heftig mit meinem Vater gestritten, die jahrelang als Geschäftsführerin von »Mrs Wiggles Rocket Juice« gearbeitet hatte. Ich kannte sie als Teil meiner Familie, aber ihre Freundinnen kannten sie als eine Frau, die es auch vor der Ehe und den Kindern gegeben hatte. Manche kannten sie, seit sie in meinem Alter gewesen war.

Diese Mittagessen wurden mit den Jahren immer seltener, aber viele der Frauen blieben in meinem Leben. Über die Jahrzehnte hörten sie sich meine Beziehungsprobleme an, gingen mit mir shoppen und halfen mir beim Umzug. Sie liehen mir Geld, kauften mir Möbel und gingen mitten in der Nacht ans Telefon, wenn ich anrief. Alle bemutterten mich auf ihre eigene Art, je nach ihren individuellen Stärken.

In diesem Frühjahr deutete alles darauf hin, dass Jamie bald das Haus verlassen würde. Er war siebzehn, und jede Woche kam ein Zulassungsbescheid von einem College mit einem tollen, wohlklingenden Namen. Für ihn war diese neue Version unserer Familie, die aus einem Quadrat ein Dreieck gemacht hatte, zeitlich begrenzt – ein Warteraum, der in die Welt hinaus in ein neues Leben führte. Mit dem Herbst würde auch er ein leeres Zimmer hinterlassen.

Er machte seinen Abschluss an der Highschool an einem glühend heißen Juninachmittag, der sich in einen kühlen Juniabend verwandelte, während der Direktor sich durch alle fünfhundert Namen in der Oberstufe arbeitete. Ich konnte Jamies schwarz gekleidete Gestalt leicht auf dem Football-Feld ausmachen, denn er hatte einen irgendwie übertrieben ehrwürdigen Gang, die Hände hinter dem Rücken ineinander verschränkt, den Kopf gesenkt, wie ein betagter Staatsdiener. Ich verfolgte seine winzige Gestalt bis zu seinem Platz, als die letzten Töne von »Pomp and Circumstance« (oder, wie es Jamie nannte, »Pompous and Circumstantial«) aus den Lautsprechern erklangen. Ich jubelte zusammen mit den Geschwistern meiner Eltern von unseren hoch gelegenen Sitzplätzen auf der Tribüne aus, als Jamies Name aufgerufen wurde.

Wochen später saß ich auf dem Fußboden seines Zimmers, als er packte. Er hatte sich entschlossen, das College für ein Jahr zurückzustellen und an einem Reiseprogramm teilzunehmen, das Leap Now hieß. Jamie hatte die sechste Klasse übersprungen, und es hatte ihm nicht gefallen, immer ein Jahr jünger zu sein als alle seine Mitschüler:innen. Auf diese Weise würde er mit achtzehn mit dem College beginnen wie alle anderen Erstsemester auch.

Der schwarze Rucksack, den er auf seinen Reisen durch Ecuador, Peru und Indien tragen würde, war größer und mit mehr Riemen versehen als jeder andere Rucksack, den ich je gesehen hatte. Als er den Gurt um seine schmalen Hüften schloss und die Schnallen um den Brustkorb herum festzog, sah er mehr nach einer Rüstung aus als nach einem Gepäckstück. Auf dem Teppich neben mir stand Jamies Korbtruhe, das Gegenstück zu meiner. Jamie würde im April achtzehn werden, viertausend Meilen von der Truhe entfernt, und von mir.

»Vielleicht nimmst du nur das hier«, schlug ich vor und zeigte auf das Päckchen mit der Aufschrift *18. Geburtstag*. Aber Jamie schüttelte den Kopf. Er wollte sich nicht darum sorgen müssen, dass es verloren ginge oder gestohlen würde.

»Was ist hiermit?« Ich hielt ihm seinen alten Teddybären entgegen. Sein Fell war stumpf geworden und sein Kopf schon einmal abgefallen, weil Jamie so oft damit nach mir geschlagen hatte. Danach hatte ich ihn ungeschickt wieder für ihn angenäht. Ich wollte, dass er etwas mitnahm, was zeigte, dass sein Abschied von zu Hause ihn wenigstens einen kleinen Bruchteil dessen kostete, was er mich kostete. Wieder schüttelte er den Kopf. Ich wartete, bis er im Bad war, dann stopfte ich den Teddy ganz unten in seinen Rucksack. Er fand ihn Wochen später, eingezwängt zwischen seinen Wollsocken.

An diesem Abend fuhren mein Vater und ich Jamie zum San Francisco International Airport. Ich umarmte ihn zum Abschied, und er küsste mich auf die Stirn – was er nie zuvor getan hatte: eine Art Segnung. Ich versuchte, die Tränen zurückzuhalten, bis seine große Gestalt sich umgedreht und durch die gläsernen automatischen Schiebetüren zum Terminal geschritten war. Ich wollte nicht, dass er sich schuldig fühlte, aber ich vermisste ihn schon jetzt, wie man das Sonnenlicht oder den Wind vermisst – etwas, von dem man nicht gedacht hätte, dass man je lernen müsste, ohne es auszukommen.

Vierzehnter Geburtstag:

Nachdem Poppy Bill gestorben war, flogen Granny Liz, Onkel Q & ich nach England, um die Mutter und die Schwestern von G. Liz zu besuchen. Sie schenkten mir diese hübsche kleine AnsteckΝadel in der Form eines Blattes. Ich war vierzehn.

Jahre bevor meine Mutter starb, hatte sie mir gesagt, dass mein Vater eines Tages wieder heiraten würde und dass dies gut so wäre. Der Familienstammbaum meiner Mutter war weit verzweigt und wies etliche Brüche auf, Scheidungen und frühzeitiger Tod hatten zu einer zweiten oder dritten Ehe geführt, aus der zum Teil wieder Kinder hervorgingen, was noch mehr Verwirrung über die Frage stiftete, auf welche Weise wir alle miteinander verwandt waren. Granny Liz war dreimal verheiratet gewesen. Mein Großvater hatte zweimal geheiratet. Mein ganzes Leben lang waren die Familientafeln an Thanksgiving voller Stiefgeschwister, Halbgeschwister und deren Ehepartner:innen gewesen. Ich wusste, dass nicht alle Stiefeltern wie die im Märchen waren, dass sie ihre Stiefkinder nicht alle im Keller einsperrten oder sie in den Wald schickten, damit sie von wilden Tieren aufgefressen würden.

»Sie wird vielleicht ein ganz wundervoller Mensch sein«, hatte meine Mutter gesagt, »wie Poppy Bill.«

Sie bat mich darum, unvoreingenommen zu sein, und ich versprach ihr, es zu versuchen.

Es war der letzte Schultag vor den Winterferien in der neunten Klasse, und mein Vater überraschte mich damit, dass er mich von der Schule abholte. Meistens ging ich nachmittags zu Fuß nach Hause, ein entspannter Kontrast zu der Hetze und Drängelei unserer morgendlichen Fahrt zur Schule.

»Es regnet«, sagte mein Vater zur Erklärung. »Komm schon.«

Er setzte zurück auf die Straße, aber statt den Toyota in Richtung unseres Hauses zu lenken, begann er, sich durch die Seitenstraßen zu schlängeln.

»Wohin fahren wir?«, fragte ich.

»Ich dachte, wir schauen mal bei den Qs vorbei und sagen Hallo.«

Meine Tante und mein Onkel wohnten nahe des Stadtzentrums in einem Haus, das in einem gewagten Orangeton gestrichen war, etwas zwischen Mandarine und Kürbis. Mein Vater fuhr vor dem Haus vor und blockierte mit der Stoßstange ein wenig die Auffahrt. Wir würden nicht lange bleiben.

Tante Carol kam zur Tür, als er auf die Klingel drückte, und ihr Gesicht verriet mir, dass sie von unserem Kommen nichts gewusst hatte. Mein Vater hatte uns beide damit überrascht. Er legte seine Hand auf meinen Rücken und schob mich in ihr Wohnzimmer, als Onkel Q aus der Küche auftauchte. Wir setzten uns alle auf das grüne Sofa und die dazu passenden Sessel.

»Gwenny«, sagte mein Vater, »ich möchte dir etwas sagen.«

Es waren Jahre vergangen, seit ich bei einem unserer Familientreffen gesessen und mich gegen die Nachrichten gewappnet hatte, die ich nicht hören wollte. Mit vierzehn war ich zu alt, um dumme Witze zu erzählen oder mich bei jemandem auf den Schoß zu zwängen. Außerdem war dies hier nicht unser Haus, und ich war ein Gast. Ich fragte mich beim Blick in das gespannte, hoffnungsvolle Gesicht meines Vaters, ob wir gerade deshalb hier waren.

»Gestern«, sagte er, ohne viel Zeit zu verlieren, »habe ich Shirlee gefragt, ob sie mich heiraten will.«

Obwohl ich geahnt hatte, dass diese Worte kommen würden, trafen sie mich wie ein Faustschlag. Mein Kiefer zitterte vor Adrenalin, und ich schmeckte eine metallische Bitterkeit in meinem Mund. Ich konnte die Augen aller auf mir spüren und versuchte, meinen Gesichtsausdruck zu beherrschen, aber aus meinen Augen sickerten die Tränen und bildeten in meinem Schoß eine kleine Pfütze.

Ich konnte sehen, dass meine Tante und mein Onkel ebenfalls überrascht waren. Ich fragte mich, was Onkel Q hierüber dachte. Er war der Bruder meiner Mutter, und jetzt heiratete ihr Mann jemand anderen. Aber mein Vater hatte immer ein enges Verhältnis zu den Qs gehabt, und sie hatten Shirlee freundlich aufgenommen, als er sie als seine Freundin vorstellte. Onkel Qs eigener Vater war der Stiefvater meiner Mutter gewesen, den sie sehr geliebt hatte. Ich sah sie nicht an, mein Gesicht war heiß vor Verlegenheit. Ich mochte sie beide sehr, aber ich hasste es, beobachtet zu werden, während ich mich so verletzlich fühlte.

Stattdessen sah ich meinen Vater an, sein rotgoldenes Haar, seinen kalifornischen Teint, seine Nase, die den gleichen Bogen hatte wie meine. Die meiste Zeit meines Lebens waren er und ich Verbündete gewesen, aber jetzt hatte sich etwas verändert. Ich war zu einem Hindernis geworden für das, was er sich wünschte, und er hatte dieses Hindernis überwunden. Es gab keinen Schutzwall mehr zu errichten; die Schlacht war bereits verloren.

»Gratuliere«, flüsterte ich, wobei ich dieses eine Wort an dem brennenden Kloß in meinem Hals vorbeizwang. Er sah so erleichtert aus, so glücklich, dass er mir beinahe leidtat. Wie viel Angst musste er vor meiner Reaktion gehabt haben, um das alles zu inszenieren.

»Danke«, sagte er und lächelte meiner Tante und meinem Onkel zu. Sie erwiderten seinen Blick, dann sahen sie zu mir. Er strahlte. Ich zitterte und war in Tränen aufgelöst. Sie gratulierten ihm beide, aber meine Tante hielt mich an der Tür ungewöhnlich lange in ihren Armen, bevor wir wieder abfuhren.

Sei unvoreingenommen, hatte meine Mutter gesagt. Warum fand ich das so schwierig? Ich mochte die Art nicht, wie Shirlee immer darauf wartete, dass mein Vater für sie die Tür öffnete, oder wie sie ihre rot lackierten Nägel auf seinen Arm legte. Ich mochte es nicht, dass wir uns »als Familie« zum Essen setzen sollten, wenn meine Familie ihre Mahlzeiten meistens auf drei oder vier verschiedene Zimmer verteilt eingenommen hatte. Ich mochte es nicht, dass eine unbedachte Bemerkung von mir sie zu einem Tränensturm hinreißen konnte und dass mein Vater dann geschickt wurde, damit ich mich entschuldigte. Ich mochte die Zuneigungsbekundungen nicht, die sie offenbar von mir erwartete. Ich mochte es nicht, dass sie nicht meine Mutter war, aber daran konnte sie nichts ändern.

Zu Hause wartete Shirlee mit Sekt und Cider. Ich gratulierte auch ihr und sah ihr dabei zu, wie sie die hohen Gläser füllte. David muss an diesem Abend bei seinem Vater gewesen sein. Jamie hatte sein Gap Year beendet und war nach seinem ersten Semester am College für die Ferien bei uns. Soweit ich es beurteilen konnte, schien er zu Hause überhaupt nicht zu vermissen. Als er ins Zimmer trat, konnte ich ihm ansehen, dass er von der Verlobung wusste. Mein Vater musste es ihm getrennt von mir gesagt haben. Wieder fragte ich mich, welcher Eingebung oder welcher Strategie er folgte. Was hatte ihn veranlasst, uns aufzuspalten?

Nach dem Anstoßen entschuldigten Jamie und ich uns, um zum Videostore zu fahren und einen Film auszuleihen. Wir setzten uns in den alten Volvo unserer Mutter und schnallten uns an. Jamie fuhr vom Bürgersteig herunter und raste die Straße neben dem Friedhof entlang, auf dem sie beerdigt war. Es war die Straße, die zur Videothek führte, die Straße zu den meisten Orten in der Stadt. Ich bemerkte, dass Jamie immer wieder den Kopf wandte, um mich anzusehen.

»Was?«, fragte ich.

»Nichts«, sagte er, »das ist zu gemein.«

»Sag es einfach«, sagte ich.

»Tja ...« Er grinste mich mitleidig an; er würde nach Silvester zurück an sein College in Pennsylvania gehen. »Ist beschissen, deine Lage.«

Zwei Tage vor Weihnachten fuhren mein Vater, Jamie und ich zu der Farm in Sebastopol, um unseren Baum zu fällen. Inzwischen war die riesige Douglastanne im Eingangsbereich Tradition geworden. Wir holten unseren Baum immer erst spät, aber dieses Jahr hatten wir gewartet, bis Jamie vom College nach Hause kam. Es hätte sich merkwürdig angefühlt, ohne ihn zu fahren. Shirlee begleitete uns nicht, sie blieb lieber im warmen Haus und hörte sich Weihnachtslieder von Ella Fitzgerald an. David würde bis Weihnachten bei seinem Vater sein, und ich war dankbar, ein oder zwei Stunden allein mit meinem Vater und meinem Bruder zu haben. Als wir auf den Eingang der Farm zufuhren, begrüßte uns ein kleines Schild mit einem Bild des Weihnachtsmannes und einem GESCHLOSSEN.

»Upps«, sagte ich und stellte mir bereits ein Weihnachten ohne Baum vor.

Aber mein Vater trat scharf auf die Bremse und stieg aus dem Wagen. Er ging zum Kofferraum und holte die mitgebrachte Handsäge heraus, lief auf das geschlossene Tor zu und zog sich geschickt über das Holzgeländer.

»Kommt her!«, rief er nach hinten zu uns.

Jamie und ich folgten ihm über den Zaun, vorbei an einem weiteren großen Schild, auf dem stand: KEIN DURCHGANG. Unser Vater hatte ein festes gelbes Maßband, das er an einen Baum nach dem anderen anlegte, auf der Suche nach mindestens fünf Metern. Der Gewinnerbaum hatte auf einer Seite eine kahle Stelle, die mein Vater perfekt fand, um ihn an die Treppe anzulehnen. Er und Jamie sägten sich abwechselnd durch den dicken Stamm und legten dabei eine Kleidungsschicht nach der anderen ab, denn von der Anstrengung wurde ihnen warm. Wir trugen den riesigen Baum auf unseren Schultern zurück zum Tor, mein Vater vorne, Jamie in der Mitte und ich hinten an der Spitze, wo das Gewicht am geringsten war. Wir schafften es, ihn über den Zaun zu hieven, wobei wir unsere Hände und Gesichter mit seinem klebrigen, beißenden Saft beschmierten. Mein Vater zurrte unseren Baum auf dem Dach seines Autos fest; die leicht wehenden, nicht durch ein Netz zusammengehaltenen Zweige erinnerten mich an ein träges, gefügiges Tier. Bevor wir losfuhren, steckte er das Geld für den Baum in bar in einen Umschlag und schob ihn unter der Tür des kleinen Gebäudes hindurch, in dem sonst Plätzchen und heißer Apfelwein serviert wurden. Zurück im Auto ließen wir mit einem Triumphgefühl die Farm schnell hinter uns, als könne jeden Moment die Polizei erscheinen. Als wir durch die verschlungenen Straßen flitzten, an Weingärten und Molkereien vorbei, weg vom Schauplatz eines weiteren kleinen Raubzugs meines Vaters, empfand ich Hoffnung. Manches, so schien es, würde sich niemals ändern.

Während der viel zu kurzen Wochen von Jamies Semesterferien blieben er und ich lange auf und klopften gegenseitig an unsere Zimmertüren, um uns Fotoalben anzusehen und alte Geschichten auszutauschen. Die bevorstehende Hochzeit unseres Vaters weckte in uns so etwas wie eine Sucht nach der Vergangenheit. Ein paar Tage bevor Jamie zum Flughafen musste, gingen wir beide zu dem roten, feuersicheren Safe im Büro meines Vaters und nahmen einen Stapel VHS-Kassetten heraus, die dort beinahe ein Jahrzehnt lang gelagert hatten, unberührt.

Ich weiß nicht mehr genau, woher wir wussten, wo die Videos zu finden waren, oder überhaupt, dass sie existierten. Aber die Information war bei uns beiden im Gehirn abgespeichert. Wir wussten beide, dass unsere Mutter einen Fotografen angeheuert hatte, um sie aufzunehmen, als sie gerade erst erfahren hatte, dass ihr Krebs tödlich verlaufen würde, beinahe fünf Jahre vor ihrem Tod. Während dieser Jahre waren die Videos bei uns in Vergessenheit geraten, ausgeblendet durch die Dankbarkeit, die wir empfanden, weil sie noch am Leben war. Doch die Tatsache, dass es diese Filme gab, hatte sich in unserem Gedächtnis versteckt, bis unsere neu aufkeimende Sehnsucht sie aus der Dunkelheit holte.

Wir nahmen die Bänder mit in das alte Schlafzimmer unserer Mutter, steckten die erste Kassette in den Rekorder und machten es uns bequem, ich auf dem Bett und Jamie im Fernsehsessel.

»Bereit?«, fragte ich. Ich konnte das Gefühl nicht benennen, das im Innern an mir nagte, als ich zu ihm hinübersah.

»Ja, okay«, sagte er, und ich drückte auf die Fernbedienung.

Nach ein paar Sekunden Flimmern erfüllte das Pling-Pling einer Klaviermelodie den Raum, und der Bildschirm zeigte ein Standbild des Springkrauts, das in unserem Garten hinter dem Haus wuchs, überlagert von den Worten *Reflexionen eines Lebens*. Jamie und ich rollten mit den Augen. Es erschien uns beiden auf peinliche Weise sentimental. Wir waren schließlich Teenager und dachten, dass wir über solchen Dingen standen.

Und da war sie dann.

Als die Musik leiser wurde, erschien eine Frau, die vor dem niedrigen Zaun in unserem Garten saß, im Hintergrund mehrere Eichen. Sie trug ein blaues Baumwollhemd. Ihr langes Haar war zu einem tief sitzenden Pferdeschwanz zurückgebunden, die dunklen Büschel ihres Ponys wehten leicht im Wind. Perlenstecker funkelten in ihren Ohren. Es war nicht wie der Blick auf ein Foto; es war, wie in einem Raum mit ihr zu sein.

Hallo, Jamie, sagte unsere Mutter. *Hallo, Gwenny. Meine beiden Schätzchen. Ich hab euch so lieb.*

Ach, es fühlt sich merkwürdig an, ein Video für euch zu machen, und wahrscheinlich ist es auch ein bisschen merkwürdig, es anzusehen. Aber für mich ist es eine Möglichkeit, etwas von mir zu hinterlassen. Eigentlich kam die Idee hierfür von der kleinen Gwen. Weißt du noch, Süße, als wir beide miteinander das erste ganz vertraute Gespräch darüber hatten, dass ich vielleicht sterben könnte, wenn du noch so klein bist? Ich habe dich gefragt, ob du dir irgendetwas vorstellen kannst, was dir helfen würde, und du sagtest sofort: »Weißt du, Mommy, ich wünschte, du könntest ein Video machen, wo du sagst: ›Hi Gwenny!‹, und ich könnte mir das immer ansehen, wenn ich bei dir sein möchte.« Und ich fand die Idee so gut und so klug, dass ich jetzt hier bin!

Ich mache das also jetzt. Heute ist der 1. Oktober 1996, Herbstbeginn, und ich dachte, es wäre eine wirklich gute Idee,

das für euch zu machen, solange ich noch nach mir selbst aus-
sehe, gut und gesund und so, wie ich möchte, dass ihr euch an
mich erinnert. Aber ich will nicht, dass ihr denkt, ich mache
das, weil ich jede Hoffnung aufgegeben hätte oder weil ich
aufgehört hätte zu kämpfen, um hier bei euch zu sein. Um
ehrlich zu sein, es steht auch jemand hinter der Kamera und
zeigt mir ein Foto von euch – das auf dem Magneten am
Kühlschrank, das ihr mit Daddy am Muttertag für mich
gemacht habt. Deshalb fühle ich mich, als ob ich wirklich zu
euch spreche, und das hilft mir sehr.

Ich weinte bereits. Mir wurde bewusst, dass dieses namenlose
Gefühl Angst gewesen war. Ich hatte Angst davor gehabt, was
wohl auf diesen Bändern sein könnte, Angst davor, den Herz-
schmerz dieser Jahre, in denen ich immer wieder hörte, dass es
keine Hoffnung gab und meine Mutter verloren war, erneut zu
durchleben. Ich blickte zu Jamie und sah, dass sich seine Augen
ebenfalls mit Tränen füllten. Ich fragte mich, ob wir einen Fehler gemacht hatten. Ich hätte nicht erklären können, warum das
Bild meiner Mutter, die so tapfer, ja sogar fröhlich über den vor
ihr liegenden Kampf redete, mich mit so verzweifelter Trauer
erfüllte. Die Emotionen, die durch den Bildschirm transpor-
tiert wurden, waren zu groß, zu kompliziert und irgendwie
auch zu erwachsen. Ich machte mir Sorgen, dass sie mich über-
schwemmen könnten, wenn ich versuchte, sie einsickern zu lassen. Das Problem war, dass ich um dieses Video gebeten hatte,
als ich sieben war, doch nun war ich doppelt so alt. Ich begriff
jetzt, was für mich damals nicht sichtbar gewesen wäre: dass es
diese Frau auf dem Bildschirm ihre ganze Kraft kostete, ihre
Stimme die ganze Zeit leicht und beherrscht klingen zu lassen.

Ich möchte euch zuallererst sagen, was ich zu tun versuche, um mich vorzubereiten und um euch zu helfen, vorbereitet zu sein. Ich habe die letzten Monate damit verbracht, euch Briefe zu schreiben. Und das tue ich immer noch.

Und die Idee kam mir, als ich an die Geschichte von Wassilissa dachte, in der die Mutter, bevor sie stirbt, ihrer Tochter eine kleine Puppe schenkt, die diese immer in einer Tasche in ihrer Kleidung bei sich tragen kann. Und dann, wenn schwierige Zeiten kommen und sie mit einigen großen Herausforderungen konfrontiert ist, für die sie wirklich noch zu klein und zu unerfahren ist, nimmt sie ihre Puppe heraus, und diese gibt ihr die Tipps, die sie braucht, um den richtigen Weg einzuschlagen. Diese Puppe steht für ihre eigene Intuition, ihre eigene innere Weisheit und die Liebe ihrer Mutter. Und mir wurde bewusst, wie furchtbar gern ich jedem von euch eine Puppe schenken wollte, die euch helfen kann, wenn die Probleme zu groß erscheinen oder zu kompliziert oder wenn ihr noch nicht genügend Lebenserfahrung habt, um zu wissen, welcher Weg der richtige ist. Und ich würde am liebsten meine ganze Lebenserfahrung und alles, was ich gelernt habe, und all meine Liebe für euch zusammennehmen und einen Weg finden, diese in ein kleines Päckchen zu tun, das ihr mit euch herumtragen und die ganze Zeit bei euch haben könnt.

Das Leben hält wichtige Dinge für uns bereit – besondere Gelegenheiten, bei denen wir uns sehnlichst wünschen, unsere Eltern wären bei uns. Besondere Geburtstage, der Highschool-Abschluss, der Führerschein, Hochzeit, Verlobung, das erste Baby. Und so habe ich Briefe geschrieben, um euch zu erzählen, was diese wichtigen Ereignisse für mich bedeuten und wie es für mich selbst in diesen Situationen war. Und ich habe

kleine Geschenke extra für diese Gelegenheiten ausgesucht,
damit ihr wisst, dass ich mir Gedanken über euch gemacht
habe. Es ist schrecklich, dass ich nicht dabei sein kann, aber
zumindest werdet ihr wissen, dass ihr jeden Augenblick in
meinen Gedanken wart, wirklich jeden Moment, und dass ich
nicht von euch gegangen bin, ohne zu kämpfen.

Manchmal sah sie direkt in die Kamera, manchmal schweifte
ihr Blick umher, wenn sie nach Worten suchte. Sie saß die
ganze Zeit ganz ruhig auf ihrem Stuhl, eine Decke auf dem
Schoß. Hin und wieder hob sie eine Hand, um eine Haarsträhne
zurückzustreichen, die der Wind in ihr Gesicht geweht hatte.
Sie sprach langsam und bedacht, in dem leichten melodischen
Singsang, an den ich mich aus der Zeit erinnerte, in der wir
kleiner waren. Sie muss sich gedacht haben, dass wir immer
noch Kinder seien, keine Teenager, wenn wir dies zum ersten Mal sehen würden. Im Hintergrund des Videos hörte ich
das Windspiel, das an der hinteren Tür hing, immer wieder die
gleichen wenigen Töne, die nie eine zusammenhängende Melo-
die ergaben. Wenn ich in all den Jahren danach an ihrem Bett
saß, konnte ich dasselbe Windspiel draußen hören, sofern ein
leichter Wind wehte.

Ich bedaure es, dass ich so vieles von unserem Familienleben
aufgeschoben habe, während ich damit beschäftigt war, mein
Leben zu retten. Ich bedaure es vermutlich nur, weil es offen-
bar nicht funktioniert hat. Hätte es funktioniert, wäre es jede
Minute des Unwohlseins und jedes kleine Opfer wert gewe-
sen. Mich an dieses Programm zu halten, meinen Krebs besie-
gen zu wollen, machte mich oft gereizt, schlecht gelaunt, und
ich fühlte mich mies. Und ich strengte mich so an, geduldig

und ruhig zu sein, und dann plötzlich – peng – wurde ich so
sauer, weil ich mich so schrecklich fühlte, und ich machte nur
aus purer Verzweiflung weiter, und manchmal machte mir
das Angst. Und ich bin sicher, dass es auch euch manchmal
Angst gemacht hat. Und ich wünschte, ich könnte diese Jahre
zurücknehmen und sie verändern, aber das kann ich nicht.
Ihr müsst wissen, wie es wirklich war. Ich war in dieser Zeit
manchmal wirklich keine Heilige.

Das Gesicht meiner Mutter verzog sich, und sie begann zu weinen. Ich versank in den Kissen, als könnten sie mich gegen das
abschirmen, was in dem Video passierte. Ich hatte den gleichen
Impuls wie beim Ansehen von Horrorfilmen: mir die Finger
vor die Augen zu halten und zwischen ihnen hindurchzulugen,
bereit, sie schnell wieder zu schließen. Etwas zerriss mich in
meinem Innern. Es war deutlich, in aller Brutalität, in der jetzt
kaum verhüllten Verzweiflung der Frau auf dem Bildschirm,
dass die Briefe in der Truhe nicht das Werk eines Menschen
waren, der sich mit dem Tod abgefunden hatte, sondern der
noch darum kämpfte, mit seiner ganzen Kraft, um ihn zu überwinden. Sie war erst vierundvierzig, wurde mir mit Schrecken
klar, und stand bereits vor dem Ende ihres Lebens. Trotz der
jahrelangen Vertrautheit mit den Fakten erschien es unerträglich. Am anderen Ende des Zimmers hörte ich, dass auch Jamie
leise zu schluchzen begann. Ich hätte nicht einmal sagen können, ob ich noch weinte; ich wusste nur, dass gewaltige Ener-
giestöße durch meinen Körper gingen, als stünde ich inmitten
eines Blitzgewitters.

Im letzten Sommer haben wir schon darüber gesprochen,
dass ich eine lebensbedrohliche Krankheit habe, eine tödliche

Krankheit, und dass die Umstände nicht danach aussehen, dass ich noch viel länger würde bei euch bleiben können.

Ich weiß nicht genau, wann ihr das hier am besten sehen solltet. Vielleicht wäre es besser, euch das anzusehen, bevor ich sterbe, vielleicht wenn ich richtig krank werde, oder vielleicht wird es auch besser für euch sein zu warten. Daddy und ihr werdet entscheiden müssen, was euch am sinnvollsten erscheint.

Aber Sterben ist harte Arbeit. Es ist tatsächlich harte Arbeit. Es ist vergleichbar mit dem Geborenwerden, glaube ich. Unseren Körper zu verlassen. Es wird vollkommen unerträglich für mich sein, euch verlassen zu müssen. Und ich befürchte, das wird mir das Sterben sehr schwer machen, denn ich möchte kein bisschen früher gehen als nötig. Aber wenn die Zeit kommt und ich mich nach innen wende, möchte ich nicht, dass ihr denkt, ich würde mich von euch abwenden. Es ist nur so, dass man, so denke ich, auf eine ziemlich tiefgründige Reise geht, wenn man sich bereit macht, diese Welt zu verlassen und in die nächste Welt hinüberzugehen. Es braucht eine Menge Konzentration. Und es wird eine Zeit kommen, in der ich mich tief nach innen ausrichten muss. Und es wird mir sehr helfen zu wissen, dass ihr bereit und willens seid, mich gehen zu lassen.

Und, Jamie und Gwenny, ich glaube, es war eine sehr weise und reife Entscheidung, dass ihr nach ihrem Tod bei Granny Liz wart. Ich war sehr stolz auf euch. Und ich glaube, es war eine sehr gute Vorbereitung auf das, was auf uns zukommt. Ich war vorher auch noch nie dabei, wenn jemand gestorben ist. Und es war für mich sehr erhellend. Ich habe wirklich verstanden, dass wir nicht unser Körper sind. Gleich nachdem Granny Liz gestorben war, hatte ich dieses Gefühl, dass ihr wahres Selbst in ihrem Geist war und dass ihr Geist ihren Körper zurückgelassen hatte. Ich konnte die ganze Zeit ihre Anwesenheit spüren, als ich sie wusch, ankleidete, mich um sie kümmerte und sie vorbereitete. Ich konnte sie im Raum bei mir spüren. Und ich glaube, das wird euch helfen, wenn ihr daran denkt, wie es wohl sein wird, wenn ich sterbe. Denn in der Minute – sofort, nachdem ich gestorben bin – werdet ihr wissen, ihr werdet es einfach wissen, dass ich nicht mein Körper bin – dass mein Geist wirklich befreit worden ist und dass ich auf andere Weise bei euch sein kann.

Das Video war fast eine Stunde lang. Es war ganz deutlich erkennbar, dass es über mehrere Sitzungen aufgenommen und das Material später zusammengeschnitten worden war. In einigen Abschnitten war meine Mutter gefasst, aber in anderen weinte sie so sehr, dass sie die Worte kaum herausbringen konnte. Während die Minuten verstrichen, sanken Jamie und ich immer tiefer. Unsere gesammelte Trauer baute sich um uns herum auf, als würden riesige Berge und starke Strömungen den Raum erfüllen. Am Ende legten wir uns beide hin, völlig ausgelaugt.

In jedem Fall möchte ich euch in dem Wissen verlassen, dass ihr das Recht auf das glücklichste, beste, längste Leben habt, das euch nur möglich ist. Nichts könnte mich glücklicher machen, als zu wissen, dass ihr euch weiterhin ein glückliches Leben bereitet. Das wäre das Allerallerallerallerbeste, was ihr im Gedenken an mich tun könnt. Das würde mir besser als alles andere ermöglichen, mich dem hier zu stellen. Denn nur danach sehne ich mich wirklich – dass ihr beide ein glückliches, erfülltes Leben habt, das euch Freude bringt, und beglü-

ckende Beziehungen. Und ich hoffe, dass ihr – wenn ihr euch dafür entscheidet, Eltern zu werden – so tiefe, tiefe Freude erfahren werdet wie ich und das Wunder, das darin liegt, eure eigenen Kinder so zu lieben, wie ich euch liebe.

Ihr Gesicht fror auf dem Bildschirm ein; dann ertönte wieder die klimpernde Musik, dann Rauschen. Ein paar Sekunden lang war das einzige Geräusch im Raum unsere heftigen, bebenden Atemstöße. Dann sahen wir uns an und brachen in ein erschöpftes, hysterisches Lachen aus. Es kam ganz aus der Tiefe unseres emotionalen Raumes hervor, und wir krümmten uns und brachen in Gelächter aus, als ob die Bewegung und die Töne unsere Körper von dem Gefühl befreien könnten.

In meinem Brustkorb gab es eine seltsame Unruhe – wie ein Vogel, der in einer Falle saß. Unsere Mutter hatte oft mit uns über den Tod gesprochen, aber niemals mit einem solchen Grad an Klarheit und Direktheit. Wir hatten es nie zugelassen. Ich hatte das Gespräch immer durch Witze oder Wutanfälle sabotiert, und Jamie war einfach eingeschlafen. Sie konnte es uns nicht sagen, also sagte sie es der Kamera. Sie hatte sich gedacht, wir würden das Band vielleicht noch einige Zeit vor ihrem Tod sehen, aber ich hätte niemals geschafft, es mir anzusehen. Trotz ihrer Bemerkung darüber, dass sie »nicht immer eine Heilige« war, hatte sie mir in meiner Erinnerung immer ihre Sanftheit, ihre Hoffnung und ihre Widerstandskraft vermittelt. Das Video enthielt einen kleinen Blick auf ihren Schmerz, ihren Groll und ihre Verzweiflung.

»O Mann«, sagte Jamie, und Lachtränen mischten sich mit denen, die bereits auf seinen Wangen waren.

»Ich weiß«, sagte ich, »das war das Heftigste, was ich je gesehen habe.«

Die anderen Videos von dem Stapel sahen wir uns nicht mehr an. Wir legten sie zurück in den feuersicheren Tresor und verschlossen die Tür. Wir würden sie weitere sieben Jahre lang nicht öffnen.

Fünfzehnter Geburtstag:

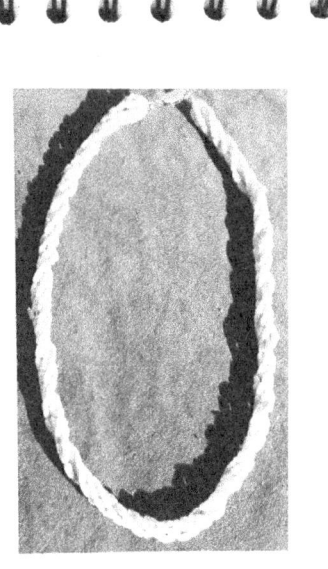

Diese Korallenkette haben mir mein Vater und [Stiefmutter]
aus Hongkong mitgebracht und mir zu einem Weihnachts-
fest geschenkt. Sie wird dir viel besser stehen, als sie mir je
gestanden hat.

Obwohl meine Mutter und ich dieselbe Highschool besuchten, findet sich ihr Foto nur in einer einzigen Ausgabe des Jahrbuchs. Mit fünfzehn, dünn und sommersprossig, lebte sie ein Jahr lang in San Francisco, während Granny Liz die Kunsthochschule besuchte, um ihren »Master of Fine Arts« zu erlangen. Meine Mutter kam als Zehntklässlerin zurück und ist, sanft lächelnd, auf den Seiten des *Santa Rosa Highschool Echo* von 1968 zu finden. Als die Ausgabe für 1969 gedruckt werden sollte, war sie nicht mehr dort.

Jahrzehnte später, als ich schon an diesem Buch arbeitete, spazierte ich in das Büro der Schulpsychologischen Beratungsstelle und bat um eine Kopie ihrer Schülerakte. Wundersamerweise gab es sie noch. Meine Mutter hatte die Schule verlassen, lange bevor irgendetwas digitalisiert worden war, aber eine freundliche Dame mit einer laminierten Schlüsselkarte um den Hals holte eine dicke Aktenmappe aus einem Hinterzimmer und warf den Kopierer an. Die Schülerakte meiner Mutter gab einen Überblick über ihre kurze, aber bewegte »Amtszeit«. Ihre Noten ließen keinen regelmäßigen Fluss von Einsern erkennen, wie sie es von Jamie und mir erwartet – und bekommen – hatte, sondern eine Mischung aus Zweien und Dreien, einer Vier in Algebra und einer weiteren im Fahrunterricht. Nur in Englisch und Geschichte hatte sie es zu ein paar Einsern gebracht. Nach wiederholten Tadeln, weil sie die Kleiderordnung nicht eingehalten hatte (Onkel Q erklärte, dass sie darauf bestanden hatte, eine alte Decke mit einem Loch in der Mitte wie einen Poncho zu tragen), gab es einen Schulverweis. Die Akte enthielt auch zwei handschriftliche Notizen, eine von meiner Mutter und eine von Granny Liz, in denen sie beteuerten, dass sie mit etwas, was der »unglückliche Vorfall« genannt wurde, nichts zu tun gehabt habe. Dieser »Vorfall« gehörte immer noch zu den Legenden an der Santa Rosa Highschool, als ich dort über drei Jahrzehnte später begann.

Im Jahr 1969 druckte und verteilte eine kleine Gruppe von Schüler:innen, unter ihnen meine Mutter, eine einzige Ausgabe einer »Literarischen Zeitschrift«, einer Handvoll zusammengetackerter Seiten, die eine Kurzgeschichte, ein Gedicht, einen Comic und ein Editorial enthielt. In der Schule wuchs die Antikriegsstimmung, und in der Zeitschrift ging es um erzwungenen Patriotismus und Zensur. Das Problem war das Gedicht. Auf den ersten Blick schien es eine kitschige, schlecht geschriebene und überzogene Ode an die Santa Rosa Highschool als bedeutende amerikanische Einrichtung zu sein; doch wenn man die jeweils ersten Buchstaben der Zeilen aneinanderreihte, ergab sich: S-H-I-T-O-N-Y-O-U-F-A-S-C-I-S-T-P-I-G-D-U-E-Y. (Scheiß auf dich, faschistisches Schwein Duey). Mr Duey war der Direktor. Meine Mutter war lediglich als Co-Autorin des Comics aufgeführt, der auf der allerletzten Seite erschien, eine recht harmlose Serie von Bildern, auf denen eine Horde Käfer von einem panisch flüchtenden Ungeheuer zertrampelt wird. Auf dem letzten Bild liegen die Käfer zertreten auf dem Boden. *Nichts ist so endgültig wie Füße*, steht in der Denkblase über ihren Köpfen mit den Fühlern. In ihren Briefen behaupteten sowohl Granny Liz als auch meine Mutter, dass diese zwar von dem Gedicht gewusst habe, ihr aber gesagt worden sei, es würde nicht in dem Heft erscheinen. In der Familie blieben die Meinungen darüber geteilt, ob sie die Wahrheit sagte oder nicht. Die Briefe legen außerdem nahe, dass dies nicht der erste Zusammenstoß meiner Mutter mit dem disziplinarischen Apparat der Schule war.

Einige Zeit nach diesem Verstoß, im Alter von siebzehn, verließ meine Mutter endgültig die Highschool. Ihre Einträge zeigen, dass sie später Unterricht an einer Weiterbildungseinrichtung der UC Berkeley nahm und die Highschool darum ersuchte, ihr ein Abgangszeugnis auszustellen, aber es wird nicht deutlich, ob ihr die Bitte gewährt wurde. Bei der Abschlussfeier war sie nicht dabei. Stattdessen packte sie einen Rucksack und flog nach Europa, um mit ihrem Freund, einem Doktoranden, an einer meeresarchäologischen Expedition teilzunehmen. Sie hatte ihn in der Nähe von Point Reyes bei den Bergungsarbeiten von Bruchstücken chinesischer Keramik aus einem alten spanischen Schiffswrack kennengelernt. Später würde sie ihrem Freund nach Santa Cruz folgen, um ein Studium zu beginnen.

Mein liebstes Fundstück in ihrer Akte war ein Brief von Direktor Duey, in dem er sie offenbar für eine Stelle empfahl.

Kristina Mailliard, Schülerin in der elften Klasse der Santa Rosa Highschool, ist eine sehr intelligente junge Dame, die sich klar und geschickt ausdrücken kann. Sie zeigt mehr als die übliche Unzufriedenheit mit dem »Status quo« und bemüht sich mit außergewöhnlicher Direktheit darum, Veränderungen herbeizuführen. Vor allem durch ihren eigenen Enthusiasmus und ihr starkes Interesse konnte sie auf unserem Campus eine Schülerorganisation ins Leben rufen; es gelang ihr, diese bis heute zu erhalten, und zwar in erster Linie durch eigene Anstrengungen, da das Interesse aufseiten der Schülerschaft eher schwach war. Kristina ist sehr zielstrebig – was sie sich vornimmt, das setzt sie um. Ich bin überzeugt, dass sie ein dynamisches und engagiertes Mitglied Ihres Unternehmens wäre, wenn Sie sich für sie entscheiden; sie wird ohne Zweifel durch ihre Präsenz und ihre Ideen etwas bewirken.

Ich kam ohne den rebellischen Geist meiner Mutter an die Santa Rosa Highschool, durch und durch angepasst. Mit inzwischen fünfzehn war ich größer als beinahe jeder Junge in meiner Klasse, ich hatte (schon zum zweiten Mal!) eine Zahnspange und gehörte zu einem engen Kreis regelkonformer Freundinnen und Freunde.

Im Frühling meines ersten Jahres fand eine Tanzveranstaltung statt, und ich wählte mein Kleid vor allem unter dem Gesichtspunkt aus, dass es zu der Korallenkette passte, die meine Mutter für meinen Geburtstag ausgesucht hatte. Die Kette war sehr schön, in einem sanften, angedeuteten Rosa, doch vor allem war sie das erste Stück aus der Truhe, von dem ich mir vorstellen konnte, es draußen in der Welt zu tragen. Ich ging mit meiner Clique von Freunden, Jungen sowie Mädchen, dorthin, und wir zappelten unbeholfen zu Nickelback, Vanessa Carlton und Maroon 5.

Plötzlich fühlte ich, wie im Gedränge der Körper etwas in meinem Nacken riss, und hörte das leise Kullern kleiner Perlen auf dem Boden der Turnhalle. Mein ganzer Körper erstarrte. Die Musik dröhnte weiter. Ich spürte eine Perle, nicht größer als ein Reiskorn, zwischen meinem Fuß und der Sohle meiner silbernen Sandale. Hektisch beugte ich mich unter das Dickicht der sich windenden Körper und versuchte, so viele Perlen wie möglich aufzusammeln, bevor sie verschwanden, auf der glatten Oberfläche zu Staub zermahlen wurden. Ich presste mit einer Hand die zerrissenen Fäden der Kette fest an meine Brust, während ich mit der anderen nach den ständig wegrutschenden kleinen Körnchen suchte, die im Dunkeln zwischen den vielen stampfenden Füßen verstreut waren. Sie waren sehr klein, und es waren sehr viele, und jedes einzelne fühlte sich an wie ein Vorwurf. Als ich zwischen die Tanzenden fasste, lockerte sich mein Griff um die Kette, und noch mehr rosa Perlen ergossen sich von meiner Brust auf den Boden. Ich kniete zwischen ihnen und unterdrückte den Drang, einfach auf jeden Schalter an der langen Leiste zu drücken, von der aus die Oberlichter gesteuert wurden.

Ich fühlte eine Hand auf meiner Schulter, und eine Freundin fragte mich, was los sei. Sie sah besorgt auf mich herunter, ein Teil ihres Gesichts lag im Schatten. Ich öffnete den Mund und schloss ihn wieder. Innerhalb einer Sekunde wurde meine Angst um die Kette von meiner Angst überlagert, dass irgendjemand herausfinden könnte, was mit ihr passiert war. Ich konnte nicht erklären, was ich getan hatte, dass ich etwas so Kostbares in das Gewimmel meiner Teenagerwelt mitgenommen und dass diese Welt es zerstört hatte. Ich hatte niemandem erzählt, woher die Kette stammte, also wusste auch niemand, dass sie eine besondere Bedeutung hatte. Die Menschen, die ihre Geschichte kannten – mein Vater, eine Tante, eine Patentante –, würden niemals herausfinden können, dass sie kaputtgegangen war. Wenn nur ich allein beide Informationen hatte, wäre diese Katastrophe gar nicht wirklich passiert.

»Nichts«, sagte ich, »ich dachte, ich hätte etwas fallen lassen.«

Ich stand da und umklammerte die Reste der Kette in meiner Hand.

»Toilette!«, rief ich den Silhouetten um mich herum zu und schlängelte mich durch sie hindurch in Richtung auf einen Ausgang in Neonleuchtschrift.

Meine Mutter hatte mir oft eine Geschichte von Granny Liz erzählt, deren Vater eines Tages, von meiner Urgroßmutter geschieden und gesetzlich angewiesen, sich dem Haus fernzuhalten, in die Diele hereingestürmt kam und sie dort allein vorfand. Sie war ein Kind von sechs oder sieben Jahren, und er schwang sie hoch auf seinen Arm. An diesem Punkt der Geschichte stellte ich mir immer vor, mein Urgroßvater müsse nach den Ölfarben gerochen haben, die er den ganzen Tag lang in verschieden dicken Schichten auf die Leinwand brachte, wodurch er ihnen ein zauberhaftes Spiel von Licht und Schatten abgewann. Er setzte seine Tochter ab, schenkte ihr einen kleinen Schokoladenmann in Silberfolie, meinte dann: »Sag deiner Mutter nicht, dass ich hier war«, und stürzte davon. Granny Liz aß die Schokolade und weinte, weil dieser kleine Mann alles war, was ihr von ihrem Vater geblieben war, und jetzt war er weg. Sie hatte das Geschenk genauso genutzt, wie es gedacht war, und es dennoch zerstört.

Mein Vater heiratete Shirlee im Sommer nach meinem ersten Highschool-Jahr in der Kirche, in der ich getauft worden war. Ich trug einen rosa geblümten Rock und einen rosa Pullover und hielt einen Strauß rosa Pfingstrosen auf dem Schoß. Es war ein heiterer Junitag, doch die hundert Jahre alte Kirche blieb dunkel und kühl. Ich saß in der ersten Reihe zwischen Jamie, der Jackett und Krawatte trug, und dem Vater meines Vaters, der aus England herübergekommen war. Großvater hatte Kalifornien alle paar Jahre besucht, als wir klein waren, aber er war jetzt in den Achtzigern und kam nur noch zu Anlässen wie Hochzeiten und Beerdigungen.

Am Tag zuvor hatte er mich gebeten, mit ihm zum Friedhof zu gehen und ihm den Platz zu zeigen, an dem meine Mutter beerdigt war. Ihr Grabstein stand am Fuße einer Eiche, deren Stamm sich vor mehr als einem Jahrhundert gespalten hatte und in zwei Richtungen hochgewachsen war – wie zwei Bäume, die an der Wurzel vereinigt waren. Ich hatte einen Ring aus Belladonnalilien um den Bereich herum gepflanzt, an dem wir die Keramikurne mit ihrer Asche heruntergelassen hatten, aber es blühten noch keine Blumen, es gab nur eine Menge glänzender grüner Blätter. Großvater und ich setzten uns zusammen auf eine niedrige Betonmauer gegenüber dem Stein und betrachteten den in den Granit eingravierten Namen.

Solange ich ihn kannte, hatte Großvater ganz feines graues Haar, oben ausgedünnt, auffallende Ohren und eine Brille mit schwarzem Rand. Sein Schädel und seine Hände waren voller Altersflecken. Wenn er lächelte, sah er genau aus wie mein Vater.

»Bemerkenswerte Frau«, sagte er, während er den Namen meiner Mutter las.

Meine Großmutter war gestorben, als ich zwei war, und er hatte nie wieder geheiratet. Er lebte allein in einem Häuschen am oberen Rand eines Tals in einem kleinen Dorf südlich von London. Er spielte Golf und Bridge und kümmerte sich um die Blumen und Sträucher, die Oma Jean gepflanzt hatte. In diesem Augenblick wünschte ich mir, mein Vater könnte auch so sein, für immer dem Andenken meiner Mutter treu. Wie konnte er so schnell bereit sein, im Leben weiterzugehen, wenn ich noch so hungrig nach der Vergangenheit war?

»Bemerkenswerte Frau«, sagte Großvater noch einmal. Wir säuberten die Grabstelle von ein paar heruntergefallenen Blättern und polierten den staubigen Stein mit den Zipfeln unserer Kleidung.

Der Hochzeitsempfang von meinem Vater und Shirlee fand auf dem Gelände statt, auf dem vier Jahrzehnte zuvor der Film *Alle lieben Pollyanna* gedreht worden war. Die jetzigen Besitzer, unsere Nachbarn, renovierten gerade das Haus, stellten aber den weitläufigen Rasen zur Verfügung. Den ganzen Tag über kamen Menschen auf mich zu und umarmten mich fest. Es waren die gleichen Menschen, die mich drei Jahre zuvor nach dem Gedenkgottesdienst für meine Mutter umarmt hatten – meine Tanten und Onkel, meine Taufpaten und -patinnen, die Freunde und Freundinnen meiner Mutter –, und sie sagten die gleichen Dinge wie damals: »Ruf jederzeit an. Wir sind da, wenn du uns brauchst. Sie wäre so stolz auf dich.« Später stellten mein Vater, Jamie und ich uns mit Shirlee und David zusammen für Fotos auf, für ein Porträt unserer neuen Patchworkfamilie. Als ich später die Fotos ansah, war ich beinahe überrascht, dass mein eigenes Bild in dem Rahmen auftauchte; ich hatte kaum das Gefühl gehabt, überhaupt anwesend zu sein.

Obwohl es für diesen Tag kein Päckchen und auch keinen Brief gab, gingen meine Gedanken zu der Truhe und dem dicken Umschlag, auf dem *Gwennys Verlobung* stand. Momentan hatte ich das Gefühl, ich würde niemals in meinem Leben wieder auf eine Hochzeit gehen wollen. Und doch sehnte ich mich gleichzeitig nach den Worten, von denen ich wusste, dass sie in diesem Umschlag steckten und auf mich warteten. Sie würden auf die Fragen eingehen, die eine Tochter ihrer Mutter an dem Tag stellt, an dem sie sich entscheidet, ihr Leben mit dem eines anderen Menschen zu verbinden. Ich ließ meine Gedanken aus meinem Fenster wandern und die von Bäumen gesäumte Straße hinunter. Ich ließ mich von ihnen zum Friedhof tragen, wo ich am Tag zuvor mit Großvater gewesen war. In meiner Vorstellung nahm ich den Weg, ganz von Eichenblättern bedeckt, zum Grab meiner Mutter und legte dort einen rosa Pfingstrosenstrauß auf die Erde.

Zuerst waren es nur kleine Veränderungen. Ich kam nach Hause in eine Küche, die irgendwie anders aussah. Ich brauchte ein paar Minuten oder Stunden, um festzustellen, dass die Gemüseuhr durch eine Uhr mit Ziffern ersetzt oder dass eine von Granny Liz' Radierungen gegen ein Gemälde mit Wasserlilien ausgetauscht worden war. Doch mit dem Voranschreiten des glühend heißen Sommers wurden im Haus stetig alle Hinweise darauf getilgt, dass dort jemals eine andere Frau, eine andere Familie gelebt hatte. Die Spielkarten aus *Alice in Wonderland* und die rosa Flamingos verschwanden aus dem Eingangsbereich, die Illustrationen aus dem *Zauberer von Oz* gaben die Wände frei, und eines Abends, ein paar Wochen nach der Hochzeit, setzten wir uns zum Essen in ein Esszimmer, in dem kein einziger Origamifisch mehr herumschwamm. Die Veränderungen wurden vorgenommen, wenn ich nicht hinsah – wie Zaubertricks. Eines Tages kam ich von der Schule nach Hause, nahm den Geruch von frischer Farbe wahr und stellte fest, dass das rote Wohnzimmer nicht mehr rot war. Die Änderungen waren nicht vorher besprochen worden. Ich versuchte, wachsamer zu sein, was die Wahrnehmung meiner Umgebung anging – als ob die Kraft meiner Aufmerksamkeit die Dinge beschützen könnte. Ich begann, mir mehr Gedanken um die Gegenstände zu machen – darum, was es für einen Raum bedeutete, ob sie da waren oder nicht.

»Bitte lass wenigstens die Gänse nicht verschwinden«, bat ich eines Abends. Jahrelang schon ragte ein Handtuchhalter in Form von drei Köpfen von Kanadagänsen neben der Spüle aus der Wand heraus.

»Du bist nicht gerade sehr aufmerksam«, sagte Shirlee und zeigte auf den Ring aus Edelstahl, den sie bereits an dessen Stelle angebracht hatte.

An einem anderen Tag wollte ich die Haferkekse meiner Mutter backen und konnte die kleine Rezeptbox in Form einer Holzhütte nicht finden, die Jamie mir vor Jahren zu Weihnachten gebastelt hatte. Ich sah auf den oberen Regalen und in den unteren Schränken nach, sogar auf dem Dachboden, wo sich viele Dinge meiner Mutter ansammelten. Schließlich fragte ich meinen Vater, und er versprach, ebenfalls danach zu suchen. Später an diesem Abend kam er in mein Zimmer, um mir zu sagen, dass Shirlee sie aus Versehen weggeworfen hatte. Ich empfand den Verlust dieser kleinen Box sogar noch tiefer als das Zerreißen der Korallenkette. Für mich repräsentierte sie durch die Rezepte sowohl meine Mutter als auch, durch sein Handwerk, meinen Bruder. Beide vermisste ich jeden einzelnen Tag, an dem ich ohne sie im Haus aufwachte, und dieser Verlust der kleinen Box wurde in mir zum Sinnbild all dessen, was um mich herum verschwand.

David zog bei uns ein. Er verbrachte weiterhin Zeit bei seinem Vater, aber unser Haus lag näher an der Schule. Er brauchte ein Zimmer, und so wurden aus dem alten Schlafzimmer meiner Mutter die Schachteln mit Stickgarn weggeräumt, die Dickens- und Agatha-Christie-Sammlungen, die Bücher über Philosophie, Kindererziehung und Tod. Der geschnitzte Eichenholzbettrahmen wurde durch einen aus Kiefernholz ersetzt. Der Sessel der Firma La-Z-Boy flog raus. Mir war klar, dass David einen Platz für sich haben musste, aber ich konnte nicht umhin, den Verlust dieses stillen Zimmers zu betrauern, in dem ich so viele Nachmittage verbracht hatte, und ich konnte die Panik nicht unterdrücken, die ich jedes Mal fühlte, wenn ich beim Nachhausekommen eine leicht veränderte Version des Hauses vorfand, das mir einmal so vertraut gewesen war.

Sechzehnter Geburtstag:

Du und Daddy, ihr habt dies hier für mich ausgesucht, und ich habe es die ganze Zeit getragen, bis ich nach und nach immer mehr Zeit in Krankenhäusern verbrachte, wo man keinen Schmuck tragen darf. Du hast mich darum gebeten, es dir zu überlassen, und das habe ich getan. Mit all meiner Liebe.
  xox Mommy

Mein Vater sagte, dass er eines Tages, wenn meine Verehrer kämen, um mich auszuführen, ihnen eine Handvoll gleich aussehender weißer Zirkone zeigen und sie bitten würde, den einzigen echten Diamanten unter den falschen herauszusuchen. Er kaufte die Schmucksteine tatsächlich und bewahrte sie in einer kleinen lackierten Schachtel auf, zusammen mit einem kleinen grünen Tuch, wie es Juweliere hatten, um sie darauf auszubreiten.

»Welcher ist der echte?«, fragte ich und kniff die Augen zusammen.

»Keiner davon«, sagte er. »Es sind alles Fälschungen. Ich möchte nur wissen, wie genau sie hinsehen.«

Ich rollte mit den Augen und legte die funkelnden Steine zurück in die Schachtel.

»Du bist der echte Diamant«, sagte mein Vater und legte mir eine Hand auf die Schulter. »Es ist wichtig, dass sie das wissen.«

Doch mein Vater erhielt nie die Gelegenheit, den Test mit den Steinen durchzuführen. Mein erster Freund klopfte nicht mit der Bitte um ein Date an die Vordertür. Er gab sich erst nach und nach zu erkennen.

Ich kannte Zach seit der dritten Klasse. Damals hatte er einen ungewöhnlich großen Kopf mit dichtem braunem Haar, das in einem sauberen Bowl Cut geschnitten war, und große blau-graue Augen mit langen dunklen Wimpern. Er war klein für sein Alter und reichte mir nur bis zur Schulter, und er brachte mich zum Lachen, wenn er seinen großen Leinenrucksack leerte und ihn sich überzog, bis von ihm fast nur noch ein Paar Füße zu sehen waren, die sich auf dem Asphalt bewegten. Er sprach mit einem leichten Stottern, das kam und ging wie das Wetter, an manchen Tagen heftig, an anderen kaum zu spüren. Ich mochte Zach, weil er hundert kurze Rechenaufgaben in vier Minuten löste, während ich immer fünf brauchte.

In der Grundschule lud mich Zach zu sich ein, um Video-spiele zu spielen. Wir saßen zusammen auf der alten Couch in seinem Keller, die mit einem blauen Baumwolltuch bedeckt war. Mein Bruder und ich waren mit Computerspielen aufge-wachsen, aber wir hatten nie einen Nintendo. Die ersten paar Male, die ich Mario durch seine zweidimensionale Röhrenwelt zu steuern versuchte, war ich auf der Stelle tot; danach beob-achtete ich vor allem Zach, wie er ihn von Block zu Block sprin-gen und dabei Schildkröten und Pilze zerquetschen und auf dem Weg glänzende Goldmünzen einsammeln ließ. Ich liebte das so, wie ich es liebte, Jamie beim *World-of-Warcraft*-Spie-len zuzusehen. Das Seite-an-Seite-Sitzen, unsere Aufmerksam-keit auf dasselbe hell erleuchtete kleine Ding gerichtet, gab mir irgendetwas. Ich stellte mir vor, dass meine Gedanken ihm hel-fen könnten, Mario über einen langen Abgrund zu heben und ihn vor dem Schwung eines Schildkrötenpanzers zu retten.

Im Sommer zwischen dem zweiten und dritten Jahr an der Highschool wurde Zach immer größer, bis wir uns direkt in die Augen sehen konnten. Wir gingen oft zusammen von der Schule nach Hause, und an den meisten Tagen blieben wir noch stehen, wenn wir an meiner Auffahrt ankamen, vertieft in ein

Gespräch. Wir waren beide Mitglieder des Debattierclubs, und ich bewunderte seine Art, sich einer einzigen Frage zu widmen – Ist es ethisch, Fleisch zu essen? Wie sollte die Zulassung zum College geregelt werden? Existiert Gott? – und sich damit wie ein Vogel mit einem Samenkorn zu befassen: Er versuchte, sie zu knacken und eine Antwort zu erhalten, die sich endgültig anfühlte. Wir nahmen entgegengesetzte Positionen zu einem Thema ein und argumentierten, bis es zu einem Patt kam, dann wechselten wir die Seiten und machten weiter. Wir diskutierten, bis wir uns auf den rohen Beton der Auffahrt setzen mussten, bis uns die Kehle wehtat. Ich weiß nicht mehr, wann die Unterhaltungen sich von der Auffahrt weg- und nach oben in mein Zimmer verlagerten; ich weiß nur noch, dass wir uns, Seite an Seite auf meinem Bett sitzend, das erste Mal küssten. Es fühlte sich an, als hätten all die Worte, die wir gewechselt hatten, uns die ganze Zeit dorthin geführt.

Zu meinem sechzehnten Geburtstag gingen Zach und ich mit einer Gruppe von Freunden in unser Multiplexkino, um *Wenn Träume fliegen lernen* zu sehen. Wir kauften Dr. Peppers, Riesentüten voller Popcorn mit klebrigem Öl mit Buttergeschmack und ein paar Packungen tiefgekühlter Junior Mints. Als die Vorschauen begannen, leckten Zach und ich unsere Finger sauber und hielten Händchen.

»Herzlichen Glückwunsch«, flüsterte er mir ins Ohr, als es im Saal dunkel wurde, und ich hatte ein Gefühl, als ob die ganze linke Seite meines Körpers elektrisiert würde.

An diesem Morgen hatte ich den kleinen dreieckigen Amethyst an seiner zarten goldenen Kette aus der Truhe gezogen.

Ich erinnerte mich daran, wie ich die Kette mit meinem Vater zusammen gekauft hatte, als ich sieben oder acht war. Ich hatte mein Taschengeld gespart, und als uns die Frau in dem Schmuckgeschäft den Preis nannte, dachte ich, die Kette koste einen Dollar und ein bisschen Kleingeld, und zog eifrig den Reißverschluss von meiner kleinen Denimschultertasche auf. Mein Vater und die Frau lachten beide. Sie erklärten, dass die Kette ein*hundert* und fünfundsiebzig Dollar kostete. Meine Wangen glühten, als ich den Reißverschluss meiner Tasche wieder zuzog. Mein Vater legte mir die Hand auf die Schulter und sagte, er würde sich darum kümmern. Ich liebte die Kette, aber ich war traurig, weil ich sie nicht selbst gekauft hatte. Noch Jahre danach nahm ich sie aus ihrem Schmuckkästchen und rollte den kleinen dreieckigen Stein zwischen meinen Fingern. Ich mochte es, wie er an der Kette befestigt war, sodass er immer genau die Mitte einnahm. Ich mochte es, wie er sich perfekt in die Kuhle zwischen den Schlüsselbeinen meiner Mutter schmiegte.

Es gab auch ein besonderes Geschenk, um meinen Führerschein zu feiern – eine kleine Lederbörse für Kleingeld für die Parkplatzgebühren an einem Schlüsselring, mit meinen Initialen. Auf dem Zettel stand:

Gwenny FÄHRT … Heiliger Bimbam! Wie aufregend!
Bitte achte auf Sicherheit, schnall dich an und fahr vorsichtig.
  xoxox Mommy

Am Morgen meines Geburtstags ging ich zur Zulassungsstelle und bekam die Papiere für meinen eigenen blauen Volvo aus dritter Hand. Die Lederbörse baumelte von meinen Autoschlüsseln herab, als ich an diesem Morgen selbst zur Schule fuhr. Meine Freundinnen und ich kreischten vor Vergnügen über die schon recht mitgenommene Limousine, als wäre es ein Ferrari.

Während meine Mutter zu ungeduldig gewesen war, um auf den Tag ihrer Abschlussfeier zu warten, wünschte ich mir, er würde niemals kommen. Mit sechzehn hatte ich einen Freund, mein eigenes Auto und vier aufregende Freundinnen. Margaret war Künstlerin und eine wahre Romantikerin, auch wenn sie das unter einem rauen, witzigen Äußeren gut versteckte, das sie sich beim Aufwachsen mit zwei Brüdern angeeignet hatte. Erika sang in einem Chor und trug eine riesige Sonnenbrille, fuhr einen weißen Mercedes und roch immer nach Vanille. Emma hatte Modezeitschriften abonniert, besaß CDs von obskuren Bands und kaufte ihre Kleidung bei American Apparel in San Francisco. Freesia saß in jedem Komitee oder Club, die es in der Schule gab, und nahm außerdem an Wettbewerben im Synchronschwimmen teil. Sie schien meine Sehnsucht nach der Vergangenheit zu teilen und liebte es, Schnappschüsse von uns zu machen, die sie später in der Dunkelkammer ihres Fotografiekurses entwickelte. Wir fünf nannten uns, zusammen mit Zach, die »Sensational Six«, und die kleine Gruppe wurde meine Zuflucht vor all der Traurigkeit und Angst, die ich jetzt zu Hause spürte. Wir verbrachten die meisten Wochenenden in ein einziges Auto gequetscht und fuhren die überschaubaren, sauberen Straßen unserer kleinen Stadt ab; wir entdeckten, wie sie angelegt war, und suchten nach versteckten Orten. Unser Lieblingsplatz war ein Hügel, von dem aus man den Süden der Stadt sehen konnte und zu dem man nur über eine gefährlich steile und gewundene Straße kam. Der Motor meines alten Volvos pflegte aus Protest zu dröhnen und zu wimmern, während wir uns langsam nach oben arbeiteten.

»I think I can, I think I can«, skandierten alle, während ich mich mit all meiner Kraft auf das Gaspedal stemmte.

Oben sprangen wir über einen niedrigen Zaun und ignorierten mit der Unverfrorenheit, die ich von meinem Vater gelernt hatte, ein Schild mit KEIN DURCHGANG (meine Regelkonformität beschränkte sich auf die Schule). Das Gelände gehörte seit Jahren zu einem Stadtentwicklungsprogramm, aber der Beginn der Bauarbeiten war nicht in Sicht. Wir liefen zu unserem Lieblingsaussichtsplatz bei Sternenlicht; manchmal hatten wir eine Plastikflasche dabei, zur Hälfte mit Tequila oder Wodka gefüllt, die wir herumgehen ließen. Wir nahmen immer nur kleine Schlucke, damit sie möglichst lange hielt.

Unsere Stadt breitete sich mit ihren leuchtenden Straßenlichtern und funkelnden Verkehrsadern unter uns aus. In Richtung Südosten konnte ich den hohen weißen Turm der katholischen Kirche sehen. Direkt unter uns drehte sich das pinkfarbene Neonschild des Flamingo Hotels, wo Freunde und Familie übernachtet hatten, wenn sie meine Mutter besuchen kamen und unser Haus schon so voll war, dass wir keine weiteren Gäste mehr aufnehmen konnten. Ich kannte die Namen der Konstellationen am Himmel über unseren Köpfen nicht, doch diejenigen, die sich aus den Wahrzeichen in den Straßen unter mir ergaben, waren mir so vertraut wie mein eigener Name.

»Seht doch mal«, sagte ich dann und zeigte darauf, »wir sind am besten Ort der Welt aufgewachsen. Warum sollte irgendjemand von hier fortgehen wollen?«

In der neunten Klasse hatte ich in der Theatergruppe meinen Platz gefunden, und auf meinem Stundenplan standen jeden Tag zwei Stunden Schauspielunterricht. Hinzu kam noch weitere Zeit nach der Schule, wenn wir gerade ein Stück probten. Im Kurs beschäftigten wir uns mit verschiedenen Texten aus den Werken von Stanislawski, Michael Tschechow, Stanford Meisner, Rudolf Laban und Uta Hagen. Wir studierten »affective memory«, die Technik, reale Erlebnisse aus unserer Vergangenheit zu nutzen, um einen Zugang zu den Gefühlen einer fiktiven Person zu bekommen. Wir arbeiteten daran, durch Wiederholungsübungen Spontaneität zu erzielen, indem wir versuchten, das »Schauspielern« zu vergessen und etwas Authentischeres zu finden. Wir übten, Objekte mit emotionaler Bedeutung »auszustatten«, sodass wir uns auf einer Theaterbühne genauso fühlten wie in unserem realen Zuhause. Wenn ich durch die schwere Metalltür in diesen staubigen, fensterlosen schwarzen Raum mit seinen bunten Scheinwerfern trat, hatte ich das Gefühl, die ganze Highschool hinter mir zu lassen und Kunst genauso lebendig und bedeutsam zu machen, wie es in der Welt der Erwachsenen der Fall sein konnte.

Für viele Schauspieler und Schauspielerinnen ergibt sich die Freude an der Arbeit aus der Verwandlung in eine andere Person, aber für mich entstand die Freude, die Befreiung, immer durch die Gelegenheit, mehr zu mir selbst zu kommen. Ich sprach selten mit Gleichaltrigen, selbst meinen besten Freundinnen nicht, über den Tod meiner Mutter. Die meisten, mit denen ich zur Schule ging, hatten den Tod nie hautnah erlebt und mussten auch kein emotionales Vokabular dafür entwickeln. Ich konnte sehen, wie sich hinter ihren Augen eine Tür schloss, wenn ich das Thema ansprach. Sie wollten nicht unfreundlich sein; sie hatten nur einfach keine Ahnung, wovon ich redete. Doch im Theater mussten die Figuren mit Problemen fertigwerden, die viel größer waren als alles, was ich jemals erlebte hatte. Frauen wurden von ihren Partnern geschlagen und nahmen sich das Leben. Eltern verloren ihre Kinder bei Unfällen oder im Krieg. Menschen verhungerten, bluteten und wurden verbannt, und wir waren aufgefordert, all das zu spüren. Die

Gefühle, mit denen ich zu Hause und in jedem anderen Zusammenhang meines Lebens zu kämpfen hatte, weil ich sie kontrollieren musste, waren hier willkommen. Auf der Bühne waren sie ein Gewinn. Als ich dort zum ersten Mal einen Monolog sprach, bei dem ich weinte, und dann aufblickte und die Klasse mit mir weinen sah, hatte ich das Gefühl, den Schlüssel zu meiner emotionalen Freiheit erhalten zu haben. Ich konnte das, was ich fühlte, durch die Worte anderer sagen, wenn es mit meinen eigenen nicht möglich war.

Im Alter von sechzehn Jahren ging es mit Tippy, die ihr ganzes Leben lang ein sehr gesunder Hund gewesen war, steil bergab. Ihre Hinterläufe wurden steif vor Arthritis, ihre beiden verschiedenfarbigen Augen liefen an, weil sie den grauen Star hatte, und sie konnte ihren Darm nicht mehr kontrollieren. Auf Anraten des Tierarztes suchten wir uns einen Tag im Kalender aus. Er erwies sich als einer ihrer guten Tage, und als wir sie in den Wagen hoben, wedelte sie mit dem Schwanz mit der weißen Spitze, auf die ihr Name »Tippy« zurückging, als wollte sie, dass wir unsere Entscheidung noch einmal überdachten.

Im Wartezimmer des Tierarztes hing eine Serie von Schaubildern mit verschiedenen Hunderassen, aufgereiht nach ihrer Größe. Mein Vater und ich machten uns ein Spiel daraus, auf sie zu zeigen und die Rasse zu erraten, und brachten uns so zum Lachen. Shirlee, die ununterbrochen geweint hatte, seit wir ins Auto gestiegen waren, wirkte entsetzt, und mein Vater und ich versuchten, unsere zuckenden Münder zu beherrschen. Ich fand es nervig, dass ihre Trauer über den Hund so viel emotionalen Raum einnahm. Weder mein Vater noch ich reagierten auf Tippys bevorstehenden Tod mit Tränen. Irgendwie hätten sie sich unzulänglich angefühlt. Es hatte über die Jahre einige Haustiere gegeben – einen zweiten Wellensittich, einen Hamster, den ich sträflich vernachlässigt hatte –, doch Tippy war immer da gewesen. Ich konnte mich nicht an eine Zeit ohne sie erinnern.

Ich hatte noch nie den Moment erlebt, in dem das Leben aus dem Körper wich. Als Tippy auf dem Metalltisch lag, legte ich beide Hände auf ihr schwarzes Fell. *Sie ist dabei, das Geheimnis zu erfahren,* dachte ich, *wie es ist zu sterben.* Ich schloss meine Augen und wünschte mir, dass sich mir ein winziges Fragment der Erfahrung offenbaren würde, ein Blick darauf, wohin Davey, Granny Liz und meine Mutter gegangen waren. Stattdessen empfand ich ein leichtes Schaudern, als die Nadel in ihre Pfote stach, dann Stille.

Am nächsten Tag rief ich Jamie aus der geschützten Sphäre meines geparkten Wagens an, um ihm zu sagen, dass Tippy nicht mehr da war.

»Oh«, sagte er, und diese eine Silbe schaffte es, ein ganzes Kaleidoskop an Trauer, Dankbarkeit und Akzeptanz zu vermitteln – von Gefühlen, die entstehen, wenn man einen alten Freund verliert, der ein langes Leben hatte. Und dann: »Eigentlich habe ich dir auch etwas zu sagen.«

Einmal, als mein Bruder sehr böse auf mich war, ließ er seine Wut an meinem Zimmer aus. Er war etwa zwölf, und ich hatte etwas wirklich Ungeheuerliches gemacht, obwohl ich keine Ahnung mehr habe, was es war. Ich kam durch die Tür, noch feucht von einem Sprung in den Pool, ein Handtuch um meine Taille, und blieb an der Schwelle stehen – vage wurde mir bewusst, dass etwas passiert war. Ein paar Bücher lagen auf dem Boden am Fuß meines Regals, die Bettdecken waren zurückgeschlagen, und ein kleiner Puppenschaukelstuhl lag kopfüber auf seinen hölzernen Armlehnen, die Puppe jedoch unangetastet daneben. Der Raum sah aus, als habe ein sehr schwaches Erdbeben halbherzig ein paar Gegenstände durcheinandergewirbelt und war dann wieder abgezogen. Ich wunderte mich über die Ungereimtheiten und ging dann wieder hinaus zum Pool, wo Jamies dunkler Schopf noch im tieferen Teil auf und nieder hüpfte.

»Warst du vorhin in meinem Zimmer?«

»Tut mir leid«, sagte er sofort und paddelte zur Metallleiter am Rand des Pools. »Ich bringe alles gleich wieder in Ordnung.«

Ich hatte Zach diese Geschichte erzählt, der auch ältere Geschwister hatte, und er musste darüber lachen. Später erzählte ich sie immer dann, wenn ich die Dynamik zwischen meinem älteren Bruder und mir deutlich machen wollte. In einigen Versionen betonte ich den Kontrast zwischen Jamies Sanftmut und meiner Sprunghaftigkeit. Andere Male wurde es eine Geschichte über Jamies Sozialangst, seine Schwierigkeit, Wut oder Ärger auszudrücken oder für sich selbst einzustehen. Beide Interpretationen enthielten etwas Wahres, aber keine führte zur Wurzel dessen, warum ich die Geschichte immer wieder erzählte. Ich tat es, weil das Wiederholen dieser kleinen Anekdote mich mit so unsäglichen Gefühlen der Zärtlichkeit für meinen Bruder erfüllte, dass ich auf der Stelle hätte losweinen können. Es war eine Geschichte darüber, wie kostbar, wie lieb mir dieser Mensch war und warum ich ihn mit allem, was ich hatte, vor den Gefahren beschützen wollte, die das Leben mit sich bringen konnte.

Jamie war im vierten Jahr am College, und seine Freundin, Sally, hatte im Jahr zuvor ihren Abschluss gemacht. Sie waren zweiundzwanzig und dreiundzwanzig, und sie war schwanger. Sie wussten es noch nicht, aber sie bekamen Zwillinge.

Als er am Telefon die Worte zu mir sagte – »geplatztes Kondom«, »Pille danach«, »ihre Entscheidung« –, sah ich ihn als Zwölfjährigen, der schuldbewusst den kleinen Schaukelstuhl wieder aufrecht stellte und meine Puppe auf ihren Sitz aus Korbgeflecht setzte. Der Junge in meiner Erinnerung sah so ungeheuer jung aus, aber ihn trennten nur zehn Jahre von diesem Mann jetzt am Telefon.

In meiner Brust baute sich ein ängstliches Gefühl auf, als ich daran dachte, was das für die kommenden Jahre bedeuten würde. Es hieß, dass Jamie nach dem Abschluss nicht nach Kalifornien zurückkommen würde. Sallys Familie lebte in North Carolina, also würde er wahrscheinlich für immer in den östlichen Teil des Landes ziehen. Ich lehnte meinen Kopf an das Autofenster. Ich fühlte mich unbeschreiblich einsam, als würden mich alle, die ich liebte, zurücklassen. Es war mein alter Kampf mit der Zeit. Wie sehr ich es auch wünschte, die Welt würde nicht anhalten.

»Ich möchte dich um einen Gefallen bitten«, sagte Jamie durch das Telefon.

»Natürlich«, sagte ich. »Was immer du willst.«

»Ich möchte, dass du in mein Zimmer gehst und die Truhe für mich öffnest. Ich weiß, es gibt dort eine Schachtel mit einem Verlobungsring. Ich möchte, dass du mir sagst, ob es ein schöner Ring ist.«

Jamies Truhe war während seiner gesamten Collegezeit in seinem Zimmer geblieben. Er packte seine Geschenke aus, wenn er im Sommer nach Hause kam, oder zu Weihnachten. Manchmal vergaß er völlig, sie aufzumachen. Er schien sie nicht auf die gleiche Weise zu brauchen wie ich meine. Vielleicht lag es daran, dass er mehr Zeit mit unserer Mutter gehabt hatte als ich. Jamie und ich sprachen nie über die Geschenke und die Briefe, die wir in unseren Truhen fanden. Ich sprach kaum mit irgendjemandem darüber. Sie fühlten sich für mich extrem persönlich an, und Jamie war ohnehin schon ein so in sich gekehrter Mensch, dass ich einfach davon ausging, er würde nicht darüber sprechen wollen. Mit Ausnahme der Zeit, in der ich versucht hatte, ihn zu überzeugen, sein Geschenk zum achtzehnten Geburtstag mit nach Südamerika zu nehmen, hatte ich das Innere seiner Truhe nie gesehen, und obwohl ich seine Erlaubnis hatte, empfand ich einen kleinen Kitzel des Verbotenen, als ich Jamies Zimmer betrat und den Korbdeckel hochhob.

Es gab nicht mehr viel darin – Jamie hatte ja schon mehr Geburtstage hinter sich gebracht –, aber die verbliebenen Päckchen sahen ganz so aus wie meine, eine Sammlung kleiner bunter Schachteln mit Geschenkband und mit kleinen weißen Anhängern beschriftet. Ich erblickte gleich das Wort *Verlobung* auf einem Anhänger und zog das Päckchen heraus.

Der Ring war aus dünnem Gold, in das ein einzelner runder Diamant eingefasst war. Die Notiz dazu besagte, dass der Ring einmal der Großmutter unseres Vaters gehört hatte. Ich machte ein Foto mit der kleinen Kamera meines Klapphandys und schickte es Jamie mit der Bildunterschrift: ES IST EIN SCHÖNER RING.

Am Morgen meiner Highschool-Abschlussfeier fühlte ich mich, als ob jemand meine Glieder mit Sand beschwert hätte. Das hier war, so empfand ich es, das Ende von allem. In ein paar Monaten würden sich alle meine geliebten Freundinnen und Freunde wie Blätter im Wind zerstreuen, sie würden Colleges besuchen, die über Kalifornien und das ganze Land verteilt waren. Zach hatte sich schon früh die Zulassung für Stanford gesichert, und für mich ging es ab in Richtung Osten.

Im letzten Herbst hatte ich schlafwandlerisch den ganzen Universitäts-Auswahlprozess durchlaufen und Bewerbungen hinausgeschickt, als würde ich Darts auf ein Brett ohne Zahlen werfen. Ich hatte keine Ahnung, welches College ich besuchen wollte, weil ich eigentlich nirgendwohin gehen wollte. Ich hatte die ganze Liebe, die ich einmal für mein Zuhause empfunden hatte, auf die Stadt übertragen, die dieses Zuhause umgab, und ich wollte bleiben. Ich forderte meine Nachweise an, schrieb meine Aufsätze und füllte Formulare zu finanziellen Fragen aus, alles in einem angstvollen Zustand, abgespalten von mir selbst. Mein Vater, der mit dem amerikanischen Universitätssystem nicht vertraut war, hatte mir das meiste allein überlassen, und ohne die Hilfe einer Freundin meiner Eltern – einer Juristin, die meine Ausbildung sehr ernst nahm – hätte ich mich vielleicht niemals irgendwo beworben. Ohne besonderen Grund hatte ich mich für Tufts, eine kleine Universität in Boston mit dem Schwerpunkt Liberal Arts entschieden. Als ich den Studienplatz schriftlich zusagte, fühlte ich mich, als stünde ich in meinem Pyjama in der Mitte einer belebten Straße und wachte nur aus einem Albtraum auf, um in den nächsten hinüberzugleiten.

Ich rollte mich aus dem Bett auf den Fußboden und kroch dann auf allen vieren zu meiner Truhe. Ich zog sie an einem ihrer Messinggriffe zu mir heran und saß dann im Schneidersitz davor. Die Truhe zu öffnen war inzwischen zu einem vertrauten Ritual geworden, wie das Anzünden von Geburtstagskerzen oder das Baumschmücken. Ich ließ die beiden Riegel gleichzeitig zurückschnappen und freute mich über das Klappern des Metalls, das durch den hohlen Innenraum der Truhe noch verstärkt wurde. Ich legte meine Hände auf beide Seiten des gewölbten Deckels und hob ihn an, wobei ich den leichten Widerstand der beschichteten Ränder spürte, die aneinanderklebten. Leise öffneten sich zwei Paar metallener Scharniere, um den Deckel oben zu halten.

Über die Jahre hatte ich mich durch die oberste Schicht der Päckchen gearbeitet, und die restlichen lagen nicht mehr so dicht aneinander. Unter dem schwarzen Notizbuch waren ein paar Päckchen zur Seite gefallen. Einige der Kringelbänder waren flach geworden, einige Anhänger waren ein wenig zerdrückt. Die Schachtel mit »Highschool-Abschluss« hatte eine flache, rechteckige Form, größer als die meisten anderen, und statt aus Metall oder Pappe war sie aus blauem Samt. Ich zog das Band ab und ließ meine Hände über den weichen Stoff gleiten. Die Schachtel schnappte an kleinen Scharnieren auf, um eine Kette aus milchigen Salzwasserperlen zu enthüllen. Die beiliegende Karte führte mich zu Seite 22 im Notizbuch.

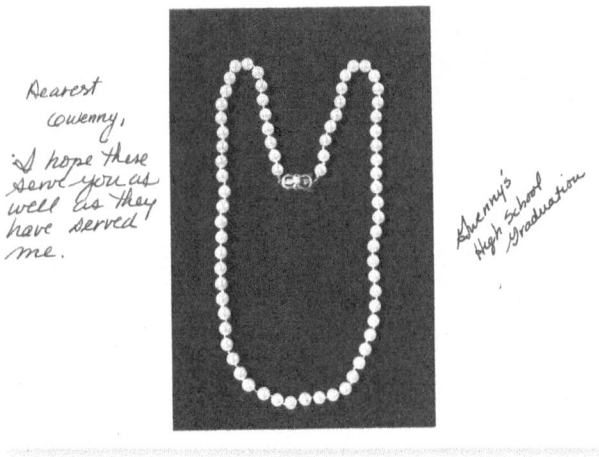

Dearest
Gwenny,
I hope these
serve you as
well as they
have served
me.

Gwenny's
High School
Graduation

In meiner Familie gab es offenbar eine Tradition, nach der
die Mädchen (oder zumindest war es so bei Antoinette) eine
Perlenkette erhielten, wenn sie die Highschool abschlossen.
Nun, vielleicht weil ich gegen den Willen meines Vaters in
einer staatlichen Schule bleiben wollte, oder vielleicht auch,
weil ich das letzte Jahr ausließ, kam meine Perlenkette nie
an, also ... unternahm ich nach meiner Business School eine
kurze abenteuerliche Reise nach Japan und brachte von dort
Perlen mit, die ich bei Shreve's in San Francisco auf eine
Kette aufziehen ließ. Endlich eine Abschluss-Perlenkette. Ich
habe sie oft getragen – zur Hochzeit, zu deiner und Jamies
Taufe – zu allen wichtigen Anlässen.
xox Mommy

Die Perlen machten ein Geräusch wie eine kleine Rumbaku-
gel, als ich sie aus ihrem Etui zog. Ich befühlte jede einzelne
von ihnen und versuchte, ganz bewusst zu atmen. Sie waren so

schön, und sie waren für mich vollkommen nutzlos. Ich weiß nicht, was ich mir von dem Inhalt der Schachtel erhofft hatte. Eine Geheimtür, die mich in eine andere Realität transportieren würde, in der ich mein Zuhause niemals verlassen müsste? Aber meine Mutter hatte oft vorausgeahnt, was ich brauchen könnte, bevor ich selbst es wusste.

Ich saß auf dem Fußboden in meinem Zimmer, in dem Haus, in dem meine Mutter gestorben war, in der Stadt, in der sie gelebt hatte. Eine Linie, die sich vom Haus ihrer Kindheit zu ihrer Grundschule, ihrer Mittelschule, ihrer Oberschule und schließlich zu dem Ort zog, an dem sie begraben war, würde nur vierzig Häuserblöcke umfassen. Das war die Kulisse ihres Lebens gewesen und auch die Kulisse für meines. Und doch hatte sie mit siebzehn die Gelegenheit zu einem Abenteuer ergriffen, und zwar mit beiden Händen, so begierig darauf, ihr Zuhause zu verlassen, dass sie nicht einmal ein Abschlusszeugnis abgewartet hatte. Sie hatte den Radius ihres Lebens erweitert und war erst an den Ausgangsort zurückgekehrt, um ihre Kinder zu bekommen. Ich wollte das ganze Abenteuer überspringen und genau dort bleiben, wo ich war. Ich hatte gehofft, das Päckchen zum Schulabschluss würde mir ein Angebot zum Bleiben machen; stattdessen hatte meine Mutter mir etwas geschenkt, was *sie* sich in meinem Alter gewünscht hatte: diese Handvoll Perlen, einen feierlichen Beleg dafür, dass sie bereit gewesen war fortzugehen.

Die Abschlussfeier dauerte den halben Tag lang. Ich verbrachte den Vormittag mit den Sensational Six, wir schrieben gegenseitig in unsere Jahrbücher und machten Pläne für den Sommer. Zur Mittagszeit fuhren wir zu unserem mexikanischen

Lieblingsrestaurant und quetschten uns in eine Nische mit Bänken für vier. Ich saß bei Zach auf dem Schoß. Wir stellten die kleinen Plastikbecher mit den verschiedenen Soßen in einer Reihe auf: grün, rot, extrascharf, Pico de Gallo. Wir bestellten Nachos für den ganzen Tisch. Margaret und Erica teilten sich einen Burrito. Freesia trank eine Horchata. Es war genauso wie die anderen hundert Male, die wir dort gegessen hatten. Ich wollte uns alle am liebsten um diesen Tisch herum festhalten und keine einzige von meinen Freundinnen aufstehen lassen. Ich trug bereits das blaue Sommerkleid aus einem seidenartigen Stoff, das ich aus meinen Kleidern für die Abschlussfeier ausgewählt hatte. Ein bisschen von der Salsa tropfte auf den Saum und sickerte in den Stoff ein, bevor ich sie wegwischen konnte.

Die Sonne knallte auf das Football-Feld, als sich die fünfhundert Schüler und Schülerinnen unseres Abschlussjahrgangs auf die Reihen schwarzer Klappstühle setzten. Nach einer alten Tradition hatten ein paar von uns Wasserbälle unter ihren Roben, die sie später aufblasen und dann über ihren Köpfen hin- und herwerfen würden. Jedes Mal, wenn einer der Bälle erschien, lief der stellvertretende Direktor aufs Feld, um ihn zu konfiszieren. Aber nach ein paar Minuten schwebte an seiner Stelle ein anderer über der Menge. Meine Freunde und Freundinnen saßen ganze Reihen von mir entfernt, wir waren durch die alphabetische Sitzordnung überall verteilt.

Ich hatte irgendwo gehört, dass Perlen die Feuchtigkeit der menschlichen Haut absorbierten und dass sie dadurch gefestigt würden. Ungetragene Perlen konnten trocken und spröde werden und dann brechen. Ich rollte die glatten Kugeln mit den Fingern gegen meine Brust. Jedes Mal, wenn meine Mutter sie getragen hatte, hatten sie ein winziges bisschen von ihr aufgesogen. Sie hatte nie unter ihren Mitschülern und Mit-

schülerinnen auf diesem Feld gesessen, Wasserbälle herumge-
schubst und dem Direktor zugehört, wie er ins Mikrofon brum-
melte. Sie hatte keine eigene Abschlussfeier gehabt, aber eine
kleine Essenz, ein Destillat aus ihrem Körper war bei dieser hier
anwesend, in den Perlen, in mir. Als ich meinen Namen hörte,
stand ich auf, schritt über den kurzen grünen Kunstrasen und
streckte meine Hand nach der kleinen symbolischen Papier-
rolle aus, die der Direktor von einem Stapel mit fünfhundert
identischen Gehäusen nahm. Und ich stellte mir vor, das Mädchen von den Schwarz-Weiß-Fotos würde mich siebenunddrei-
ßig Jahre später beim Überschreiten dieser bedeutsamen Linie
begleiten, die meiner Kindheit ein Ende setzte.

Jamies Hochzeit fand in jenem Sommer in Durham, North Carolina, statt. Die anderen Brautjungfern und ich trugen Rot. Die Feier fand draußen statt, und die ganze Zeit über, als ich im Gras stand, meinen Gerberastrauß in der Hand, und darauf wartete, dass die Braut den Gang zwischen den aufgereihten Klappstühlen entlang auf ihn zuschritt, stachen mir winzige Mücken in die Fesseln. Sie sah schön aus und sehr schwanger, als sie auf uns zuschwebte.

Das Hochzeitsessen war ein Barbecue. Ich ging mit dem Glas Champagner, den ich zu dieser besonderen Gelegenheit trinken durfte, zwischen den Tischen umher. Die große Familie unserer Mutter und die kleine unseres Vaters hatten sich versammelt, um Jamie für dieses nächste Kapitel seines Lebens alles Gute zu wünschen. In Gegenwart so vieler Menschen, die ich mit meiner Mutter verband, war es leicht, sich vorzustellen, dass auch sie da wäre, irgendwo in der Menge, und sich vielleicht hinter den Kulissen um das Catering oder um die Musik kümmerte.

Mehrere Sommer meiner Kindheit lang hatte ich zu viel Heimweh gehabt, um mich bei einem Sommercamp anzumelden, selbst wenn es sich um eines handelte, zu dem man nur tagsüber zusammenkam und abends nach Hause konnte. Meine Mutter hatte das Problem dann gelöst, indem sie ihr eigenes

Sommercamp erschuf, das sie vom Garten hinter dem Haus aus organisierte. Sie nannte es die »Pocket School«. Sie überzeugte eine Handvoll Eltern aus der Umgebung, ihre Kinder jeden Tag zu uns zu schicken, und mit dem Geld, das sie ihr zahlten, engagierte sie einen Clown, einen Naturforscher und einen Geschichtenerzähler. Der Clown, dessen Künstlername Hoopla war und der früher einmal bei Ringling Bros., einem in den USA berühmten Zirkus mit der »größten Show der Welt«, aufgetreten war, brachte uns bei, unsere Gesichter zu schminken, zu jonglieren und auf Stelzen zu laufen. Der Naturforscher zeigte uns, wie man Pflanzen und Vögel erkannte, und nahm uns auf Ausflüge zu den Martin Headlands mit, einer steilen Landzunge, wo wir uns Bäume und Felsformationen ansahen. Der Geschichtenerzähler machte uns mit der Geschichte und alten Legenden bekannt.

In einem Sommer hatte sie einen Schauspiellehrer engagiert, der mit uns ein Stück einübte, das auf den Geschichten von den *Narren von Chelm* basierte, einer Sammlung jüdischer Volkserzählungen über eine Stadt voller Narren, die von sich glauben, besonders weise zu sein. Jemand nahm von dieser Inszenierung ein wackeliges Homevideo auf, über die Köpfe von etwa dreißig Freunden und Familienmitgliedern hinweg, die sich im Garten eingefunden hatten, um am Ende des Sommers unsere große Aufführung zu sehen. In der rechten unteren Ecke des Bildausschnitts steht meine Mutter und sieht von ganz hinten im Publikum zu. Sie trägt ein blauviolettes Leinenkleid mit einer dazu passenden kurzärmeligen Weste, und ihr Haar ist ein dunkler, zentimeterlanger Flaum.

Auf der Bühne spielte Jamie, zwölf, einen jungen Mann mit Namen Yossel, der seine Mutter um Rat bittet, weil er nicht weiß, wie er mit der Frau reden kann, die er liebt.

»Das ist einfach, mein Junge«, versichert ihm seine Mutter, gespielt von meiner Freundin Ella, mit zittriger Stimme wie eine alte Frau. »Zuerst redest du über Liebe, dann über Familie, und am Ende kommt ein bisschen Philosophie.«

In der nächsten Szene setzt sich Jamie zu Sossel, seiner Angebeteten, und folgt dem Rat seiner Mutter.

»Sag mal, Sossel«, sagt er, »liebst du Nudeln?«

»Ja«, erwidert Sossel, »ich liebe Nudeln.«

»Und sag mal, Sossel«, fährt er fort, »hast du einen Bruder?«

»Nein«, sagt sie, »ich habe keinen Bruder.«

An dieser Stelle springt Jamie auf, um flüsternd zum Publikum zu sprechen: »Das wird einfacher werden, als ich dachte! Ich habe schon über Liebe und Familie geredet, jetzt kommt zum Schluss noch ein bisschen Philosophie.«

Er setzt sich wieder zu Sossel und fragt: »Aber sag mal, Sossel, wenn du einen Bruder hättest, würde er Nudeln lieben?«

Das Publikum liebt diesen Witz, und unsere Mutter lacht und klatscht mit allen anderen, während sie ihrem zwölfjährigen Sohn dabei zusieht, wie er einen Heiratsantrag einstudiert. Immer wenn ich diesen Teil des Videos sehe, bin ich ganz ergriffen, weil ich weiß, dass es irgendwo hinter ihr im Haus ein Päckchen mit Jamies Namen gibt, das bereits den Verlobungsring mit dem Diamanten enthält und auf den richtigen Zeitpunkt wartet.

Als ich meinem Bruder dabei zusah, wie er seine Hochzeitstorte anschnitt, wünschte ich, ich könnte etwas tun, irgendetwas, um ihm den Weg, der vor ihm lag, zu erleichtern. Ich konnte mir nicht vorstellen, im Alter von zweiundzwanzig Zwillinge zu bekommen. Selbst mit all der Unterstützung, die er mit Sicherheit bekommen würde, mit der Unterstützung all der Menschen um ihn herum, machte ich mir doch immer noch Sorgen. Ich wollte alles erdenklich Gute für ihn. Einen Moment lang glaubte ich, einen kleinen Funken von dem zu spüren, was unsere Mutter, was meine Mutter empfunden haben musste, als sie diese Truhen packte: ein überwältigendes Bedürfnis, zu ermuntern und zu beschützen. Einen Moment lang dachte ich, vielleicht zu verstehen – nur ein bisschen –, wie das für sie war.

Im Laufe des Sommers wurde im Radio immer wieder der Song *Boston* von Augustana gespielt, und jedes Mal brach mir der kalte Schweiß aus, während ich nach der Taste suchte, um den Sender zu wechseln. »Ich glaube, ich geh nach Boston«, schienen mich die Lautsprecher zu verhöhnen, »ich glaube, ich beginne ein neues Leben, wo niemand meinen Namen kennt.« Die Sommerzeit schien unheimlich schnell vorbeizugehen.

In den letzten Augustwochen mieteten die »Sensational Six« für ein langes Wochenende ein Strandhaus in Bodega Bay. Es kostete 110 Dollar pro Nacht. Durch die Salzluft erschienen seine Holzwände in einem verwitterten Grau, es gab kein Trinkwasser und keine Isolierung, die einzige Wärmequelle war ein Holzofen. Selbst im August waren die Abende im Norden Kaliforniens kühl, und morgens frösstelten wir in unseren Schlafanzügen und versuchten, die ausgehende Glut der Kohlen vom Feuer des letzten Abends neu zu entfachen.

Wir machten lange Spaziergänge an dem nebligen Strand und wateten bis zu den Knöcheln im eisigen Pazifik. Wir kochten einfache Mahlzeiten und bemühten uns, das Haus mit dem veralteten Herd nicht abzubrennen. Wir blieben lange auf, schliefen lange aus und hielten im vorderen Zimmer, dessen Wände aus Glas waren und das die Sonne wie ein Treibhaus erwärmte, ein Nickerchen. Wir beschlossen, einmal im Jahr in dieses Haus zurückzukehren, jedes Jahr, für den Rest unseres Lebens.

Ich habe jede Einzelheit von diesem Wochenende auf linierten Seiten aufgeschrieben, die ich aus dem Notizbuch einer der anderen herausgerissen hatte. Ich schrieb die Namen der Personen auf, mit denen wir eine Beziehung hatten, und die Namen der Universitäten, bei denen wir eingeschrieben waren: eine Zeitkapsel. Ich schrieb die letzten Sätze, als alle anderen das Geschirr sauber machten und den Müll rausbrachten. Dann saßen wir alle um den Küchentisch, und ich las die Geschichte unseres Wochenendes vor.

»So erinnern wir uns«, sagte ich. »Ich meine, wir werden das jedes Jahr machen. Wenn wir nicht alle Einzelheiten aufschreiben, werden sie irgendwann alle ganz verschwommen.«

Wir rollten die Seiten zusammen, steckten sie in ein leeres Gefäß für Pastasoße und vergruben es unter einer Hecke vor dem Haus. Im nächsten Jahr würden wir es wieder ausgraben.

Freesia verließ uns als Erste; sie musste zu ihrem College nach New York. Wir trafen uns alle zum Abschied bei ihr zu Hause, bevor ihre Eltern sie zum Flughafen fuhren. Als der kleine goldene Prius fertig gepackt war, rannte sie plötzlich los, die Straße hinunter. Wir fünf liefen ihr hinterher und fächerten uns über die ganze Breite der Sackgasse auf. Wir holten sie an der Ecke ein, wo ihre kleine Straße auf die Hauptstraße stieß.

»Ich will nicht weg«, schluchzte sie.

Mein Herz hämmerte solidarisch, voller Erleichterung. Als der Moment zum Auseinandergehen schließlich gekommen war, war ich also nicht die Einzige, die weglaufen wollte. Wir begleiteten sie in einer Traube die Straße entlang zurück, unsere Arme um sie geschlungen, und unsere Füße fanden einen gemeinsamen Rhythmus. Ich fühlte mich wie eine Verräterin, als wir sie wieder ihren Eltern übergaben und ins Auto setzten.

Ich wollte ihr sagen, sie müsse nicht gehen, wir könnten zusammen fortlaufen, uns verstecken, wie wir es getan hatten, als wir zwölf waren und noch ein bisschen länger spielen wollten. Damals mussten ihre Eltern kommen, um sie bei mir zu Hause abzuholen. Wir fünf standen auf dem Bürgersteig und winkten, bis sie außer Sichtweite war. Ein paar Tage später machten sich Erica und Emma auf den Weg zu verschiedenen Unis in Südkalifornien. Margaret würde in der Stadt bleiben und dort das Junior College besuchen, bevor sie noch einmal wechselte, und Zach hatte in Stanford den spätesten Einstiegstermin von uns allen.

Als ich an der Reihe war, fuhr mich Zach zum Flughafen. Ich hatte meinen Vater gebeten, nicht mitzukommen, weil ich Angst hatte, dass ich dann überhaupt nicht das Flugzeug besteigen würde. Zach musste auf der Autobahn zweimal an die Seite fahren, damit ich mich übergeben konnte. Ich hatte mich meinem Körper, hatte mich mir selbst nie so entfremdet gefühlt — als ob die Arme, die meine Taschen trugen, und die Beine, die mich durch die automatisch aufgleitenden Schiebetüren des Terminals bewegten, jemand anderem gehörten. Schon an der Schwelle kam ich zurück, um Zach noch einmal zu umarmen, und bemerkte erst, dass ich weinte, als ich die verschmierte Nässe auf seinem Gesicht sah. Er sagte mir, es würde alles gut werden. Ich wollte ihm glauben.

Ich ließ mich mit einem Buch auf meinem Platz im Flugzeug nieder, dem neuesten Band einer britischen Reihe, die ich als Teenager geliebt hatte, eine tröstliche Lektüre. Die ersten beiden Stunden waren unspektakulär, aber irgendwo über Nebraska hatte ich meine Atmung nicht mehr unter Kontrolle.

Zuerst versuchte ich, die flatternden Luftstöße zu verbergen, die sich mit Gewalt ihren Weg in meine Lungen und wieder hinaus bahnten, indem ich den grellrosa Buchrücken immer dichter vor mein Gesicht hielt. Dann entwischten meinem Mund leise Geräusche, zaghafte Quietscher und Piepser, wie bei einem kleinen Tier, das unter Stress steht. Die Frau neben mir fragte, ob es mir gut ginge. Ich nickte, ich konnte kein Wort herausbringen. Tränen spritzten auf meine Arme, meine Brust und meinen Schoß. Ich drückte mich ganz in die Ecke meines Fensterplatzes und versuchte das, was da aus mir hervorbrechen wollte, nicht hochkommen zu lassen.

Meine Sitznachbarin drückte den Rufknopf, und ein paar Augenblicke später erschien eine Flugbegleiterin am Ende unserer Sitzreihe.

»Es scheint ihr nicht gut zu gehen«, erklärte die Frau neben mir. »Können wir ein bisschen Wasser bekommen?«

»Natürlich«, sagte die Flugbegleiterin. Dann, an mich gerichtet: »Brauchen Sie noch etwas? Nehmen Sie irgendwelche Medikamente?«

Ich versuchte, durch Gesten zu kommunizieren, dass es mir gut ging, dass es vorübergehen würde. In Wirklichkeit hatte ich keine Ahnung, was gerade passierte oder ob es vorbeigehen würde, aber ich konnte die Hilfe und das Mitgefühl der beiden Frauen nicht annehmen. Ich fühlte mich zu sehr gedemütigt. Ich war achtzehn Jahre alt und auf meinem Weg zum College, doch ich fühlte mich plötzlich, als wäre ich acht und läge auf dem Boden in Beccas Zimmer und wünschte mir, mein Vater würde kommen und mich abholen.

In den letzten drei Stunden des Fluges nach Boston trank ich schlückchenweise Wasser, sah aus dem Fenster und versuchte, gleichmäßig zu atmen. Langsam schob sich eine Idee in den Vordergrund. Es war ganz einfach: Ich würde nicht aufs College gehen. Das war mir bisher nie in den Sinn gekommen. Das College war immer als schreckliche Unausweichlichkeit erschienen, wie Zahnspangen oder eine Tetanusimpfung, etwas, dem ich mich unmöglich verweigern konnte. Der Gedanke, nicht zu gehen, fühlte sich an wie Land unter meinen unruhigen Füßen.

Sofort, als ich am Logan Airport den Flugsteig verlassen hatte, wählte ich die Nummer von zu Hause.

»Wie war der Flug?«, fragte mein Vater, einen Kontinent weit entfernt.

Ich sagte ihm, ich würde nicht aufs College gehen. Er sagte mir, o doch.

»Geh und such nach John«, sagte er. »Fahr mit ihm nach Hause, und wir sprechen später darüber.«

Mein Vater hatte organisiert, dass John, der beste Freund meiner Mutter aus ihrer Business School und Patenonkel meines Bruders, mich für die Nacht bei sich aufnahm. Er war ein großer, kräftig gebauter Mann mit dünner werdendem Haar und einem runden, engelhaften Gesicht. Ich konnte ihn schnell finden, und er schloss mich in seine starken, Trost spendenden Arme. Er hatte vier eigene Kinder, zwei von ihnen waren Töchter.

»Willkommen in Boston«, sagte er, und ich brach in Tränen aus.

John brachte mich zu einem Burgerimbiss, wo ich es schaffte, in ein paar Pommes frites herumzustochern. Mein Magen fühlte sich an, als hätte ich ihn irgendwo auf der Autobahn in San Francisco gelassen.

»Tja«, sagte er, nachdem ich meine Geschichte heruntergespult hatte, »es wird sicherlich ein, zwei Tage dauern, einen Flug zurück nach Kalifornien zu kriegen. Komm doch heute

Abend mit zu mir, und morgen zeige ich dir den Campus. Du kannst einfach mal dort herumlaufen und schauen, wie es sich anfühlt.«

Schauen, wie es sich anfühlt.

Ich war mit sechs Jahren auf einem Familienausflug am Lake Tahoe gewesen. Mein Vater hatte mich zum Skiunterricht angemeldet, während er und Jamie die Pisten unsicher machten. Meine Mutter war zu Hause geblieben. Ich bettelte meinen Vater an, mich nicht bei den Skilehrern und anderen fremden Kindern zurückzulassen.

»Wie wäre es, wenn du nur am Vormittag dableibst?«, versuchte er mich zu überreden. »Ich komme zur Mittagszeit zurück und sehe nach, wie es dir geht. Schau einfach mal, wie es sich anfühlt.«

Ich verbrachte den Vormittag damit zu lernen, wie ich meine Skier in »Pizza«-Position bringen und mich in den weichen Pulverschnee fallen lassen konnte. Zur Mittagszeit schälten wir uns aus unseren Anoraks und aßen bei Zeichentrickfilmen gegrillte Käsesandwiches und Kaubonbons. Ich sah immer wieder über meine Schulter und wartete auf meinen Vater, der jedoch nicht erschien.

Nach dem Essen, als alle sich darauf vorbereiteten, wieder nach draußen zu gehen, ging ich zu einem der Skilehrer und erklärte, dass ich nur für den Vormittag bleiben sollte, dass mein Vater mich abholen würde. »Können Sie ihn anrufen? Vielleicht hat er die Zeit vergessen.«

Man erklärte mir geduldig, dass es keine Möglichkeit gab, meinen Vater zu kontaktieren, wenn er auf den Pisten unterwegs war. Wir hatten 1995.

Ich weigerte mich, mit den anderen Kindern rauszugehen, voller Angst, mein Vater würde kommen, wenn ich nicht da war. Einer der Skilehrer musste den ganzen Nachmittag bei mir sitzen, während ich auf ihn wartete. Als er endlich eintraf, warf ich mich in seine Arme.

»Warum bist du nicht gekommen?«, heulte ich in seine Schulter.

»Das bin ich«, versicherte er mir. »Ich habe zur Mittagszeit meinen Kopf reingesteckt und gesehen, dass du Spaß hattest, da bin ich wieder gegangen.«

Ich verbrachte die Nacht, indem ich im Zimmer von Johns jüngster Tochter an die Decke starrte. Ich ging meine Entscheidung, nach Tufts zu gehen, wieder und wieder durch, und fragte mich, wie das hatte passieren können. Es fühlte sich an, als hätte jemand anderes diese Entscheidung getroffen, als wäre ich am Steuer meines Lebens eingeschlafen und dann plötzlich aufgewacht, um festzustellen, dass ich mich Tausende von Meilen abseits der Strecke befand.

»Das ist nicht mein Leben«, flüsterte ich immer wieder vor mich hin.

Es war so viel leichter gewesen, einfach zu tun, was alle taten, als einen anderen Weg in Erwägung zu ziehen. Das Problem war nicht Tufts oder Boston; das Problem war, dass ich direkt in meinen schlimmsten Albtraum (nämlich: ans andere Ende des Landes zu ziehen) geraten war, weil mir die Vorstellungskraft gefehlt hatte, mir eine Alternative auszudenken.

Ich sah mich im Zimmer eines anderen Mädchens im Teenageralter um, sah mir die Fotos an, die am Spiegel klebten, das getrocknete kleine Blumensträußchen, das von der Ecke eines Regals herunterhing, die auf dem Schreibtisch gestapelten Jahrbücher. Vielleicht lag auch sie jetzt wach, in einem Studentenwohnheim Hunderte von Meilen entfernt, voller Heimweh nach diesem Zimmer und all seinen Erinnerungen. Doch sie hatte es geschafft, ihr Zuhause zu verlassen, um ein neues Abenteuer zu erleben. Meine Freunde und Freundinnen schafften es. Nur ich, so schien es, war nicht in der Lage, den nächsten Schritt zu machen. In meinem Alter war meine Mutter schon allein durch Europa gereist. Wenn ich nur mit ihr hätte mitfahren können. Ich malte mir aus, wie wir beide im Mondschein durch die kopfsteingepflasterten Straßen einer kleinen griechischen Stadt liefen und dabei gleiche Schatten auf den Boden warfen – zwei Freundinnen, lachend auf dem Weg zu ihren Betten in einem Hostel. Ich fühlte mich mehr allein als an dem Abend, an dem sie gestorben war, mehr allein als jemals zuvor in meinem Leben.

Am nächsten Morgen schaffte ich es unter die Dusche, hatte aber keine Energie, um mein Haar zu föhnen. Ich hatte kaum geschlafen, doch meine Müdigkeit saß tiefer. Ich fühlte mich, als hätte jemand die Lebenskraft aus meinem Körper gewrungen. John fuhr mich zum Campus und lief mit mir über den smaragdgrünen Rasen. Er schlug vor, dass ich ins Wohnheim gehen und meine Mitbewohnerin ausfindig machen sollte; diese Vorstellung führte dazu, dass ich mich an diesem heiteren Tag im späten August einfach in Luft auflösen wollte.

Von der anderen Seite der grünen Fläche kam eine Gestalt auf mich zugelaufen, und ich erkannte eine Freundin aus der Highschool.

»Hi!«, sagte Katie und schlang ihre Arme um mich. »Du siehst schrecklich aus.«

»Ich weiß«, sagte ich. Ich war glücklich, ein vertrautes Gesicht zu sehen, und gleichzeitig enttäuscht, dass ich erkannt wurde, wenn ich doch so sehnlichst unsichtbar sein wollte.

»Los, komm« – sie zog mich am Arm – »die Immatrikulationsfeier fängt gleich an.«

Ich saß mit Katie und den zwölfhundert anderen Erstsemestern, die am College of Arts and Sciences beginnen wollten, unter einer weißen Pergola, vollbehängt mit Laub. Ich sprach den feierlichen Schwur mit ihnen, die Finger hinter meinem Rücken gekreuzt.

An jenem Abend telefonierte ich wieder mit meinem Vater und bat ihn, mich nach Hause kommen zu lassen. Ich konnte die Frustration in seiner Stimme hören. Das war also das Resultat, so deutete sein Ton an, all der Jahre, die er mich aus Sommerlagern und von Pyjamapartys abgeholt hatte, all der Jahre, in denen er mir mein Heimweh zugestanden hatte. Er hätte früher ein Machtwort sprechen müssen, und so würde er es jetzt tun. Es fiel mir nie ein, aus Boston meine Therapeutin anzurufen. Ich hatte das Gefühl, dass Judy mir hier nicht helfen könnte. Das wäre so gewesen, als würde man eine Therapeutin am Telefon um Hilfe bitten, während man auf einem sinkenden Schiff steht.

»Als ich an der Universität gerudert bin«, sagte mein Vater am Telefon, »war ich gegen Ende eines Rennens körperlich immer vollkommen erschöpft. Alles tat weh, und ich hatte das Gefühl, ich könnte keine Sekunde mehr weitermachen. Alles in mir wollte aufgeben und sich ausruhen. Aber ich machte trotzdem weiter, denn das Boot bewegte sich, und wenn sich dein Ruder nicht mitbewegt, wird es vom Wasser verschluckt. Also hältst du mit der Person vor dir Schritt – und der hinter dir, und das Boot bewegt sich weiter vorwärts. Wir können alle mehr, als wir glauben.«

Die gewaltigen Ruder meines Vaters, ein Preis mit den Namen aller seiner Crewmitglieder, hing in unserem Haus in der Diele. Ich verstand die Metapher, aber gleichzeitig fragte ich mich: *Wie kannst du dir sicher sein, dass die Spitze deines Bootes in die richtige Richtung zeigt?*

»Du kannst das, Gwenny«, sagte er. Und dann: »Du bist die Tochter deiner Mutter.«

Das fühlte sich an wie ein Schlag ins Gesicht. Mein Vater erwähnte meine Mutter selten. Seit Shirlee bei uns eingezogen war, sprach er kaum mehr ihren Namen aus. Ich hätte liebend gern bei tausend anderen Gelegenheiten von ihm diese Worte gehört, und nun benutzte er sie, um mich in die gewünschte Richtung zu lenken. Mein Arm fühlte sich plötzlich schlaff an. Ich ließ das Telefon auf den Platz neben mir fallen. Ich war erst ein paar Tage in Boston und fühlte mich schon nur noch wie ein Schatten. Wie sollte ich vier Jahre überstehen?

John kam herüber und hob das Telefon auf. »Lässt du mich mal kurz mit ihm sprechen?«

Ich hörte wie durch einen Nebel die eine Seite des Gesprächs, das folgte. Johns normalerweise sanfte Stimme wurde immer lauter, bis er voller Bestimmtheit sagte: »Ja! Sie ist die Tochter ihrer Mutter. Sie hat die Entschlossenheit ihrer Mutter. Und genau jetzt ist sie dazu entschlossen, nicht hier zu sein!«

Als mir John das Telefon zurückgab, sagte mein Vater: »Pass auf, du hast Zugang zu dem Geld, das wir für den Unterhalt in diesem Semester angesetzt haben. Wenn du es benutzen willst, um ein Flugticket zu kaufen, kann ich dich nicht davon abhalten.« In dieser Nacht schlief ich.

In einer Szene aus einem der Lieblingsfilme meines Vaters, dem 1939 gedrehten *Sturmhöhe* mit Merle Oberon und Laurence Olivier, läuft Catherine, die Heldin, über ein vom Regen durchtränktes Moor und ruft nach Heathcliff, ihrer verlorenen Liebe. Der Film endet damit, wie die beiden über genau dieses Moor spazieren, wiedervereint im Tod. Immer wenn mein Vater mich nach einer Zeit der Trennung wiedersah, breitete er weit seine Arme aus und rief: »Catherine!«, und ich antwortete »Heathcliff!« und lief ihm entgegen.

Als ich in San Francisco aus dem Flugzeug stieg, war ich nicht sicher, ob mein Vater mich abholen würde und was ich sagen könnte, wenn er es tat. Würde er noch verärgert sein? Würde er mich zu Hause wohnen lassen, bis ich herausgefunden hatte, was ich als Nächstes tun wollte? Ich betrachtete ängstlich die Gesichter der Menschen, die am Gepäckband warteten, als ich die lange Rolltreppe hinunterkam. In dem Moment, als mich mein Vater entdeckte, öffnete er die Arme.

»Catherine!«

»Heathcliff!«

Ein paar Tage nach meiner Rückkehr saß ich bei Judy auf der Couch und versuchte herauszufinden, was geschehen war. Ich versuchte, mich wieder an mein so sicheres Gefühl zu erinnern, diese Überzeugung, dass ich zurückkehren musste. Doch zurück in Kalifornien fühlte ich mich nur wie benommen, verlegen und verloren. Der rosige Schein, den Santa Rosa während der letzten Highschool-Jahre für mich gehabt und den ich bei meiner Reise auf die andere Seite des Landes in meiner Erinnerung bewahrt hatte, war in dem Augenblick verschwunden, als ich wieder den Boden meiner Heimatstadt betrat. Ohne die Schule und ohne meine Freundinnen und Freunde erschien mir die Umgebung leer und farblos. Ich hatte es nicht geschafft, das Leben anzupacken, und es hatte mich abgehängt.

Das erste Mal in den zwölf Jahren, die ich zu Judy ging, benutzte sie das Wort *Depression*. Es schien zu dem zu passen, was ich fühlte – der Antriebslosigkeit, dem Grauwerden der Welt, der tief sitzenden Müdigkeit –, aber ich konnte nicht begreifen, warum ich das jetzt fühlte. Ich war nicht depressiv geworden, als meine Mutter starb oder als Jamie aufs College ging und uns verließ oder als mein Vater wieder heiratete. Meine emotionalen Reaktionen auf diese Ereignisse waren stark, lebhaft, manchmal überwältigend gewesen, aber ich hatte bei der Aussicht auf den nächsten Tag nie ein solch dumpfes Grauen empfunden.

In diesen ersten Wochen zu Hause quälte ich mich, hatte Schwierigkeiten, einen sinnvollen Tagesablauf zu finden. Ich mied die Menschen, die ich kannte, es war mir peinlich, erklären zu müssen, warum ich noch in der Stadt war. Judy war der einzige Mensch, den ich regelmäßig sah, und jede Woche ergab es sich dann, dass ich über meine Mutter redete. In der Vergangenheit hatte ich die Krankheit meiner Mutter immer aus meiner eigenen Perspektive betrachtet, wenn ich an sie dachte; aber in den Wochen und Monaten nach meiner Rückkehr begann ich mich zum ersten Mal fieberhaft damit zu befassen, wie diese Erfahrung zu sterben für *sie* gewesen sein musste. Das Video, das Jamie und ich zusammen angesehen hatten, hatte einen winzigen Einblick in ihre Perspektive vermittelt, und ich war plötzlich begierig darauf, sie besser nachzuvollziehen. Ich versuchte, mich in ihre Lage zu versetzen. Ich versuchte, mir vorzustellen, wie es war, mit dem Tod konfrontiert zu sein und zwei kleine Kinder zurückzulassen. Auf Judys weicher Ledercouch machte ich mir laut Gedanken darüber, wie es für sie gewesen sein musste, jeden Morgen mit diesem bedrückenden Wissen aufzuwachen. Wie einsam, dachte ich – zu sterben, wenn alle um dich herum leben können.

Im Oktober machte ich Schluss mit Zach. Ich hasste es, weit weg von ihm zu sein, aber es war mir so peinlich, dass ich vor Tufts davongelaufen war, dass ich ihn nicht in Stanford besuchen konnte. Er widersprach nicht. Er machte seine eigenen neuen Entdeckungen, baute sich eine neue Identität auf, und es muss schwierig gewesen sein, seine Aufmerksamkeit zwischen dem Leben am College und seiner Highschool-Freundin zu Hause aufzuteilen. Innerhalb eines Jahres würde sich zeigen, dass Zach schwul war, was mich zuerst überraschte, aber letztlich unsere Entwicklung von Ex-Partnern hin zu lebenslangen Freunden beschleunigte. Zach loszulassen fühlte sich an, wie ein weiteres Halteseil zu kappen, das mich mit der Normalität verband. Ich hatte keine Kurse, keinen Job, keine Beziehung, und die meisten meiner Freundinnen waren fortgezogen. Ich fühlte mich entsetzlich haltlos.

Aber ich hatte einen Ort, an dem ich unterkommen konnte. Mein Vater und Shirlee überließen mir mein altes Zimmer. Sie verlangten keine Miete von mir, und ich konnte alles auf den Einkaufszettel setzen, was ich wollte. Ich wusste, auch wenn sie mich hinausgeworfen hätten, hätte ich bei einem Dutzend anderer Verwandter oder Freunde der Familie wohnen können. Ich hatte ein Netzwerk von Menschen, die bereit und in der Lage gewesen wären, mich zu unterstützen, während ich mir über alles klar wurde. Ich weiß nicht, was ohne dieses Netzwerk sonst noch passiert wäre.

Sechs Wochen nach meiner Rückkehr nahm ich wieder Kontakt zu meinem Schauspiellehrer an der Highschool auf, der erwähnte, dass seine Frau im Schauspielhaus in der Stadt *Früchte des Zorns* inszenierte und dass es einen Platz für mich im Ensemble geben könnte. Es würde nicht bezahlt, aber wenigstens käme ich auf diese Weise jeden Tag aus dem Haus. Die Proben für das Stück waren bereits im Gange, als ich eines Tages im Theater auftauchte. Es gab viele Schauspieler und Schauspielerinnen, und ich war mit einigen der älteren von ihnen sozusagen aufgewachsen, da sie an den Theatern in der Umgebung spielten. In meiner schlechten Verfassung gab es mir Halt, wieder in einem Theater zu sein, mit den vertrauten

Lichtern, Geräuschen und Gerüchen. Ich hatte das Buch von John Steinbeck nie gelesen, aber als ich sah, wie sich Frank Galatis Bühnenfassung in den nächsten Wochen vor mir entfaltete, war ich von der Kraft des Textes tief beeindruckt. Zum Bühnenbild der Inszenierung gehörten ein Fluss (ein ausgehöhlter Trog mit richtigem Wasser), der über die ganze Breite der Bühne verlief und in den die Schauspieler und Schauspielerinnen ganz eintauchen konnten. Die Wirkung, wenn eine der Hauptrollen sich mit einer Arschbombe ins Wasser plumpsen ließ und die erste Reihe des Publikums mit Spritzern benetzte, war herrlich.

Ich hatte keinen Text, aber ich war die meiste Zeit während des Stücks auf der Bühne. Ich saß in der Nähe eines Zeltes oder eines Lagerfeuers, während die anderen im Vordergrund eine Szene spielten, war Teil einer Squaredance-Gruppe oder machte an einer staubigen Straße einen bedauernswerten Eindruck. Ich lernte, wie viel Eigenständigkeit, wie viel Leben ich einer Figur einhauchen konnte, ohne die Aufmerksamkeit von der Geschichte abzuziehen. Während einer Probe übergab mir die Regisseurin eine Babypuppe, in eine Decke eingewickelt, und sagte: »Ich möchte, dass du diese Puppe hältst und das Geräusch eines weinenden Babys machst, aber ich möchte nicht sehen können, wie sich dein Gesicht bewegt, okay?«

»Okay«, sagte ich, ohne eine Ahnung zu haben, wie ich das hinbekommen sollte.

Ich verbrachte den Abend damit, in meinem Zimmer zu üben, bis ich ein Geräusch machen konnte, das zwar nicht genau das Weinen eines Babys traf, aber für eine Katze durchgehen konnte, die in weiter Ferne stranguliert wurde. Ich starrte in den Spiegel und überprüfte, dass sich mein Gesicht keinesfalls bewegte. Diese Fähigkeit, die ich »Babybauchreden« nannte, erwies sich in vielen weiteren Stücken als praktisch und gehört noch heute in die Rubrik »Besondere Fähigkeiten« in meinem Lebenslauf.

Als die *Früchte des Zorns* nicht mehr liefen, hatte ich wieder nichts zu tun. Ich begann, nach Teilzeitjobs Ausschau zu halten (Büroarbeiten, Verkauf), aber die Stunden, die ich in jenem Theater damit zugebracht hatte zu sehen, wie eine Aufführung entsteht, waren seit meiner Rückkehr aus Boston die einzigen gewesen, in denen ich mich nicht als völlige Versagerin empfunden hatte. Ich machte eine Liste aller Theater innerhalb eines Radius von dreißig Minuten Fahrzeit und sah nach, wo demnächst ein Vorsprechen stattfand. Es war bereits Spätherbst, und so war das Nächste, was anstand, die jährliche Inszenierung von Charles Dickens' *Weihnachtsgeschichte* in einem Theater in Sebastopol. Ich ging zum Vorsprechen.

Die Proben für die Weihnachtsgeschichte fanden am Abend statt, denn all die anderen Schauspieler und Schauspielerinnen arbeiteten tagsüber. Ich brauchte etwas, womit ich die acht Stunden zwischen dem Aufwachen und der Fahrt zum Theater füllen konnte, und ich brauchte auch einen Job, mit dem ich mehr als die 300 Dollar Gage verdiente, die ich am Ende der Laufzeit erwarten konnte. Durch den Tipp einer Freundin bekam ich die Rolle als Alice in einer Zweipersonenfassung von *Alice im Wunderland*, das durch die Grundschulen der Umgebung zog. Die Proben und die Vorstellungen der kleinen Show fanden tagsüber statt, und ich erhielt 100 Dollar pro Auftritt. Da mich mein Vater mietfrei zu Hause wohnen ließ, waren ein paar Aufführungen von *Alice* pro Woche mehr als genug, um meine wenigen Ausgaben zu decken.

In dieser Weihnachtssaison hatte sich Shirlee bereit erklärt, unser Haus für die Junior League, eine Gruppe ehrenamtlich tätiger Frauen, für ihre jährliche Besichtigungstour historischer Häuser zu öffnen. Unser Haus war erst dreißig Jahre alt, aber es stand in einer historischen Umgebung, und das, so schien es, genügte schon. Sie dekorierte alles mit Immergrün, Stechpalmen, Nussknackern und ganzen Stapeln silberner Geschenkschachteln. Ich lag im Bett und lauschte auf die Schritte, die ihre Runde durch die Räume machten. An meinem Türknauf hing ein kleines Schild, das den Besucherinnen anzeigte, dass sie hier nicht hineingehen sollten. Ich fühlte mich wie eine Aussätzige zu Pestzeiten, nicht dazu angetan, sich in die normale Gesellschaft zu begeben. Durch meine Zimmertür hörte ich David, Shirlees Sohn, mit jemandem sprechen. Die Stimme kam mir bekannt vor. Ich öffnete meine Tür ein kleines bisschen und lugte durch den Spalt. Er stand in der Diele und redete mit einer Freundin der Familie. David wohnte noch zu Hause, während er das nahe gelegene Junior College besuchte – ich wünschte, diese Möglichkeit wäre mir auch in den Sinn gekommen. Die Freundin fragte nach mir.

»Wie gefällt es Gwenny in Tufts?«

»Sie hat abgebrochen«, sagte David.

»Oh?« Ihre Augenbrauen gingen besorgt nach oben.

»Ja«, sagte er. »Und Jamie hat seine Freundin geschwängert.«

Ich schloss die Tür. *So ist es wohl,* dachte ich. Dann stellte ich mir den Ausdruck auf dem Gesicht meiner Mutter vor, nachdem sie Davids Kurzzusammenfassung unserer Lebenssituationen gehört hätte.

Jamies Zwillinge wurden ein paar Tage vor Weihnachten geboren. Ich wollte sofort zu ihnen fliegen, aber mein Vater bat mich, ein paar Wochen zu warten, sodass er sie mit Shirlee zuerst besuchen könnte.

»Zu viele Menschen wären wahrscheinlich nicht gut«, sagte er. Und dann: »Wenn wir zu dritt sind, fühlt sich Shirlee ausgeschlossen. Du und Jamie, ihr steht euch so nahe, das kann ein bisschen einschüchternd sein.«

Ich starrte ihn schweigend an, in der Hoffnung, er würde die Worte hören, die da aus seinem Mund kamen, und sich entschließen, sie zurückzunehmen. Er tat es nicht, und so blieb ich erst einmal zurück.

Es waren zwei Jungen, die sich leicht auseinanderhalten ließen, selbst in den ersten Tagen ihres Lebens. Auf dem ersten gemeinsamen Foto sind die Augen eines der Babys weit geöffnet und blicken auf sein schlafendes Geschwister, als wollten sie sagen: *So siehst du also aus.*

Als ich sie besuchte, schlief ich in ihrem sehr kleinen gemieteten Haus auf der Couch und versuchte, mich nützlich zu machen.

»Es ist gut, wenn noch jemand da ist«, sagte Jamie. »Wir haben festgestellt, dass am besten immer ein Erwachsener mehr da sein sollte als Babys. Du veränderst die Zahl zu unseren Gunsten.«

Ich war glücklich zu sehen, dass ich in ihrer Familie einen Platz hatte. Wenn ich die vier ansah, zwei Eltern und zwei Kinder, hatte ich das Gefühl, etwas lang Verlorenes wiederzugewinnen.

Nach den Ferien hatte ich eine Rolle in einer Inszenierung von David Mamets *Oleanna*, dann in *Unterwegs* und dann in *Ein Sommernachtstraum*. Insgesamt spielte ich in diesem Jahr in acht Stücken. Mein Vater sah sich alle an, so wie auch früher in der Highschool. Er brachte mir immer Blumen mit und sagte, dass ich wunderbar gewesen sei. In jenem Jahr lernte ich, wie man vorsprach; ich lernte die Umgangsformen bei den Proben, bei den Vorstellungen und wie der Rhythmus eines Schauspielertages aussah. Dass ich die Möglichkeit hatte, ein ganzes Jahr voll als Schauspielerin zu arbeiten, obwohl ich nicht gewerkschaftlich organisiert war, war ein glücklicher Umstand. Ich habe nie viel Geld damit verdient, aber jeden Dollar empfand ich als einen kleinen Vertrauensvorschuss in meine Zukunft. Als ich zum ersten Mal einen Scheck für die Arbeit als Schauspielerin in der Post hatte, musste ich dem Impuls widerstehen, ihn einzurahmen.

An einem Tag im späten Frühling ging ich auf den Dachboden, um die Kisten mit den Sachen meiner Mutter durchzusehen. Ich suchte nichts Bestimmtes; ich wollte nur von den Dingen umgeben sein, die sie berührt hatte. Der Dachboden war eine warme, staubige Höhle, um die herum silberne Rohre zur Wärmedämmung verliefen. Ich spähte in die großen Kleiderboxen, die ein paar Dinge enthielten, die wir nicht weggeworfen oder gespendet hatten. Ich strich mit den Händen über die kleinen Dekorationsgegenstände, die auf den niedrigen weißen Bücherregalen an den Wänden ihres Schlafzimmers gestanden hatten. Dann, als ich den Deckel einer Schachtel mit alten Papieren anhob, fiel mein Blick auf eine graue Audiokassette in einer Plastikhülle. Sie sah genauso aus wie die, auf der meine Mutter den Brief zu meiner ersten Periode aufgenommen hatte, doch auf dieser stand am Rand: *Jamie und Gwenny*. Ich starrte sie an. Was machte sie oben auf dem Dachboden? War sie von meiner Mutter? Oder war es einfach nur ein altes Band für Musikaufnahmen? Ich donnerte die Holzleiter des Dachbodens hinunter und in mein Zimmer, wo ich das Kassettenfach meines silbernen Ghettoblasters öffnete. Nach ein paar Momenten Rauschen hörte ich eine vertraute Stimme.

Lieber Jamie, liebe Gwenny,

wie kann es nur möglich sein, dass ich von euch gehe? Es ist unerträglich, undenkbar, und doch muss ich daran denken. Ich kann kaum an etwas anderes denken. Ihr seid jeden Moment in meinem Kopf und in meinem Herzen. Wie kann es sein, dass ihr ohne mich aufwachsen werdet? Jeden Tag bitte ich Gott darum, mich am Leben und bei euch zu lassen.

In der Zeit, die mir bleibt, in der ich noch auf den Beinen sein kann, bereite ich eine Truhe voller Andenken für jeden von euch vor, voller Briefe und Geschenke für jeden traditionellen Meilenstein, der auf eurem Weg liegt. Es wird natürlich besondere individuelle Meilensteine für euch geben, die ich jetzt nicht erraten kann. Doch zumindest kann ich an die üblichen von ihnen denken und für sie planen. Anlässe wie zum Beispiel: wenn ihr zum Teenager werdet, euren Führerschein macht, wenn ihr die Highschool abschließt, eure Verlobung bekannt gebt, heiratet, euer erstes Kind bekommt – all die Momente, die ich so gerne mit euch teilen würde.

Die Moden wechseln, und ihr und eure Interessen werden sich verändern, auf eine Weise, die ich nicht voraussehen kann. Deshalb hoffe ich, dass ihr die tiefe Liebe und Verbundenheit spüren könnt, mit der ich diese Erinnerungsstücke vorbereite, selbst wenn sie nicht ganz das sind, was ihr selbst für euch ausgesucht hättet. Ich versuche, in einer unbekannten Zukunft im Geiste bei euch zu sein. Ihr solltet einfach wissen, dass ich euch beide mit ganzem Herzen liebe, mit meinen Gedanken und mit meinem ganzen Sein.

Und bitte vergesst nicht: Auch wenn all diese Erinnerungsstücke aufgrund ihrer Assoziationen kostbar sind, so sind es

doch nur Dinge. Sie sollen euch lediglich als Zeichen für die
große Liebe dienen, die ich für euch empfinde, und dabei
helfen, euch mit eurer persönlichen Geschichte zu verbinden.
Manche werden naturgemäß verloren gehen oder verlegt wer-
den oder auch kaputtgehen. Bitte versucht, euch darüber nicht
zu viele Gedanken zu machen. Wenn ihr etwas verliert, das
ich euch geschenkt habe, verliert ihr damit nicht eure Ver-
bindung zu mir. Die kann niemals verloren gehen. Ich bin
ein Teil von euch. Den werdet ihr nie verlieren können. Ver-
sucht, nicht zu hart mit euch selbst zu sein. Ich würde heute
sogar sagen, das war für mich eines der größten Hindernisse,
wenn es darum ging, glücklich zu sein: Ich war sehr hart zu
mir selbst.

Vielleicht habt ihr sehr klare Vorstellungen davon, wie
ihr euch fühlen oder verhalten solltet, wenn ich nicht mehr da
bin, und verurteilt euch, wenn ihr diese Erwartungen nicht
erfüllt. Seid einfach weiterhin euer freundliches, wunderba-
res, freudvolles, heiteres, liebevolles Selbst. Was auch immer
ihr fühlt, ist eben das, was ihr fühlt, und für euch in dem
Moment genau richtig. Ihr werdet bestimmt ganz viele ver-
schiedene Gefühle durchleben, und sie werden vielleicht bei
euch beiden auch unterschiedlich sein und wiederum anders
als bei Daddy. Höchstwahrscheinlich wird es kein »endgül-
tiges« Gefühl zu meinem Tod geben. Eure Gefühle werden
sich mit der Zeit verändern, so wie ihr euch verändert und
sich auch euer Leben verändert. Vertraut euch selbst und liebt
euch selbst.

Die Stimme auf dem Band wurde brüchig. Ich rollte mich
vor den silbernen Lautsprechern ein und lauschte darauf, wie
meine Mutter ihre Stimme wieder in den Griff bekam.

Ich weine, während ich am Esstisch sitze und das hier schreibe. Ihr seid im Poolhaus, es ist die zweite Summer Pocket School. In vielerlei Hinsicht fühlt sich alles so normal an, und doch merke ich, wie die Momente vorbeigehen und niemals wieder eingefangen werden können, wie mir meine Zeit mit euch davonläuft. Warum bin ich nur nicht klüger? Wie kann es sein, dass ich es zulasse, mich mit euch durch den Tag treiben zu lassen, selbst jetzt, wo ich weiß, dass ich nur noch eine kurze Zeit mit euch habe? Warum habe ich nicht gelernt, die Essenz eines jeden Tages zu ergreifen, das Wesentliche aus der Tiefe zu schöpfen und es euch als einzigartiges Geschenk zu präsentieren? Offenbar habe ich nicht die Weisheit, die Stärke, die Seelentiefe, um das für uns zu tun. Ich weiß nur, wie ich um des puren Lebens willen weitermachen kann. Euch an mich drücken, euch jede Minute sagen, wie sehr ich euch liebe, wie wichtig ihr mir seid, wie sehr ich bei euch sein möchte.

Doch ich kann nicht jeden wachen Augenblick damit verbringen, mich an euch zu klammern. Ich muss euch loslassen, damit ihr in eurem Leben vorangehen könnt, damit ihr wachst, lernt, euch vorbereitet und alles erlebt, was ihr erleben könnt. Ich möchte einfach nur an eurer Seite sein, euch helfen und euch lieben – das erscheint als so ein kleiner Wunsch, als einer, zu dem jede Mutter, jeder Vater berechtigt ist. Warum muss er für mich unerreichbar sein?

Ich hatte bis jetzt nie wirklich verstanden, was der Spruch »das Leben ist für die Lebenden« bedeutet. Wenn du weißt, dass du zu den Lebenden gehörst, und an deinen Tod als etwas denkst, das vermutlich erst in der fernen Zukunft passieren wird – sofern du überhaupt an ihn denkst –, dann erscheint alles möglich. Man kann verschwenderisch mit der Zeit umgehen und sich wenig Gedanken darüber machen, wozu man sie *nutzt. Wenn du aber weißt, dass du zu den Sterbenden gehörst, ist es sehr schwer, in diesem Getümmel zu verbleiben, in dem großen Rausch der Bewegung und der Aktivitäten, die dir das Gefühl von Lebendigkeit vermitteln. Alles erscheint so sinnlos und vergeblich, alles Streben, alle Aktivitäten und alles, was du anhäufst, machen keinen Eindruck auf den Tod. Aber uns ist nicht beigebracht worden, wie wir jeden Augenblick gut nutzen können. Unsere Kultur und unsere Wirtschaft sagen uns, wir sollten jeden Moment mit Aktivität und Konsum füllen. Und wenn wir uns durch irgendeine hervorstechende Fähigkeit von der Masse abheben können, umso besser. Aber der Tod kann durch Reichtum nicht in Schach gehalten werden, und auch nicht durch besondere Begabungen, weltliche Macht und nicht einmal dadurch, dass wir gute Menschen sind.*

Was also zählt wirklich am Ende? Uns selbst und anderen treu zu sein. Lieben und geliebt zu werden. Freundlichkeit und Mitgefühl. Dass andere sich mit Freude an uns erinnern. Das geringstmögliche Quantum an Unglück, Schmerz und Leid zu hinterlassen. Und was ist mit unseren Arbeiten, unseren Erfolgen? Ich weiß es nicht. Ich habe nichts von Bedeutung zu hinterlassen, was ich selbst gemacht hätte. Ihr zwei seid die einzigen Schätze, die ich hinterlasse, und ihr habt euch selbst gemacht.

Wir haben nur so wenig Zeit für die Lektionen dieses Lebens, um uns eine Gestalt zu geben, um das Rohmaterial unseres physischen Daseins und unserer Wahrnehmungen in das Gold unseres spirituellen Selbst zu verwandeln. Irgendwie muss ich darauf vertrauen, dass ich genügend Zeit bekommen habe, auch wenn das kaum möglich erscheint. Vielleicht habe ich die Zeit bekommen und wusste nur nicht, wie ich sie am besten nutzen konnte.

Ihr zwei habt mir alles beigebracht, was ich über Liebe weiß. Ihr wart wundervolle Lehrer. Allein, dass ihr euer wahres, wundervolles Selbst wart, hat mich gelehrt, euch mit meinem ganzen Sein zu lieben. Ihr verdient es, geliebt, wertgeschätzt, gesehen, gehört, verstanden und genährt zu werden – von mir und von Daddy und von allen anderen, die ihr in euer Leben einladet.

Ich hab euch lieb,

eure Mommy

Genauso wie damals, als ich zwölf war, lag ich auf dem Fußboden meines Zimmers und weinte in das Rauschen hinein. Der Raum um mich herum hatte sich in den letzten sechs Jahren verändert. Der kleine Teppich unter mir hatte die Farbe von Haferbrei, und irgendwann in meiner Highschool-Zeit hatte ich meine Wände in einem dunklen Terrakottarot gestrichen. Der Schrein, den Sobonfu mir geholfen hatte zu bauen, war verschwunden. Auf einer Seite des Spiegels hing keck ein Doktorhut.

In den Jahren, seit ich meine Mutter verloren hatte, hatte ich pflichtbewusst die Päckchen aus der Truhe geöffnet, eines nach dem anderen, zur jeweils vorgesehenen Zeit. Ich hatte die Geschenke bewundert, die Karten und Briefe gelesen und versucht, sie alle geordnet und sicher zu verwahren. Ich hatte alle Anweisungen meiner Mutter befolgt, aber ich hatte nur passiv an unserem Gespräch teilgenommen. Ich hatte ihre Geschenke angenommen, ihre Worte, ohne viele Gedanken darauf zu verwenden, was die höhere Absicht dahinter sein könnte. Jetzt aber, als ich das Band zurückspulte und mich bereit machte, noch einmal zuzuhören, geriet langsam etwas Neues in den Fokus.

Meine Mutter hatte uns mit den Truhen trösten wollen, sie wollte uns dabei helfen, ihren Verlust zu bewältigen. Aber sie wollte noch etwas anderes. In der Aufnahme hatte sie klar und deutlich gesagt, dass es ihr nicht wirklich um die Dinge in den Päckchen ging, und sogar, dass wir uns selbst vergeben sollten, wenn wir sie verlieren würden (ich dachte an die Korallenkette und spürte, wie sich ein alter Knoten in meinem Magen löste). Also worum ging es?

Ich versuche, in einer unbekannten Zukunft im Geiste bei euch zu sein.

Meine Mutter hatte gewusst, dass unser Leben, jedes Leben, große Herausforderungen mit sich bringen würde, und sie hatte bitterlich beklagt, dass sie nicht da sein würde, um uns zu helfen, sie zu meistern. Sie hatte versucht, sich selbst, ihre Essenz, in ein Behältnis zu packen, das wir bei uns haben würden – sodass wir, wie Wassilissa in dem Märchen, etwas hatten, jemanden hatten, zu dem wir Zuflucht nehmen konnten, wenn wir uns hilflos fühlten. Die Frau, die ich brauchte, um das Durcheinander meines Lebens zu entwirren, war nicht die lächelnde, sanfte Mutter, die Geburtstagsgeschenke verpackte. Die Frau, die ich brauchte, war die Frau von dem Band, die Frau aus den Videos, die Person, die gekämpft und gelitten und die voll im Leben gestanden hatte, noch bevor ich geboren wurde. Ich brauchte alles von meiner Mutter, nicht nur die liebevollen Aspekte, die sie mir gezeigt hatte, als ich klein war. Sie hatte eine Spur aus Brotkrumen hinterlassen, um mich in meine Zukunft zu führen, zu ihr; aber um sie alle zu finden, würde ich viel genauer hinsehen müssen. Ich würde Fragen stellen müssen.

In meiner nächsten Sitzung bei Judy erzählte ich ihr von dem Band, und Judy erinnerte mich daran, dass auch meine Mutter jahrelang zu einer Therapeutin gegangen war. Ich starrte sie an.

»Glaubst du, sie würde mit mir sprechen?«

»Ich könnte sie anrufen«, sagte Judy langsam. »Der Tod einer Patientin setzt die Schweigepflicht nicht außer Kraft, aber vielleicht könnte sie mit mir sprechen, auf eine ganz allgemeine Weise.«

Eine Woche später rannte ich die Stufen zu Judys Praxis hinauf, gespannt zu hören, was die Therapeutin gesagt hatte.

»Und?«, fragte ich, als ich auf dem Sofa saß.

»Es war eine ganz merkwürdige Sache«, sagte Judy. »Sie schien beinahe auf meinen Anruf gewartet zu haben. ›O ja, Kristina sagte, wenn ihre Kinder jemals nach Informationen über sie suchen würden, sollte ich ihnen alles erzählen, was sie wissen möchten.‹«

Die Praxis von Dr. Bell sah sehr ähnlich aus wie die von Judy –
einfache, moderne Möbel, geschmackvolle abstrakte Drucke –,
aber Dr. Bell behandelte keine Kinder, daher gab es kein Spielzimmer und keinen Sandkasten. Meine Handflächen kribbelten,
als ich mich in einem der zwei tiefen Sessel niederließ.

»Also«, sagte sie und lächelte mich an, als hätten wir uns
schon viele Male zuvor getroffen, »was kann ich für Sie tun?«

Ich erwiderte ihren Blick. Ich hatte so viele Fragen, und
doch konnte ich keine einzige in Worte fassen.

»Möchten Sie vielleicht gern wissen, warum Ihre Mutter
ursprünglich zu mir kam?«, schlug sie vor.

»Ja.«

»Sie war unglücklich in ihrer Ehe.«

Es versetzte mir einen Stich, obwohl ich es bereits gewusst
hatte. Sie sagte es mit solcher Bestimmtheit.

»Wann kam sie zum ersten Mal zu Ihnen?«, fragte ich.

Sie blickte in einen Ordner, den sie auf dem Schoß hatte, und
nannte das Jahr.

Bevor ich geboren wurde, dachte ich, was mich zu der unaus-
weichlichen Frage brachte: *Warum wurde ich dann geboren?*
Ich dachte daran, dass mir meine Mutter erzählt hatte, dass sie
geboren wurde, um die Ehe ihrer Eltern zu retten – und gescheitert war.

»Warum war sie unglücklich?«, fragte ich.

»Ihre Mutter war eine sehr starke Persönlichkeit. Ich glaube, sie hat Ihren Vater geheiratet, weil sie dachte, er würde ein guter Vater sein. Er war verspielt und liebevoll und selbst ein bisschen wie ein Kind. Doch genau diese Eigenschaften, die sie in ihm als Vater zu schätzen wusste, frustrierten sie bei ihm als Ehemann. Sie hatte das Gefühl, immer die Erwachsene sein zu müssen.«

Ich nickte; das ergab alles Sinn für mich.

»Sie wollte jemanden, der auf Augenhöhe war. Ich glaube, dass sie Ihren Vater immer wieder antrieb, in der Hoffnung, ihn dazu zu bringen, es ihr gleichzutun. Stattdessen zog er sich jedoch immer mehr zurück. Er passte sich an und unterwarf sich, und dann bereute er es.

Sie hat auch ihren Zorn über ihre Krebsdiagnose verarbeitet. Sie war wütend, weil ihr, und Ihrer Familie, das passierte. Das hatte nicht zu ihrem Plan gehört.«

Ich nickte wieder. Meine Mutter hatte sich viel aus Plänen gemacht. Ich dachte an die kleinen Speisekarten, auf denen die Optionen für Frühstück und Mittagessen aufgelistet waren.

Wir redeten ein paar Minuten weiter, bevor ich den Mut und die Worte für die Frage fand, die mich am meisten interessierte.

»Glauben Sie, meine Eltern hätten sich scheiden lassen, wenn sie nicht krank geworden wäre?«

»Ja«, sagte Dr. Bell, ohne zu zögern.

Ich schluckte. »Wie können Sie da so sicher sein?«

»Weil sie sich scheiden ließen.«

Der Raum schien ganz leicht zu kippen. Ich drückte meine Ellenbogen gegen die gepolsterten Armlehnen des Sessels. Dr. Bell blätterte durch einige Seiten in ihrem Ordner.

»Ihre Eltern hatten schon seit langer Zeit Schwierigkeiten.

Sie führten gemeinsam ein Unternehmen, zogen zwei Kinder zusammen auf und mussten mit der Krankheit Ihrer Mutter zurechtkommen, während sie gleichzeitig versuchten, ihre Ehe aufrechtzuerhalten. Dann trat Ihre Mutter einer spirituellen Gruppe bei. Ich glaube, sie hieß »The Village«.

Ich habe es so verstanden: Ihre Mutter entschied sich nach Gesprächen mit den Leitern dieser Gruppe dafür, dass Ihr Vater und sie all die anderen Aspekte ihres Lebens besser bewältigen könnten, dass sie ein besseres Team wären, wenn sie nicht mehr Mann und Frau zu sein versuchten. Anders gesagt, wenn sie diesen Teil, den romantischen Teil, ihrer Beziehung aufgeben würden. Ich weiß nicht genau, wie Ihr Vater dazu stand, aber ich weiß, dass er zustimmte.

Sie führten ein Ritual durch, um sich gegenseitig von ihrem Ehegelübde zu entbinden. Sie hatten, auch aufgrund der Krankheit Ihrer Mutter, schon lange keine körperliche Beziehung mehr. Ich weiß, dass sie Ihrem Vater ihren Segen dafür gab, sich woanders danach umzusehen, solange es keine Auswirkungen auf Ihre Familie hatte. Aber nach allem, was sie wusste, ist es nie dazu gekommen.«

Fragen wetteiferten in meinem Kopf um die besten Plätze. Die Umrisse des Raumes wirkten seltsam verschwommen, während bestimmte Einzelheiten besonders lebhaft hervorstachen – der weiche Plüsch des Teppichs, die goldene Spitze des Stifts von Dr. Bell.

»Wann haben sie das gemacht?«

»Irgendwann zwischen 1997 und 1999«, sagte sie, während sie ihre Notizen überflog, »auf einem Grundstück, das der Familie Ihrer Mutter gehörte, in der Nähe von Mendocino.«

Bilder flammten in meinem Kopf auf: goldene Wiesen, Mammutbäume, Morgennebel schmiegt sich an die Ränder eines Tals. Wir haben den Sommer dort verbracht, als Jamie und ich klein waren, und in einem Bauernhaus ohne Wärmedämmung und mit nur einem einzigen Kamin übernachtet, mit einem großartigen Blick auf grasende Kühe auf der Weide. Die Großeltern meiner Mutter hatten das Land in den Zwanziger- und Dreißigerjahren gekauft, und es war noch immer im Besitz unserer weitläufigen Familie. Dort, auf dieser ehemaligen Schafs- und Rinderfarm, war Tippy geboren. Im Geiste wanderte ich den engen, von Farnen gesäumten, etwas vernachlässigten Weg entlang, in den dichten Teil des Waldes, der den Namen Cathedral Grove trug und in dem tausend Jahre alte Bäume mehr als dreißig Meter in die Höhe ragten. Einige der Stämme waren von Feuer ausgehöhlt worden, und die dadurch entstandenen Löcher waren so breit, dass ein Lastwagen hindurchfahren konnte. Einige meiner Cousins und Cousinen hatten in diesem Wäldchen geheiratet. Ich fragte mich, welchen Platz meine Eltern wohl gewählt hatten, um ihre Scheidung zu vollziehen.

»Haben die Leute das gewusst?«

»Ein paar enge Freunde. Aber ich glaube, es war in erster Linie für sie selbst: ein Neuanfang, andere Prioritäten.«

Mir fiel ein, dass meine Mutter mich an einem Nachmittag in ihr Schlafzimmer gerufen hatte, kurz nachdem sie »Mrs Wiggles« verkauft hatten. Mein Vater saß am Rand ihres Krankenhausbettes und hatte seine Arme um sie gelegt.

»Was ist?«, fragte ich vom Türrahmen aus.

»Wir wollten nur, dass du uns so siehst«, sagte er und legte seine Wange oben auf den Kopf meiner Mutter. Sie lehnten sich eng aneinander, als würden sie für ein Foto posieren. Gehorsam machte ich »klick« in meinem Kopf und fror sie in dieser Haltung ein.

Ich erinnerte mich an andere liebevolle Momente zwischen ihnen in diesen letzten Jahren. Und zum ersten Mal dachte ich darüber nach, wie lange mein Vater keine richtige Beziehung gehabt hatte.

»Sie sagten, sie gab ihm die Erlaubnis ... Aber er nutzte sie nie?«

»Soweit ich weiß, nicht.«

Als mein Vater begann, sich wieder mit Frauen zu verabreden, war seine Ehe nicht seit Monaten vorbei gewesen, sondern schon seit Jahren. Meine Trauer um den Verlust meiner Mutter hatte an dem Tag begonnen, als sie starb, aber seine Trauer war damals schon alt, eher eine Narbe als eine frische Wunde. Ich empfand ein tiefes Gefühl von Traurigkeit und Liebe zu meinem Vater. Warum hatte er mir das nie erzählt? Und wenn meine Mutter wollte, dass ich es wusste, warum hatte sie es mir nicht selbst erzählt? Oder wenn sie glaubte, ich sei zu jung, warum hatte sie Dr. Bell nicht gebeten, mich zu einer bestimmten Zeit zu kontaktieren? Doch sobald sich diese Fragen in meinem Kopf bildeten, erschien mir auch die Antwort: Ich musste diese Informationen wollen. Ich musste diejenige sein, die danach fragte.

Als ich die Stufen der Praxis hinunterlief, spürte ich, wie sich in den hintersten Ecken meines Gedächtnisses ein neuer Raum eröffnete. Ich hatte gelernt, mich ganz eng an mein Bild von der Vergangenheit zu klammern, in der Angst, dass die Zeit und die Veränderungen sie mir entreißen könnten. Doch was, wenn die Vergangenheit gar nicht so war, wie sie immer schien? Woran genau hielt ich dann fest?

Ich erzählte Jamie nicht sofort davon, was ich in diesem ruhigen, geschmackvoll eingerichteten Raum erfahren hatte. Ich konnte mir vorstellen, dass er als frischgebackener Vater genug um die Ohren hatte. Ich sprach auch nicht mit meinem Vater darüber. Dieses neue Verständnis und diese neue Art der Zuneigung für ihn waren noch zu frisch und zu fragil, um sie der harten Unerbittlichkeit einer Auseinandersetzung auszusetzen. Ich wusste, es wäre so gut wie unausweichlich, dass einer von uns etwas sagte, was das zarte Bild, das ich nun von unserer Familie bekommen hatte – einer Familie, die ihr Bestes in einer unmöglichen Situation gab –, wieder beflecken würde. Ich wollte nicht wissen, ob er das Angebot meiner Mutter, sich woanders nach Gesellschaft umzusehen, angenommen hatte; ich war zu eingenommen von dieser Version von ihm, die an unserer Familie festhielt, selbst als das Schiff bereits sank.

Obwohl ich mich offiziell nur von Tufts zurückstellen ließ, wusste ich, dass ich nie dorthin zurückkehren würde. Im Winter des Jahres, in dem ich mit meiner akademischen Ausbildung ausgesetzt hatte, bewarb ich mich an der University of California im Hauptfach Theater, und bis zum Frühling hatte ich einen Platz an der UC Berkeley. Der Campus lag eine Stunde von meinem Zuhause entfernt, wenn es keinen starken Verkehr gab. Ich hatte in den Monaten nach meinem Gespräch mit Dr. Bell eine neue Art von Stärke gespürt, doch als der Beginn des Herbstsemesters nahte, merkte ich, wie all die alten Ängste wieder in mir hochstiegen. Als der September kam, empfand ich kaum weniger Grauen als vor meiner Reise nach Boston.

Mein Vater half mir dabei, in ein Dreierapartment im Wohnheim Stern Hall zu ziehen, einem Gebäude, das den Spitznamen »Frauenkloster« trug, weil es nur für Frauen war. Ich weiß fast nichts mehr über die beiden netten jungen Studentinnen, mit denen ich das Zimmer teilte. Ich befand mich in einem solchen Nebel aus Übelkeit und Angst, dass ich kaum mit ihnen sprach. Alles, was ich wollte, war schlafen. Ich schlief jede Einführungsveranstaltung hindurch, jedes Kennenlernfrühstück und jede lockere Zusammenkunft, bei denen die Frauen aus Stern Hall mit den Männern aus Bowles zusammentrafen, dem Wohnheim auf der anderen Seite des Griechischen Theaters.

Ich wurde einmal am Tag wach, um in die Mensa zu gehen, wo ich mir Dinge aussuchte, die man mitnehmen konnte – einen Karton Milch, ein verpacktes Sandwich –, und trug sie zu meinem Bett, um allein zu essen. Allein zu sein war schrecklich, aber mit anderen Menschen zusammen zu sein noch schlimmer. Unter all jenen unbekannten Gesichtern dachte ich ständig, ich würde irgendwo die anderen fünf der Sensational Six sehen, die gar nicht mehr da waren. Wir hatten uns den Sommer über wieder im Strandhaus getroffen, und wieder hatte ich eine Erzählung über das Wochenende geschrieben und sie in das Pastasoßenglas gesteckt. Wieder war mein Herz völlig gebrochen, als wir uns im Herbst in verschiedene Richtungen zerstreuten, um zurück ans College zu gehen.

Sobald die Kurse begonnen hatten, waren sie das Einzige, was mich aufrechthielt. Etwas in der Verdrahtung meiner Gehirnzellen ließ es nicht zu, dass ich die kleinen Zeiteinheiten verschlief, die auf meinem Stundenplan vermerkt waren. Ich erhob mich wie ein Wesen irgendwo zwischen Zombie und Roboter aus meinem extralangen Bett und marschierte den Hügel hinunter zum Unterricht. Danach sammelte ich meine Notizen ein, wanderte den Hügel wieder hinauf und ging zurück ins Bett.

In diesen ersten düsteren Wochen lud mich eine Freundin meiner Mutter, die im nahe gelegenen Mill Valley lebte, zum Essen ein, und wir trafen uns etwa in der Mitte in einem Bistro in Richmond. Ich fuhr mit meinem Volvo bis zur letzten Ausfahrt vor der Brücke. Zuerst wollte mein Vater nicht, dass ich das Auto mit zum Campus nahm, weil er befürchtete, ich würde es benutzen, um damit nach Hause zu fahren. Ich hatte ihm gesagt, dass ich mir ohne Auto nicht einmal vorstellen könne, überhaupt hinzufahren.

Anne und ich saßen uns in dem schwach erleuchteten, riesigen Burgerrestaurant gegenüber. Vor mir lag ein großer Burger in einem glänzenden Brioche-Bun. Ich konnte mich nicht dazu aufraffen, einen Bissen zu mir zu nehmen.

»O meine Süße«, sagte sie. Sie hatte mich immer so genannt. Das war die Anrede gewesen, wenn wir zusammen in unserer Auffahrt Himmel und Hölle spielten, einen Stein oder eine getrocknete Samenhülle über die mit Zahlen versehenen Felder warfen und zwischen ihnen herumsprangen. Wenn sie bei meiner Mutter übernachtete, ließ sie mich morgens nach dem Aufwachen ihr kurzes rotes Haar bürsten und frisieren. Sie nannte das »Gwennys Salon«.

Ihr Mitgefühl berührte mich sehr. Es gab so viele Menschen, die mich liebten und die helfen wollten, und doch konnte ich keinen Weg durch das Dunkel finden. Ich konnte mir keine Zukunft für mich vorstellen. Ich wollte nur einfach wieder zu dem Mädchen werden, das Himmel und Hölle spielte, dem Mädchen mit dem Fantasiesalon. (Als ich Anne Jahre später an diese Situation erinnerte, nickte sie ernst. »Der traurigste Burger auf der Welt«, sagte sie.)

Ein paar Tage später rief ich Jamie von einer sonnigen Bank am Sproul Plaza aus an, einem belebten Platz in Berkeley. Es war ein unglaublich schöner Tag, und die sonnengebräunten Studierenden um mich herum genossen ihn in vollen Zügen. Doch innerlich hatte ich, wie in einem Cartoon, über meinem eigenen Kopf das Bild einer Gewitterwolke.

»Warum kann ich das nicht?«, fragte ich meinen Bruder, der Tausende von Meilen weit weg war. »Warum ist das so schwer?«

»Ich weiß nicht.«

Im Hintergrund konnte ich die Babys schreien hören. Ich

fühlte mich erbärmlich. Jamie hatte richtige Herausforderungen zu meistern, während meine komplett selbstgemacht waren. Was stimmte nicht mit mir? Ich hatte einen Platz an einer großartigen Universität, und meine ganze Zukunft lag noch vor mir. Warum fühlte ich mich wie eingekapselt in eine winzig kleine schwarze Box? Was würde ich benötigen, um endlich nicht mehr an einer Version meines Zuhauses und meiner Familie festzuhalten, die sich längst aufgelöst hatte? Ich wäre am liebsten auf dieser Bank eingeschlafen und erst nach dem Abschluss wieder aufgewacht.

»Vielleicht«, sagte Jamie am Telefon, und er klang dabei, als würde er einen völlig neuen Gedanken in seinem Kopf wälzen, »vielleicht sollte das College keine solche Feuerprobe sein. Ich glaube nicht, dass es gut ist, wenn es so schlimm für dich ist.«

Ein paar Wochen nach meinem ersten Semester in Berkeley nahm ich meine Bücher, die Sachen von meiner Duschablage und meine extralangen Laken für das große Bett und packte sie in mein Auto. Ich log meine beiden Mitbewohnerinnen an und sagte ihnen, dass es einen Notfall in der Familie gebe. Dann fuhr ich nach Hause.

Das erste Mal, als ich damit gescheitert war, von zu Hause wegzugehen, um die Universität zu besuchen, war mein Vater verärgert; beim zweiten Mal schien er beängstigt. Ich sagte ihm, ich würde zum Campus pendeln und weiterhin alle meine Kurse besuchen.

»Du kannst dich nicht so isolieren«, sagte er, »das ist nicht gut für dich.«

»Ich weiß«, sagte ich, »aber ich weiß nicht, was ich sonst tun soll.«

Ich hatte keine Kraft zum Streiten, aber ich wusste auch, dass ich nicht in mein Studentenwohnheim zurückgehen würde. Ich war an eine innere Grenze gestoßen. Es schien, als wären die emotionalen Sicherheitsgurte, die mich in der Kindheit immer an mein Zuhause gebunden hatten, nicht verschwunden, sondern nur länger geworden, und nun hatte ich ihren ganzen Spielraum ausgereizt.

In jenem Semester legte ich Hunderte und dann Tausende von Meilen in meinem Auto zurück. Ich verinnerlichte die Strecken auf den Straßen und Autobahnen, die mein Haus mit dem Parkhaus auf der University Avenue verbanden, wo ich einen Monatsparkschein hatte, wie die Abläufe in einer Partitur. Man konnte das Tempo erhöhen oder verlangsamen, doch die Noten waren immer dieselben, und ich kannte jede einzelne von ihnen auswendig.

Auf dem Campus kam ich mir vor wie eine Hochstaplerin, ein merkwürdiges Mischwesen, eine Schimäre – keine vollwertige Studentin, aber was war ich dann? Ich wollte keine Freundschaften schließen. Ich hatte das Gefühl, jedes Angebot von Nähe würde mich aus dem Gleichgewicht bringen und das Korsett aufreißen, das mich noch zusammenhielt, damit ich »funktionieren« konnte.

Mein Vater und ich hatten während der Monate, in denen ich zur Uni pendelte, die erbittertsten Auseinandersetzungen meines Lebens. Wir stritten öfter und schlimmer als damals, als seine Beziehung mit Shirlee begann. Ich hatte ihn noch nie so wütend auf mich erlebt. Er hasste es, dass ich so viel Zeit im Bett verbrachte. Er drohte wieder damit, mir das Auto wegzunehmen, sodass ich im College bleiben müsste. Ich sagte ihm, dann würde ich zu Hause bleiben und mir einen Job suchen. Ich glaubte wahrhaftig, dass ich ohne den Trost, den mir die Rückkehr ins Haus bot, nicht überleben könnte. Ich glaubte, ich könnte tatsächlich an Heimweh sterben.

In meinen Träumen mache ich immer noch die Fahrt von Santa Rosa nach Berkeley und zurück. Die lange, durchgehende Autobahnstrecke nach Marin, die Abzweigung auf die Richmond Bridge, so hässlich in der einen Richtung, so schön in der anderen. Die Sonne auf dem Wasser der Bucht. Die düsteren Geschäftsfassaden an der University Avenue und das riesige hallende Parkhaus, von wo aus ich zwanzig Minuten zum Campus laufen musste. Noch einige Häuserblocks entfernt konnte man den durchdringenden Duft von Eukalyptus riechen, der in großer Fülle entlang des kleinen Flusses Strawberry Creek wuchs. Die Zeit, die ich auf dem Campus zubrachte, war kaum länger als die Zeit, die ich brauchte, um dorthin und wieder zurückzukommen. Nachdem ich in unsere Einfahrt eingebogen war, ging ich in mein Zimmer, legte mich ins Bett und schlief ein, während es draußen noch hell war.

Im folgenden Winter suchte ich auf Judys Rat hin einen Psychiater auf. Dr. Collins hatte hellblondes Haar und eine Brille aus Drahtgestell, ein freundliches Gesicht und ein gewisses unaufdringliches Charisma. Ich gab ihm eine kurze Zusammenfassung meines Lebens: die Krankheit meiner Mutter und ihr Tod, meine Unfähigkeit, mein Zuhause zu verlassen, die Art und Weise, in der die herannahende Collegezeit diesen lebenslangen Spleen in eine ernst zu nehmende Beeinträchtigung verwandelt hatte.

»Was hätten Sie gerne, was passieren sollte?«, fragte er. »Wenn Sie die Augen schließen und sich eine Lösung des Problems vorstellen, wie sähe die aus?« Ich versuchte es.

»Ich wünschte, die Collegezeit wäre vorüber. Ich wünschte, ich könnte auf die andere Seite der nächsten vier Jahre springen. Dann könnte ich zurück nach Santa Rosa, eine Wohnung mieten, eine Arbeit finden und einfach mit meinem Leben weitermachen, ohne jemals weggehen zu müssen.«

»Interessant«, sagte er.

»Warum?«

»Weil Sie in gewisser Weise sowohl deutlich älter als auch deutlich jünger erscheinen, als Sie wirklich sind. Der Wunsch, den Sie beschrieben haben, ist der Wunsch eines Kindes. Sie wünschen sich etwas Magisches, eine Zeitreise.«

Das gab mir einen kleinen Stich.

»Was würde sich eine erwachsene Person wünschen?«

»Eine Erwachsene würde sich die Fähigkeit wünschen, das Hindernis zu überwinden. Eine reife Person versucht nicht, die Umstände zu verändern, sondern vielmehr die eigene Reaktion darauf.«

Ich dachte darüber nach. Ich versuchte, mir zu wünschen, dass ich aufs College gehen könnte, aber es gelang mir nicht. Alles, was ich wollte, war, zu Hause zu bleiben und dass alles wieder so sein würde, wie es früher war.

»Ich werde Ihnen sehr niedrig dosierte Antidepressiva verschreiben. Es wird ein paar Wochen dauern, bis wir wissen, ob sie wirken. Dann sehen wir weiter. Übrigens«, fragte er, als ich aufstand und meine Sachen nahm, »was studieren Sie eigentlich?«

»Schauspiel«, sagte ich, während ich meinen Mantel anzog.

»Was?«, fragte er aufgeschreckt. »Sie sind Schauspielerin?«

»Ja«, sagte ich verdutzt. »Warum?«

»Wir haben uns eine Stunde lang unterhalten, und Sie haben nicht daran gedacht, das zu erwähnen?«

»Warum ist das so wichtig?«

»Die ganze Sitzung über habe ich mit jemandem gesprochen, der weiß, wie man sich verstellt. Jetzt muss ich alles neu bewerten.«

Ich ging, nicht sicher, ob er das ernst meinte. Ich fragte mich, ob er die Kunst der Darstellung nicht mit der Kunst des Lügens verwechselte. Oder vielleicht würde er mich einfach als einen Menschen abschreiben, der in sein eigenes Drama verliebt war.

Das erste Antidepressivum, das er mir verschrieb, hielt mich nachts wach. Das zweite führte dazu, dass ich den ganzen Tag schlief. Doch das dritte war wie der perfekte Brei für Goldlöckchen. Zehn Milligramm pro Tag, und ich konnte fühlen, wie ich wieder Boden unter meinen Füßen gewann.

Das Medikament löste nicht alles. Ich verbrachte immer noch ganze Tage im Bett mit dem Ansehen von DVDs der Serie *The West Wing – Im Zentrum der Macht*, aber die Veränderung meiner Neurochemie gab mir eine Basis, auf der ich aufbauen konnte. Die Ereignisse in meinem Leben hatten mich für den Glauben an Magie geöffnet, und dies war das, was meiner Erfahrung nach am nächsten an wirkliche Magie herankam. Als die Winterferien begannen, fühlte ich mich bereit, einen Umzug zurück nach Berkeley zu wagen. Wahrscheinlich konnte es so einfach gar nicht sein, vielleicht aber auch doch.

Mein Vater half mir dabei, ein Zimmer außerhalb des Campus zu finden, in einer WG mit fünf anderen Frauen, zum Teil Studentinnen, zum Teil junge Berufstätige. Es war günstiger als das Wohnheim, und ich hatte mein eigenes Zimmer, in das ich mich zurückziehen konnte, wenn mir alles zu viel wurde. Dort gab es einen Rahmen für ein Doppelbett – ein Luxus, den ich nie zuvor gehabt hatte. Mein Vater befestigte Jamies alte Doppelmatratze auf seinem Toyota Highlander, wie einen seiner riesigen Weihnachtsbäume, und fuhr sie für mich nach Berkeley. Dann kaufte er eine große Rolle Memoryschaumstoff, denn Jamies Matratze war härter, als ich es gewohnt war, und schnitt sie mit einem elektrischen Schneidegerät, das er extra dafür gekauft hatte, auf die richtige Größe zu. Ich sah ihm dabei zu, wie er mit der surrenden Klinge auf dem Boden kniete und den Schaumstoff absägte, und fühlte mich von Zuneigung für ihn überwältigt. Er wollte so sehr, dass die Dinge für mich besser wurden, sicherer, angenehmer. Er ging mit mir zu People's Bazaar, wo es günstige Möbel gab, und kaufte mir einen kleinen Ledersessel zum Lesen.

Nachdem er wieder gegangen war, sah ich mich in meinem neuen Zimmer um. Die Wände waren in einem sanften, verwaschenen Grau gestrichen. Zum ersten Mal hatte ich das Gefühl, etwas gefunden zu haben, wo ich eine Weile bleiben konnte. Wie Jamie hatte ich die Truhe nicht mit mir ins College genommen. Ich hatte mir Sorgen darum gemacht, dass etwas damit passieren könnte, und sie aus meinem Kinderzimmer zu entfernen hätte sich zu sehr wie das Zugeständnis angefühlt, dass ich dort nicht mehr wirklich wohnte. Ich dachte gern an sie, sicher verstaut in meinem Schrank, bis zu meiner Rückkehr. Während der Jahre in Berkeley holte ich mir jedes Geburtstagsgeschenk ein paar Tage oder Wochen vor der Zeit ab. An dem Tag, an dem ich offiziell in die Wohnung abseits vom Campus einzog, nahm ich das Päckchen mit der Aufschrift *Collegeabschluss* aus der Truhe und hielt es in den Händen. In den letzten achtzehn Monaten, oder auch in den letzten neunzehn Jahren, hatte ich geglaubt, ich würde es niemals öffnen können. Jetzt packte ich es in meinen Koffer. Etwas, worauf ich hinarbeiten konnte; eine Geste der Hoffnung.

Als ich im dritten Collegejahr zu den Winterferien nach Hause kam, bemerkte ich die Veränderung in meinem Vater sofort. Er schien sich seiner physischen Umgebung weniger bewusst zu sein, stieß an Möbel und verlor seinen Halt. Es lag etwas Seltsames, Ätherisches in der Art, wie er mich ansah, als wäre einer von uns gar nicht richtig anwesend.

Er war nervös wegen seiner Arbeit, sagte er. Die private katholische Highschool, bei der er seit vielen Jahren als Leiter der Finanzabteilung beschäftigt war, litt unter einer rückläufigen Schülerzahl. Einerseits konnte er überblicken, wie es um die Finanzlage der Schule bestellt war, andererseits aber hatte er überhaupt keinen Einfluss darauf, wie viele Eltern ihre Kinder in eine konfessionsgebundene Schule schicken wollten. Als dann die Nachricht kam, dass man zum Ende des Schuljahres würde schließen müssen, sah er dies jedoch als sein persönliches Versagen an.

Zu Beginn der Ferien führten mich Shirlee und mein Vater in ein Restaurant, in dem es hausgemachte Scones sowie mexikanisches Essen gab, und erklärten mir, dass es ihm morgens schwerfalle, aus dem Bett zu kommen. Er hatte sich in Therapie begeben und Medikamente gegen Ängste und Depressionen bekommen, genau wie ich. Für mich ließ sich der Zustand, in dem ich ihn vorfand, durch die Schließung der Schule keineswegs ausreichend erklären. Es war nicht seine Schuld gewesen, und er war finanziell so abgesichert, dass er die Verluste in der Zeit, in der er sich eine neue Arbeitsstelle suchte, überbrücken konnte. Ihm gehörte unser komplettes Haus, er hatte Ersparnisse, und Shirlee verdiente gut. Ich hatte den Eindruck, mir fehlte ein entscheidendes Puzzlestück, aber ich bedrängte ihn nicht mit Fragen danach.

»Danke, dass du mir das erzählt hast«, sagte ich stattdessen, nachdem er zu Ende geredet hatte. »Weißt du, als Mommy krank wurde, war ich noch zu klein, um ihr helfen zu können. Wenn du möchtest, würde ich dich gerne unterstützen. Das würde mir viel bedeuten.« Ich wählte meine Worte sorgfältig. Ich wollte nicht von oben herab klingen. Ich erinnerte mich an die Trostlosigkeit meiner eigenen Depression, wie nutzlos ich mich gefühlt hatte, als wären selbst das Essen und der Sauerstoff an mich verschwendet. Ich erinnerte mich auch daran, wie böse er in jenen Monaten mit mir gewesen war, und zum ersten Mal kam mir in den Sinn, dass sein Zorn etwas mit einem Wiedererkennen zu tun gehabt haben könnte.

»Danke«, sagte er, und in den Rändern seiner blauen Augen sammelte sich ein wenig Feuchtigkeit. »Wenn das so ist, dann haben wir wahrscheinlich eine Menge zu reden.«

»Du warst ein guter Dad, weißt du«, sagte ich und hörte schon in dem Moment, in dem sie mir über die Lippen kamen, wie abgedroschen meine Worte klangen.

»Wohlwollende Vernachlässigung, was?« Er lächelte. Es war ein alter Scherz zwischen uns über seinen Erziehungsstil.

»Genau«, sagte ich und lächelte zurück.

In den Winterferien der Schule ging mein Vater weiterhin fünf Tage pro Woche zur Arbeit, wie der getreue Erste Offizier eines untergehenden Schiffes. Ich hatte die Sommer meiner Teenagerzeit damit verbracht, im Büro der Schule zu arbeiten. Ich hatte mich um Fotokopien, die Aktenablage und das Befüllen von Briefumschlägen gekümmert, um mir ein bisschen Extrageld zu verdienen. Ich kannte die freundlichen, tüchtigen Menschen, die dort arbeiteten, fast alles Frauen, mit Namen und ihren jeweiligen Kaffeevorlieben. Meine Ferien dauerten fast einen Monat, und in dieser Zeit bat mich mein Vater, mit ihm zusammen zur Arbeit zu gehen und meinen Teilzeitjob wieder aufzunehmen, um ihm »moralische Unterstützung« zu bieten.

In den Wochen vor Weihnachten ging ich von Montag bis Freitag mit ins Büro und kümmerte mich um die Ablage oder entlastete die Mitarbeiterin am Empfang, indem ich Anrufe entgegennahm und dabei auf ihrem Desktop Solitaire spielte. Hin und wieder steckte ich meinen Kopf in den Raum, in dem mein Vater in einem fort tippte, nach dem Adlersuchsystem, und fragte ihn nach dem richtigen Platz für ein verirrtes Dokument oder bat ihn um eine Unterschrift. Er hatte sich ein Stehpult gekauft, als sein Rücken begann, ihm Probleme zu machen.

»Danke«, sagte er jedes Mal, und seine Augen wurden feucht, als hätte ich ihm ein hübsch verpacktes Geschenk gebracht. »Du bist wunderbar.«

Gegen zwei Uhr mittags gingen wir oft zu einem späten Mittagessen in einem einfachen Restaurant in der Nähe, wo er die französische Zwiebelsuppe bestellte und ich ein Truthahnsandwich aß. Das erinnerte mich an die Donnerstagabende, an denen wir uns mit seiner ehemaligen Freundin zum Essen getroffen hatten – nur dass es in dieser Fantasieversion von mir nur uns beide gab. Nachdem die Bedienung uns das Essen auf den Tisch gestellt hatte, probierte mein Vater ein bisschen von den mit Käse überbackenen Croûtons seiner Suppe und begann dann, von der Vergangenheit zu erzählen.

Er sprach über seine Kindheit im Jemen und in Singapur, wo sein Vater als Bauingenieur gearbeitet hatte, und später in England, wo er mit sieben in ein Internat geschickt wurde. In meiner Kindheit hatten die Geschichten, die mein Vater Jamie und mir über das Internat erzählt hatte, nur von den Streichen und dem Faszinierenden des Ortes gehandelt: wie sie die Küche gestürmt hatten, um spätabendliche Gelage zu veranstalten, von wohlgeplanten Überfällen auf andere Schlafräume war die Rede gewesen, wo nichts ahnende, schlafende Jungen bis zur Besinnungslosigkeit mit Kissen geschlagen oder gewaltsam unter ihre Matratze gekippt wurden. Doch jetzt redete er von der Einsamkeit, von der Sehnsucht nach seinen Eltern, von dem Verbot zu weinen.

Er sprach darüber, wie er London für San Francisco in seinen Zwanzigern verlassen hatte und wie er meiner Mutter begegnete. Er dachte an ihre ersten Jahre zurück, in denen sie »Mrs Wiggles Rocket Juice« gekauft und das Geschäft betrieben hatten, und an unser Leben, als Jamie und ich klein waren, bevor es die Krankheit gab. Ein schimmernder Glanz lag über den Ereignissen, wenn er sie erzählte, als hätte er all die spätabendlichen Streitereien vergessen, die durch die Wände unseres Hauses drangen – als hätten wir alle miteinander ein goldenes Zeitalter durchlebt.

Ich saß da, hörte zu und versuchte, tröstlich zu sein. Es wirkte, als habe sich eine Schleuse geöffnet und den Zugang zu seinem Inneren freigegeben, sodass sich ein Schwall an Erinnerungen und Wörtern daraus ergoss. Ich hatte mir diese Worte gewünscht, hatte jahrelang davon geträumt, dass mein Vater eines Tages zugeben würde: Ja, wir hatten ein ganz normales Leben miteinander, bevor sich alles veränderte, und vieles darin war wunderbar. Doch die Worte waren, als sie nun herauskamen, nicht thematisch oder chronologisch geordnet, und ich konnte auch keinen anderen Zusammenhang in ihnen erkennen. Er unterbrach sich, wiederholte sich, verlor den Faden. Die Flut an Anekdoten und Geschichten ergoss sich nicht linear; sie bewegte sich eher spiralenförmig in sich verengenden Kreisen; ein Strudel, in dessen Zentrum eine dunkle Leere saß.

An den Wochenenden blieb mein Vater, der mein ganzes Leben lang ein Frühaufsteher gewesen war, bis mittags im Bett und sah sich die komplette Box mit Peter Jacksons Adaption von *Herr der Ringe* an. Durch seine Tür konnte ich den Lärm der Schlachten hören, wenn Menschen, Elben und Zwerge die Bastionen des Bösen stürmten und gegen Dämonen kämpften, die für sie sichtbar waren. Ich dachte nie daran, mit Shirlee darüber zu sprechen, was da vorging. Das wäre einem Zugeständnis gleichgekommen, dass sie meinen Vater inzwischen besser kannte als ich. Am letzten Sonntag vor Weihnachten pochte ich gegen elf an seine Tür und sagte, es sei Zeit, einen Weihnachtsbaum zu besorgen. Seit zwei Wochen schlug ich vor, zu der Farm mit den Bäumen zu fahren, aber er hatte immer irgendwelche Einwände und verschob es auf später.

Als wir dann dort ankamen, stand er sehr aufrecht in der kalten, klaren Luft, mit der Säge in der Hand und dem Maßband in der Tasche. Während meiner eigenen Depression hatten lang vertraute Tätigkeiten, selbst wenn ich einen Widerstand gegen sie empfand, mein Befinden immer ein bisschen verbessert. Wir fällten eine weitere hochgewachsene Kiefer und schnallten sie auf dem Autodach fest. Auf dem Weg nach Hause spielte mein Vater eine CD mit dem King's College Royal Choir und sang bei seinem Lieblingsweihnachtslied sogar mit: *Once in Royal David's City*. Doch zu Hause ließ er den Baum in der Auffahrt stehen und ging in sein Zimmer. In früheren Jahren schien er den gewaltigen Baum immer ganz allein an seinem Platz aufgestellt zu haben, in der Zeit, die Jamie und ich benötigten, um uns den klebrigen Saft der Baumrinde von den Händen zu waschen und Kakao zu machen. Im Handumdrehen war die Sache erledigt. Aber in diesem Jahr blieb der Baum drei Tage lang in der Auffahrt stehen – auch, als es regnete.

»Also, ich stelle ihn auf«, sagte ich am vierten Tag. »Aber *irgendjemand* sollte mir vielleicht helfen, sonst weiß ich nicht, was passiert.« Ich konnte den infantilisierenden Tonfall in meiner Stimme hören. Ich wusste nicht, wie ich mit meinem Vater reden sollte, also entschied ich mich für die Art und Weise, in der mein Vater früher mit mir geredet hatte. Er lachte, und zusammen hievten wir die dicke, vor Harz klebrige Säule, deren Nadeln noch von der Nässe draußen glänzten, an ihren Platz.

Jamie kam am Tag vor Weihnachten spät mit seiner Familie an. Meine Schwägerin und ich waren den ganzen Abend damit beschäftigt, die Strümpfe für die Zwillinge zu füllen, die gerade drei geworden waren. Wir wickelten die Süßigkeiten und die Spielsachen in weißes Seidenpapier, denn so hatten es meine Eltern immer gemacht. Es war schön und gleichzeitig auch seltsam, mich jetzt auf der anderen Seite der Familientradition zu befinden und den Zauber von Weihnachten aufrechtzuerhalten.

Die Anwesenheit seiner Enkel schien die Stimmung meines Vaters zu heben. Er trug sie abwechselnd auf seinen Schultern oder zog ihnen hinterher, wenn sie unsicher im Garten herumwuselten. Sie waren fast so alt wie ich, als wir in dieses Haus zogen. Mein Vater war zum Großvater geboren, dachte ich – immer nur Spaß, keine Disziplin. Bei diesem Besuch klopften Jamie und ich nicht gegenseitig an unsere Türen, um alte Fotoalben durchzublättern. Wir blieben lieber lange auf, lachten und tranken Wein mit Sally, wenn ihre Kleinen über uns in

Jamies Zimmer schliefen. Ich war einundzwanzig und Jamie fünfundzwanzig, mit zwei Kindern, und ich fühlte mich sehr, sehr erwachsen.

Ich erzählte Jamie und Sally von den langen Vormittagen, die mein Vater im Bett mit dem Ansehen von Filmen verbrachte. Während ihres Besuchs kam es vor, dass er ungewöhnlich vergesslich war oder ganz plötzlich von Fröhlichkeit zu Ärger oder Zorn umschwenkte, und auch umgekehrt. Jamie und ich warfen uns dann einen Blick mit hochgezogenen Augenbrauen zu, um anzuzeigen: *Das war jetzt merkwürdig, oder?* Aber wir betrachteten es als eine schwierige Übergangszeit, wie das Wetter – etwas, das wieder abziehen würde.

Gleich zu Beginn des neuen Jahres verließen uns Jamie und seine Familie wieder, aber ich blieb fast noch zwei weitere Wochen. Als mein Vater wieder zur Arbeit ging, begleitete ich ihn, und wir verfielen in dieselbe Routine: Tippen und Archivieren, gefolgt von späten Mittagessen mit häufig abschweifenden, unzusammenhängenden Gesprächen.

An meinem letzten Abend zu Hause redeten wir über seine Pläne für die Zeit, wenn die Schule geschlossen sein würde. Er sagte, er denke daran, eine Non-Profit-Organisation zu gründen. Im Vereinigten Königreich gab es eine Organisation, deren einziger Zweck darin bestand, Gedichtsammlungen in den Wartezimmern von Arztpraxen auszulegen. Die Idee sprach ihn durch ihre Einfachheit, durch ihre Menschlichkeit an. Vielleicht würde er eine amerikanische Version davon ins Leben rufen.

»Vielleicht reise ich zuerst ein bisschen«, sagte er. »Ich werde dich bestimmt öfter in Berkeley besuchen.«

»Ich spiele in einem Stück, das im März Premiere hat«, sagte ich. »Komm doch dann.«

Als ich am nächsten Nachmittag mein Auto belud, um wieder zur Universität zu fahren, bog der Toyota meines Vaters mit quietschenden Bremsen in die Auffahrt ein. Er hatte etwas zu Hause vergessen und war von der Arbeit zurückgekommen, um es zu holen. Wir umarmten uns auf der Straße. Mein britischer Vater hatte sich immer schwer damit getan, mich so zu umarmen, wie ich es gern gehabt hätte. Er drückte mich für ein paar Sekunden an sich und wollte dann wieder loslassen, während ich ihn festhielt. Ich wollte mehr Zeit, um meinen Kopf an seine Brust zu legen, ihn einzuatmen. Er legte dann seine Arme noch einmal kurz um mich, um sie dann schnell wieder zurückzuziehen. An jenem Tag hielt ich ihn vier oder fünf Runden lang in diesem vertrauten Spielchen fest. Er drückte mich und ließ mich los, drückte mich und ließ mich los, bis ich schließlich genug hatte und ihn zum letzten Mal freigab.

Am Morgen hatte ich beim Zähneputzen eine Nachricht gefunden, die er neben das Waschbecken im Badezimmer gelegt hatte. Seit ich lesen kann, hat mir mein Vater Notizzettel auf Tischen und auf Küchentheken hinterlassen. Er schob sie frühmorgens unter meiner Zimmertür hindurch und steckte sie unter die Scheibenwischer meines Autos. Häufig enthielten sie Anweisungen: *Die Spülmaschine ausräumen, Tippy rauslassen. Sei um Mitternacht zu Hause.* Als ich älter wurde und unsere Zeitpläne immer weniger aufeinander abgestimmt waren, wurden diese Notizen zur bevorzugten Methode der Kommunikation, der Wahrnehmung seiner Elternrolle. Selbst als das Schreiben von Textnachrichten auf dem Handy nicht mehr zehn Cent pro Nachricht kostete, schrieb er seine Mitteilungen lieber mit schwarzem Kugelschreiber auf Karten aus festem Karton, etwas größer als eine Postkarte, auf denen sein Vor- und Zuname oben aufgedruckt waren. Unten stand immer:

Alles Liebe, Daddy. Er schrieb *Daddy* oft anders als die anderen Wörter; nicht in Druckbuchstaben, sondern er unterschrieb, als wäre »Daddy« sein Name.

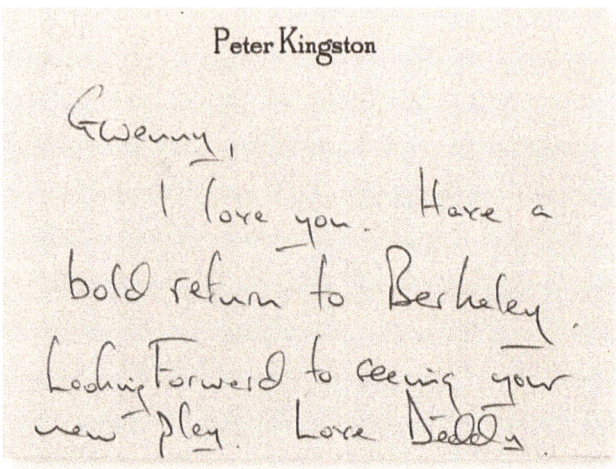

Gwenny, ich hab dich lieb. Viel Kraft für die Rückkehr nach Berkeley. Ich freue mich darauf, dein neues Stück zu sehen. Alles Liebe, Daddy

TEIL DREI

Das, was ich nie zu fürchten gewagt hatte, geschah an einem Dienstagnachmittag. Am zweiten Tag des Frühjahrssemesters leuchtete der Name meines Stiefbruders auf meinem Telefon auf. Das war ungewöhnlich, und ich hielt kurz inne, als ich meine Unterlagen, meine Wasserflasche und meine Schlüssel zusammenpackte. Ich wollte gerade zur Tür hinaus, um zur ersten Leseprobe des Stückes zu gehen, das ich am Theaterinstitut des College probte – das Stück, von dem ich meinem Vater erzählt hatte. Ich drückte auf Ablehnen, aber als das Telefon ein zweites Mal klingelte, ging ich ran.

»Hallo?«

»Gwenny, es ist etwas passiert. Das Schlimmste, was passieren kann.«

Ich dachte, er würde gleich sagen, dass das Haus abgebrannt war.

»Was ist los?«

»Peter hat sich aufgehängt.«

Erhängt, dachte ich, sagte es aber nicht.

Als ich elf war, hatte ich E. L. Konigsburgs *The View from Saturday* gelesen und dabei gelernt, dass das richtige Verb für das Aufhängen von Dingen – Bildern, Handtüchern, Dekorgegenständen – *aufhängen* war, und für Menschen – Väter – *erhängen*. Es hatte mir gefallen, diese kleine, nicht besonders bedeutende Sache zu wissen; ich fühlte mich dadurch gebildet.

»Ist das ein Witz?«, fragte ich. Mein Magen fühlte sich an, als hätte mein Fuß eine Stufe verpasst, aber mein Kopf beharrte noch darauf, dass das, was David gesagt hatte, nicht wahr sei, nicht wahr sein könne. »Wenn das ein Witz ist, ist er nicht lustig.«

»Nein, ich schwöre!«

»Okay«, sagte ich. »Und, ist er …?« Das Wort entfernte sich schwebend aus meinem Bewusstsein. Ich hangelte danach: »… tot?«

»Ich denke, ja.«

Mein Kopf klammerte sich an den Zweifel in seiner Stimme. »Ist die Polizei da?«

»Ja klar.«

»Dann hol sie ans Telefon!«

Eine kurze Pause, dann sprach eine tiefere, strengere Stimme. »Hallo?«

»Hallo«, sagte ich mit dem Gefühl, als spräche ich den Text in einem Stück oder einem Spiel, wie es Kinder spielen – *du bist der Polizist, ich bin die Tochter*. »Spreche ich mit der Polizei?«

»Ja.«

»David sagte, dass Peter Kingston« – wieder entfiel mir das Wort – »tot ist. Stimmt das?«

»Ich fürchte, ja.«

Ich stand in meinem Collegezimmer mit seinen wolkig grauen Wänden, seiner Mischung aus gebrauchten und geliehenen Möbeln, seinen zahllosen geöffneten Büchern und nicht zusammengelegten Kleidungsstücken und fühlte, wie meine Knie unter mir wegsackten. Ich setzte mich ruckartig auf den kleinen braunen Ledersessel, den mir mein Vater am Tag meines Einzugs gekauft hatte. Ich legte auf, saß einen Moment lang still, dann rief ich David zurück.

»Hi, entschuldige, kann ich noch mal mit der Polizei sprechen?«

Die gleiche tiefe Stimme erklang.

»Ich bin es noch mal, Entschuldigung. Nur um es richtig zu verstehen: Sie sind *sicher*, dass er tot ist? Sie haben das, irgendwie, überprüft?«

»Ja.«

»Okay. Sorry. Danke.«

Ich legte das Telefon hin.

Dann brach ein gewaltiger Laut aus mir heraus, rau und schrill zugleich. Er schien größer als ich, als würde er mich aus sich hervorbringen und nicht umgekehrt. Sein Ton hallte durch die Wohnung mit ihren sechs Zimmern, aber es war später Nachmittag, und niemand außer mir war zu Hause. Ich hätte immer weiter schreien können, und niemand hätte mich gehört, doch stattdessen wurde ich ganz still und versuchte, mir einen Weg aus dem hier vorzustellen, einen Weg, um die Zeit zurückzudrehen. Wenn das hier gerade erst passiert war, gab es noch eine Möglichkeit, es zu ändern, aber je mehr Zeit verging, umso schwieriger würde es werden. Mein ganzes Leben lang hatte ich es nicht geschafft, das Voranstürmen der Zeit aufzuhalten, doch jetzt, als ich in dem Ledersessel saß, schienen die Dinge sich zu verlangsamen, zu dehnen. Es kam mir vor, als habe sich das Zimmer irgendwie mit Wasser gefüllt oder leichtem Nebel, und überall schwebten schattenhafte Dinge: exotische Fische, verpasste Gelegenheiten und ungesagte Worte. Ich fühlte mich zurückgeworfen in eine Landschaft, die sowohl vertraut als auch fremd war, eine Stadt, die ich einmal in einem

Traum besucht hatte oder in einem anderen Leben. Die Gegenstände im Zimmer wirbelten um mich herum, all die Bücher, die Schuhe und die Fotografien, die ich wie Amulette aufgestellt hatte, um das latent drohende Heimweh abzuwehren, die Angst vor dem, was geschehen würde, wenn ich jemals den Ort verlassen würde, an den ich gehörte. Doch ich hatte ihn verlassen, und es war geschehen.

Aus dem Nebel tauchte ein einziger klarer Gedanke auf. Zuerst nahm ich ihn nur aus weiter Entfernung wahr, wie ein Straßenschild, dessen Schrift ich noch nicht entziffern konnte. *Jamie*, war der erste Teil, der sich herauskristallisierte. Dann: *Ich muss Jamie anrufen.*

Es war sofort klar. Jamie würde diese Nachricht nicht von David oder der Polizei hören, nicht von jemandem, der unseren Vater weniger geliebt hatte als er. Er würde sie von mir hören. Doch irgendetwas hielt meine Finger noch zurück, als ich das Telefon von der Sessellehne nahm. Jamie lebte noch in einer Welt, in der unser Vater am Leben war. *Lass ihn noch in dieser Welt bleiben*, dachte ich, *noch für ein paar Sekunden.*

Seine Stimme am anderen Ende war fröhlich, normal. Er klang erfreut, von mir zu hören. Und ganz plötzlich empfand ich einen gewaltigen, überwältigenden Zweifel. Es hatte ein Missverständnis gegeben. Vielleicht hatte ich nicht mit einem echten Polizisten gesprochen. Vielleicht halluzinierte ich. Wie konnte ich mich für die Echtheit dieser Information verbürgen? Ich hatte nicht einmal einen Leichnam gesehen.

Ich fragte Jamie, ob Sally bei ihm war. Meine Stimme klang seltsam zaghaft, als würde sie sich ihren Weg über spitze Felsen ertasten.

»Ja«, sagte er, »sie steht direkt neben mir.«

»Also, ich habe gerade mit der Polizei gesprochen, und sie

sagen« – ich versuchte, mich in die Position als Vermittlerin der Information zu begeben, weniger als ihre Quelle –»dass Daddy – dass er tot ist.«

»Oh«, sagte Jamie. Das gleiche Wort hatte er gesagt, als ich ihm erzählte, dass wir Tippy eingeschläfert hatten, doch diesmal lagen in dieser Silbe Schock und Angst. »Was ist passiert?«

»Sie sagen«, sagte ich wieder, »dass er sich umgebracht hat. Er hat sich erhängt.«

Dreitausend Meilen entfernt hörte ich, wie Jamie zu weinen begann. Der Abend, an dem wir ins Zimmer unserer Mutter gegangen waren, um bei der Toten zu sitzen, war auf den Monat genau zehn Jahre her. Jetzt weinte Jamie, genau wie damals, freiheraus, während ich, die ich oft weinte, keine Tränen hatte.

»Es tut mir leid«, sagte ich, »es tut mir so leid.«

»Ja«, sagte er, als er seine Stimme wiedergefunden hatte, »mir auch.«

»Ich denke, wir sollten nach Hause fahren«, sagte ich, denn so nannte ich das Haus, in dem ich aufgewachsen war, noch immer.

»Ja«, sagte er, »ich besorge mir ein Ticket. Ich komme, so schnell ich kann.«

»Hab dich lieb«, sagten wir und legten auf.

Als Nächstes rief ich Kim an, die mir bei meinen Collegebewerbungen geholfen hatte und die seit vielen Jahren die engste Freundin meines Vaters war. Ich erreichte sie in ihrem Büro, wo sie für unseren Bezirksstaatsanwalt arbeitete. Zuerst weigerte sie sich, mir zu glauben, und sagte, ich müsse etwas falsch verstanden haben. Ich wusste, wie sie sich fühlte. Ich hasste es, auf diesen Fakten zu bestehen.

»Okay«, sagte sie schließlich, »ich komme und hole dich ab. Du solltest nicht fahren.«

»Du auch nicht«, sagte ich.

»Ich bin okay«, sagte sie mit Bestimmtheit und legte auf.

Dann wählte ich die Nummer, die auf dem Kontaktbogen meines Scripts für das Theaterstück stand. Ich würde an diesem Abend nicht zur Leseprobe kommen können, sagte ich der Person, die am Telefon war. Jemand sei gestorben, sagte ich.

Zuletzt rief ich Freesia in New York an.

»Ich weiß nicht, was ich machen soll«, flüsterte ich. Jegliche Beherrschung, zu der ich vorübergehend gefunden hatte, entglitt mir, und ich atmete wie ein wildes Tier.

»Es gibt nichts, was du tun kannst«, sagte sie. »Nur atmen.«

»Ich habe Angst«, sagte ich.

»Wovor?«

Ich schnappte nach Luft.

»Ich habe Angst, dass ich es einfach nicht ertragen kann.«

Es sind nur Gefühle, hatte Judy mir fast mein ganzes Leben lang gesagt, *ein Gefühl kann dich nicht umbringen.* Doch in diesem Moment befürchtete ich, dass sie vielleicht unrecht hatte.

»Sieh es einmal so«, sagte Freesia, »in dreißig Jahren, wenn die Eltern aller anderen von uns sterben, hast du das alles schon hinter dir.«

»Das ist …« Ich stockte verdutzt. »Das ist das am wenigsten Tröstende, was du überhaupt sagen konntest.«

»Ich weiß«, sagte sie traurig. »Ich dachte, es könnte helfen, wenn ich dich zum Lachen bringe oder wütend mache.«

Es half nicht. In diesem Augenblick war ich mir sicher, dass es nichts gab, was jemals helfen könnte.

Kim war so schnell bei mir, dass ich wusste, sie konnte unmöglich die Geschwindigkeitsbegrenzungen eingehalten haben.

Sie war zwischen Santa Rosa und Berkeley die Straßen entlanggeflogen, genauso wie ich es tat, genauso wie es mein Vater getan hätte.

Ich machte die Wohnungstür auf, um sie hereinzulassen.

»Deine Mutter wäre stinksauer.«

Als ich später an diesem Abend in das Haus zurückkehrte, in dem ich einmal mit meiner Familie gelebt hatte und in dem nun Shirlee mit ihrem Sohn lebte, sah ich die Aktentasche meines Vaters auf dem Tisch im Eingangsbereich stehen. Mein Vater hatte diese Aktentasche benutzt, solange ich denken kann. Sie war aus verschrammtem und abgenutztem Leder in der Farbe von roter Tonerde und mit einem Kombinationsschloss versehen, das auf das Datum des Geburtstages von meiner Mutter und mir eingestellt war. Meine ganze Kindheit hindurch zeigte das Vorhandensein der Aktentasche in der Diele an, dass mein Vater zu Hause war – wenn sie fehlte, war er nicht da. Jetzt war sie da, er aber nicht. In der Tasche bewahrte er alles auf, worum er sich gerade zu kümmern hatte: Arbeitsunterlagen, Reparaturaufträge für den Wagen, längst fällige Erlaubnisschreiben von Eltern. Ich war mir sicher: Wenn er einen Abschiedsbrief hinterlassen hat, dann wäre er in dieser Tasche.

Die Aktentasche wurde, wie meine Truhe, mit zwei Metallriegeln verschlossen. Ganz im Stillen empfand ich so etwas wie Überraschung darüber, dass meine Mutter kein Päckchen mit der Aufschrift *Daddys Tod* in das Inhaltsverzeichnis der Truhe aufgenommen hatte. Sie schien auf alles vorbereitet gewesen zu sein, alles, nur das hier nicht. Als ich die Zahlen unseres Geburtstags einstellte und die Tasche aufmachte, fand ich nichts Ungewöhnliches, keinen Hinweis darauf, was meinem

Vater am letzten Tag seines Lebens durch den Kopf gegangen war. Er hatte mir in meinem Leben Hunderte von Nachrichten geschrieben, doch in jenen letzten Momenten hatte er das Schweigen gewählt, ein leeres Blatt. Ich dachte an all die Briefe und Päckchen, die noch in der Truhe auf mich warteten, und hätte sie gern gegen eine kurze, dahingekritzelte Nachricht eingetauscht.

An diesem Abend nahm mich Kim mit zu sich nach Hause und machte mir ein heißes Bad.

»Ich möchte dich hierhaben«, hatte Shirlee unter Tränen gesagt, als ich, zusammen mit so vielen anderen Menschen, Freunden und Familie, im Haus vorbeigekommen war, um Essen zu bringen und einfach da zu sein. Doch ich konnte den Anblick meines Kinderzimmers nicht ertragen. Ich konnte den Anblick des bunten Stoffvogels nicht ertragen, den mein Vater gekauft und an die Decke gehängt hatte, oder der Reihe von Fenstern, die er im Sommer jeden Abend geöffnet hatte, damit ich beim Schlafen frischere Luft bekam, und die er jeden Morgen schloss, bevor die Sonne vom Himmel brannte. Jahrelang war dieser Raum der einzige Ort gewesen, an dem ich mich vollkommen sicher fühlte, doch jetzt war der Zauber gebrochen, und wäre ich hineingegangen, hätte ich akzeptieren müssen, dass seine Magie, wenn sie denn jemals bestanden hatte, nicht mehr existierte. Ich drehte den Warmwasserhahn in Kims Badewanne auf, bis das Wasser so heiß war, wie ich es gerade noch aushielt und rote Linien den Wasserstand auf meiner Haut markierten. Der Strahl aus dem Hahn traf mit einem Geräusch wie ein brausender Sturm auf der Wasseroberfläche auf.

Danach saßen wir auf der Couch und sahen in unseren Schlafanzügen *Body Heat*, denn wir konnten uns beide nicht vorstellen, schlafen zu können. Ich weiß fast nichts mehr von dem Film, den ich nie zuvor gesehen hatte, abgesehen von Kathleen Turners langen Beinen, ihrer tiefen Stimme sowie der Art, wie sie ihr Haar erst über die eine Schulter warf und dann über die andere. Während der Dialoge spulte mein Gehirn in Endlosschleifen jedes Gespräch ab, das ich in den vergangenen Monaten mit meinem Vater geführt hatte. Ich pflückte Wörter und Sätze heraus, drehte und wendete sie und suchte nach versteckten Bedeutungen, nach Hinweisen, die ich übersehen hatte. Was hatte er versucht, mir mitzuteilen?

Ich dachte an einen Tag, Jahre zuvor, als ich in dem Büro der Schule, in dem mein Vater arbeitete, etwas fotokopiert hatte und die Dame vom Empfang ihren Kopf zur Tür hereinsteckte, um mir zu sagen, dass er im Krankenhaus war.

»Er ist okay«, sagte sie, »aber sie wollen ihn noch ein paar Stunden dortbehalten, um ein paar Tests zu machen, und er hat angerufen, um zu fragen, ob du ihm etwas zu essen bringen würdest.«

Ich fuhr die zwei Meilen bis zur Klinik und fragte mich, wie mein Vater, von dem ich gedacht hatte, er würde die ganze Zeit nebenan arbeiten, im Krankenhaus gelandet war, ohne dass ich davon wusste. Ich hatte keinen Krankenwagen gehört.

Ich lief mit dem Truthahn-Wrap, den ich in einem Lebensmittelgeschäft in der Nähe geholt hatte, durch die lang gestreckten neonbeleuchteten Gänge, bis ich meinen Vater, in einem kleinen Zimmer auf einer mit Papier bedeckten Untersuchungsliege sitzend, fand. Er grinste verlegen, als ich hereinkam.

»Was ist passiert?«

»Ich hatte ein bisschen Schmerzen in der Brust, deshalb bin ich rübergefahren, um mich untersuchen zu lassen.«

»Du dachtest, du könntest einen Herzanfall haben, und du hast dich ins Auto gesetzt und bist gefahren?«, sprudelte es aus mir heraus. »Ich war nur zwei Meter weiter den Flur entlang, warum hast du mich nicht gebeten, dich zu fahren?«

»Ich wollte dich nicht beunruhigen«, sagte er. Er hatte gewartet, bis er sich sicher sein konnte, dass alles in Ordnung war, bevor er mich auf irgendeine Weise einbezog. Er riss das Papier mit dem Logo der Lebensmittelkette auf und nahm dankbar einen Bissen von dem Sandwich. »Ich dachte, du hättest schon genug damit zu tun gehabt, deine kranken Eltern in einer Klinik zu besuchen.«

Mein Vater, dachte ich mit diesen Erinnerungen auf Kims Couch, hätte mich nie wissen lassen, wie schlimm die Dinge standen; er hat mich immer instinktiv vor allem bewahren wollen.

In der Klinik hatten sie ihn auf einem Laufband einem Stresstest ausgesetzt. Mit seinem Herzen war alles in Ordnung, hieß es.

Am Morgen gingen wir den Leichnam ansehen. Ich wünschte, ich hätte ihn an genau dem Ort sehen können, an dem er gestorben war, aber die Polizei hatte ihn von dort weggebracht, bevor ich überhaupt im Haus angekommen war. Es machte mich nervös, gleich zu sehen, wie er aussehen würde; ich wusste nicht, was eine Strangulierung anrichtete. Ich wusste im Grunde nicht einmal, ob er sich stranguliert oder sein Genick gebrochen hatte, und ich wusste nicht, wie ich danach fragen sollte. Ich musste stehen bleiben und mich an den Türrahmen am Eingang zu dem großen leeren Raum mit einem einzigen Tisch in seiner Mitte anlehnen. Mein Atem ging in schwachen, kurzen Stößen. Es war, wie in einen eisigen See zu waten.

»Komm«, sagte Shirlee, während sie meine Hand nahm und mich hinter sich hineinzog. Sie ging zielstrebig zum Tisch und beugte sich über die Gestalt, die bewegungslos darauflag. Ich erinnerte mich plötzlich daran, dass sie jahrelang Seelsorgerin in einem Krankenhaus gewesen war und dass sie viele Tote gesehen hatte.

Die Haut meines Vaters sah wachsähnlich und blass aus, nicht blutunterlaufen, wie ich befürchtet hatte. Er war bis zum Kinn mit einem weißen Tuch bedeckt, und dieses verbarg alle Stellen, an denen der Strick Spuren hinterlassen hatte. Sein Mund wirkte gefasst und streng, wie es im Leben nie der Fall gewesen war; die Lippen fielen über den Zähnen auseinander. Man hatte ihm die Augen geschlossen.

»Es ist immer noch er selbst«, sagte Shirlee über ihre Schulter zu mir, »er ist nur kalt.« Und ohne zu zögern, beugte sie sich hinunter und küsste ihn auf den Mund.

Sie hat ihn geliebt, dachte ich in einer Art Schwebezustand hinter ihr, *sie hat ihn tatsächlich geliebt*.

Jahrelang war es ein Hobby meines Vaters gewesen, Seilgärten zu bauen. Als ehemaliger Pfadfinder kannte er sehr viele verschiedene Knoten; einige davon hat er auch Jamie und mir beigebracht. Seinen ersten Seilgarten legte er auf der Ranch der Familie meiner Mutter um eine Gruppe von Eichen herum an. Er verbrachte Tage oben auf einer Leiter, nur seine Nike-Turnschuhe und die langen weißen Socken waren unter den wuchernden Blättern zu sehen. Er trieb Ringbolzen tief in die kräftigen Stämme und spannte lange Nylonseile von Baum zu Baum. Das Ergebnis war ein Gewebe aus Brücken, die drei Meter über dem Boden hingen und zu einem riesigen Netz führten. Es schwang wie eine riesige Hängematte und konnte fünf oder sechs Personen gleichzeitig tragen. In der Mitte dieses Gewirrs führte eine kleine Seilrutsche auf Stahlkabeln hinunter und verband zwei hölzerne Plattformen, die mit langen Metallschrauben an Bäumen festgemacht waren. Im Sommer kletterten Jamie und ich, unsere Cousins und unsere Freundinnen und Freunde wie Eichhörnchen über den selbst gebauten Spielplatz, schwangen uns von Ast zu Ast und hingen in dem grünen Lichtgitter.

In den folgenden Jahren baute er noch einige weitere Seilgärten, einen davon in unserem Garten hinter dem Haus. Er verband die Eichen, die Kiefern und den gigantischen Mammutbaum in der Ecke unseres Grundstücks durch ein schwingendes Netzwerk aus robusten weißen Schnüren miteinander. Jamie schoss einen Pfeil mit dem einen Ende einer Schnur über den höchstgelegenen Ast der höchsten Kiefer, sodass unser Vater ein Stück Seil darüberführen konnte. Mit dieser Konstruktion zog er einen hängenden Liegestuhl mit einem Flaschenzug hoch über das Blätterdach. Wenn man in dem Stuhl saß, hatte man einen Blick über die Dächer in der Nachbarschaft. Seile und Bäume: Mein Vater hatte sie geliebt. Er wusste, wie man einen Knoten knüpft, der nicht aufgehen würde. Er wusste, wie man jemanden in die Luft hob, sodass er dort blieb, ungeachtet der Schwerkraft.

In gewisser Weise war ich dankbar dafür, dass mein Vater nicht mit einer Handvoll Tabletten in ein anonymes Hotel gegangen war oder sich von einer hohen Brücke in kaltes Wasser gestürzt hatte. Stattdessen war er an einen Ort gegangen, den er liebte. Das Letzte, was er sah, war der Garten, den er gehegt und gepflegt hatte, und das Letzte, was er hörte, war das Windspiel an der hinteren Eingangstür.

An dem Tag, an dem er gestorben war, hatte ich David gebeten, mir seinen Leichnam zu beschreiben. Ich musste mir ein Bild davon machen. Er sagte, dass er aus der Entfernung gedacht habe, mein Vater stehe einfach nur zwischen den Bäumen. Das war an sich schon merkwürdig. Mein Vater stand selten still. Es fand sich für ihn immer ein Zaun zum Ausbessern, eine Pflanze zum Beschneiden oder ein Baum zum Stutzen. David hatte nach ihm gerufen, aber keine Antwort erhalten. Dann war er näher herangegangen und hatte bemerkt, dass die Füße meines Vaters nicht den Boden berührten.

Ich holte Jamie vom Flughafen ab, wie schon früher so oft, wenn er vom College nach Hause kam. Sally und er kamen allein, sie hatten die Zwillinge bei Sallys Eltern gelassen. Ich schlang meine Arme um seinen Hals, und das Kratzen seiner Bartstoppeln an meiner Wange fühlte sich auf wunderbare und gleichzeitig schreckliche Weise real an. Zum hundertsten Mal dachte ich:

Das ist kein Traum.

Wir gingen zusammen noch einmal zum Beerdigungsinstitut, damit Jamie auch den Leichnam sehen konnte. Als wir in den Raum kamen, in dem er aufgebahrt war, war ich ganz erschrocken zu sehen, dass man in den zwei Tagen, seit ich zuletzt dort gewesen war, meinen Vater in einen Anzug gekleidet und sein Gesicht vollständig geschminkt hatte. Sein Gesicht war von einer dicken Make-up-Schicht überzogen, und seine Lippen waren rosa bemalt.

»Er – so war es vorher nicht«, sagte ich lahm. Ich hätte Jamie gewarnt. Ich hatte noch nie einen zurechtgemachten Toten gesehen. Es schien absurd, dass ein Mann, der in seinem Leben nie Make-up getragen hatte (außer einmal, als er zu Jamies Geburtstagsparty als Herzkönigin verkleidet erschienen war), nach seinem Tod damit zugekleistert werden sollte. Ich stand an seinem Kopfende, Jamie an den Füßen.

»Ich glaube, er sieht von oben weniger merkwürdig aus«, sagte ich. »Wollen wir die Plätze tauschen?«

Wir tauschten. Jamie hatte nicht den Eindruck, dass es half.

Von meiner neuen Position aus bemerkte ich eine abgenutzte Stelle an der Sohle eines Schuhs und fragte mich dann, wozu mein Vater überhaupt Schuhe brauchte. Alles an der Gestalt auf dem Tisch, die Schuhe, der Anzug, das Make-up, erschien weit entfernt von dem Menschen, den ich verloren hatte.

Nach dem Tod meines Vaters stieg die Geschichte meiner Mutter, die ihn mit seinem Gewehr gefunden hatte – so viele Jahre zuvor, als ihre Firma sich am Rande des Bankrotts bewegte –, wieder aus den Tiefen meiner Erinnerung empor. Zu spät. Zuerst fragte ich mich, ob ich sie vielleicht erfunden hätte. Ich konnte mich nicht erinnern, wann oder von wem sie mir erzählt worden war, aber ich fragte bei allen Tanten, Onkel, Freundinnen und Freunden nach, und sie versicherten mir alle, dass sie stimmte. *Oh,* dachte ich, und eine neue Facette des Bedauerns breitete sich in mir aus, *es hatte also durchaus ein Warnzeichen gegeben.* Shirlee kannte die Geschichte ebenfalls und hatte Monate zuvor dafür gesorgt, dass die Jagdgewehre meines Vaters aus dem Haus entfernt wurden. Als ich das hörte, konnte ich mich nur über mein Versagen wundern. Ich hatte die Situation während meiner vier Wochen zu Hause nicht richtig eingeschätzt. Ich wusste, dass mein Vater Depressionen hatte. Ich wusste, dass er fünfzehn Jahre zuvor, als er sich beruflich als gescheitert ansah, haarscharf am Suizid vorbeigesegelt war. Ich wusste, dass seine Schule schließen musste. Irgendwie hatte ich diese Punkte nicht miteinander verbunden.

Noch Jahre danach empfand ich immer wieder das Bedürfnis, die letzten Wochen meines Vaters zu analysieren, sein Verhalten mit Listen von Anzeichen eines geplanten Suizids abzugleichen, die ich online fand, auf Seiten, die von hochoffiziellen bis hin zu hochgradig fragwürdigen reichten. Ich betrachtete das Leben, das mein Vater hinter sich gelassen hatte, untersuchte es wie die abgestriffene leere Haut einer Schlange und stellte dabei fest, wie sehr sich seine Welt in den vorangegangenen Jahren verengt hatte. Jamie und ich wohnten nicht mehr zu Hause. Die große, weit verzweigte Familie meiner Mutter war seit seiner Wiederheirat zum größten Teil aus seinem Leben verschwunden; einige Brücken waren durch heftige Auseinandersetzungen abgebrochen worden, andere zerfallen, weil sie nicht mehr benutzt wurden. Lediglich die Qs standen ihm und seiner neuen Frau noch nah. Seine eigene Familie, die klein war, lebte in England: Vater, Schwester, Nichten und ein Neffe, die er alle ein bis zwei Jahre besuchte. Er hatte einen seiner besten Freunde verloren, als dessen Frau bei der Bewerbung um eine Stelle in der Gemeindeverwaltung gegen Shirlee konkurrierte. Länger als ein Jahrzehnt hatten Kim und er morgens ihre Hunde zusammen ausgeführt, doch das wurde abrupt beendet, als Shirlee sagte, sie mache sich Sorgen über ein (unbegründetes) Gerücht, sie hätten eine Affäre. Die Schule, in der er arbeitete und die bald schließen würde, war der Ort für die meisten seiner sozialen Beziehungen gewesen.

Jahrelang grübelte ich mit meiner Therapeutin sowie mit Jamie und mit zahllosen Freunden und Familienmitgliedern bei Gesprächen bis spät in die Nacht, bei Tee oder Wein, ob er einen Monat, eine Woche oder einen Tag davor gewusst hatte, dass er sich dem Ende näherte. Ich versuchte, mir seinen Tod im Zusammenhang mit der Aufgabe vorzustellen, vor die ihn die Krankheit meiner Mutter indirekt gestellt hatte: am Leben zu bleiben, bis ihre Kinder erwachsen waren. Vielleicht hatte er das Gefühl, seine Pflicht getan zu haben, indem er uns einen

Start in die Welt ermöglicht hatte. Vielleicht hatte es auch überhaupt nichts mit uns zu tun. Vielleicht war er es auch einfach leid, den Wellen der Depression ausgeliefert zu sein. Vielleicht überforderte es ihn, sich ein weiteres Mal aus dem tiefen Tal herauszuziehen. Doch keine dieser Analysen konnte die eine Antwort erbringen, die sich zufriedenstellend anfühlte, die Antwort, die ihn zurückbrachte. »Warum?« war die völlig falsche Frage, und doch konnte ich nicht aufhören, sie zu stellen.

Zu unserem letzten gemeinsamen Weihnachtsfest hatten Jamie und ich unserem Vater einen langen, weichen blauen Bademantel geschenkt. Ich war zum Einkaufen in ein großes Kaufhaus gegangen, wo ich einen gestressten Angestellten gefragt hatte, wo es zu den »Morgenmänteln« ginge.

»Was suchen Sie?«, fragte er mit zusammengezogenen Augenbrauen.

»Einen Morgenmantel.« Ich machte ihm vor, wie ich etwas um meine Taille band. »Sie wissen doch, was man trägt, wenn man aus der Dusche kommt.«

»Sie will einen Bademantel«, übersetzte Freesia. Sie war mitgekommen, um selbst ein paar Einkäufe zu machen. Sofort zeigte uns der Verkäufer den Weg.

Ich habe mein ganzes Leben in den Vereinigten Staaten gelebt, aber ich stolperte immer noch hin und wieder über vereinzelte Wörter: *dressing gown, lift, lorry, jumper*. Diese Pannen in der Kommunikation unterliefen mir immer, wenn ich unaufmerksam war, und jede von ihnen erinnerte mich daran, dass ich von jemandem erzogen worden war, der nicht von hier stammte.

Am Weihnachtsmorgen hatte mein Vater den Morgenrock bewundert, uns gedankt und dann ein merkwürdig geformtes Paket vom Stapel der Geschenke genommen, das er mir überreichte. Ich riss das Papier auf und blickte auf einen Schmetterling aus Metall in der Größe eines aufgeschlagenen Lexikons. Das Metall der Flügel war zu den Farben des Regenbogens oxidiert. Seine Fühler waren lang und flach und zitterten, wenn man sie berührte. Die Spitzen seiner hinteren Flügel waren dünn und scharf wie die Ränder der Deckel von Blechdosen. Ich saß inmitten der glänzenden Überreste des Weihnachtsmorgens, das beachtliche Gewicht dieses Schmetterlings auf meinem Schoß, und äußerst verwirrt.

»Danke«, sagte ich und blickte in das hoffnungsfrohe Gesicht meines Vaters. Ich wusste nicht, was ich sonst sagen könnte. Der Schmetterling hatte zwei Löcher in der Brust, um ihn an der Reling eines Schiffes oder an einem Baumstamm festzuschrauben. Ich wohnte in einem einzigen gemieteten Zimmer, in einer Wohnung zusammen mit fünf anderen Frauen, und hatte keinen Platz, an dem ich das gewaltige Insekt anbringen könnte. Es war etwas, was man vielleicht über ein Kinderbett hängte, sodass das Kind zusehen konnte, wie das Licht von den Schmetterlingsflügeln reflektiert wurde – nur viel größer, schwerer und gefährlich anzufassen.

»Das habe ich im Gartencenter gesehen«, sagte er, »und da musste ich an dich denken.«

Mein Vater liebte das Gartencenter. Er liebte es, in unserem großen Garten hinter dem Haus zu werkeln, und er besaß seine eigene Sammlung von Zierobjekten in Gestalt von Tieren. Kleine Steinhasen spähten zwischen Veilchenbüscheln hervor, eine lange geschnitzte Schlange wand sich am hinteren Tor in den Boden hinein und wieder hinaus, und ein mexikanischer Hahn thronte auf den Rotholzstufen der hinteren Veranda. Sollte dies hier das erste Stück meiner eigenen Sammlung werden? Symbolisierte es mein Erwachsensein und meine Bereitschaft für ein Haus mit Garten? Hatte ich irgendwann einmal eine große Liebe zu Schmetterlingen geäußert?

Als Kind von acht oder neun Jahren hatte ich oft Schmetterlinge in meinen Händen gefangen. Das grasbewachsene Gelände meiner Grundschule war voller Monarchfalter, Distelfalter und Kohlweißlinge. Ich schloss die hohlen Hände um ein Insekt und fühlte das Flattern seiner Flügel an meiner Haut wie einen winzigen Motor. Es gab immer noch vier oder fünf andere Mädchen, die Schmetterlinge jagten, und wenn eine von uns etwas fing, verkündeten wir es laut und hielten unsere verschlossenen Hände den anderen entgegen. Alle kamen herbei, um auf die Fingerrücken des Mädchens zu starren, das so viel Glück gehabt hatte. Es konnte uns den Schmetterling nicht zeigen, denn dann würde er wegfliegen. Manchmal tat ich nur so, als hätte ich einen gefangen, sodass ich meinen Platz in ihrer Mitte behaupten konnte, auch wenn ich nur Luft zwischen meinen Handflächen hatte. Wenn das Klingeln das Ende der Pause anzeigte, warfen wir unseren Fang zurück in die Luft, bevor wir über den Rasen liefen, um uns dort in Reihen aufzustellen. Ich hatte mindestens seit zehn Jahren keinen Schmetterling mehr gefangen.

»Danke«, sagte ich noch einmal und umarmte ihn.

Zurück in Berkeley, schob ich den Schmetterling ganz hinten in meinen Schrank und vergaß ihn, bis ich ein paar Tage später etwas suchte, das ich zur Beerdigung anziehen konnte. Sein schwerer Metallkörper gab ein lautes, klirrendes Geräusch von sich, als ich ihn herauszog. Ich hielt ihn an seinen beiden starren Flügeln wie einen Ordner, der voller beschriebener Seiten oder voller Chornoten war. Ich wusste, ich würde ihn nicht wegwerfen können, dieses letzte Geschenk von meinem Vater.

Fast fünfhundert Menschen besuchten die Trauerfeier. Ich bog um die Ecke und sah einen Parkplatz voller Autos, die in der späten Januarsonne schimmerten. Ich trat in die Eingangshalle des Innenraums mit der hohen Decke und traf dort beinahe alle an, die ich kannte. Wenn wir uns doch nur, dachte ich, eine Woche vor dem Tod meines Vaters getroffen hätten, statt einer Woche danach. *Schau,* hätte die riesige Menschenmenge ihm gesagt, *schau, wie sehr du geschätzt wirst, wie sehr wir dich lieben.*

Derselbe langhaarige, Gitarre spielende Pastor, der sieben Jahre zuvor meinen Vater mit Shirlee getraut hatte, leitete den Gottesdienst. Ich erinnere mich an keines seiner Worte, nur an meine Dankbarkeit darüber, dass er nicht verurteilte oder moralisierte, sondern nur unseren unermesslichen Verlust beklagte. Verschiedene Menschen hielten eine Rede, und die Worte sammelten sich wie Sandkörner und füllten eine kleine Ecke in einem weiten, leeren Raum. David stand überraschend auf, um zu sagen, dass es ihm leidtäte, wenn er irgendetwas getan hätte, was meinen Vater veranlasst haben könnte, sterben zu wollen. Zum ersten Mal fragte ich mich, ob sich überhaupt jemand darum kümmerte, dass David, der ja den Leichnam gefunden hatte, mit jemandem darüber sprechen konnte.

Ich saß in der ersten Reihe neben Jamie, trug die Perlen meine Mutter und den einzigen schwarzen Rock, den ich in meinem Schrank gefunden hatte. In seiner Seitennaht war ein kleines Loch, durch das ein Stückchen Haut in der Größe des Halbmondes eines Fingernagels zu sehen war. Ich faltete das Blatt, das ich vor dem Verlassen des Hauses ausgedruckt hatte, auseinander und wieder zusammen.

Am Morgen waren Jamie und ich mit Onkel Ward über den Friedhof gelaufen. Wir hatten uns den Weg durch die verworrenen Pfade gesucht, bis wir das Grab unserer Mutter gefunden hatten. Die Belladonnalilien, die ich dort gepflanzt hatte, lagen noch in ihrer Winterruhe unter einem Teppich aus heruntergewehtem Laub.

»Kinder«, sagte Onkel Ward, auf der niedrigen Betonmauer gegenüber dem Grabstein sitzend, »ihr habt im Leben ein paar richtig gute und ein paar richtig schlechte Karten abbekommen.«

Der Morgen war freundlich und kalt, der ganze Friedhof gesprenkelt mit tiefen grünen Schatten. Ich stieß mit dem Fuß gegen die gezackten Blätter unter meinen Füßen und dachte darüber nach. Jamie und ich hatten das große Los gezogen, weil wir in ein Leben voller Privilegien, Annehmlichkeiten und Geborgenheit geboren wurden. Wir haben unsere Kindheit mit Eltern verbracht, die uns liebten und für uns sorgen konnten. Sie verloren zu haben änderte daran nichts. Es war eine müßige Frage, ob wir die materiellen Dinge, die wir bekommen hatten, gegen mehr Zeit zum Reden, Lachen und Weinen mit ihnen eingetauscht hätten. Natürlich hätten wir das. Und natürlich konnten wir das nicht.

Seit Tagen hatte ich versucht, etwas zu Papier zu bringen, was ich bei der Gedenkfeier vorlesen könnte, aber nichts schien das Richtige zu sein. In diesen Tagen hatte ich immer wieder gehört, dass es in Ordnung sei, wenn ich wütend darüber wäre, was mein Vater getan hatte. Es erinnerte mich an die Frau aus dem Hospiz mit den bestickten kleinen Kissen, die zu mir kam, als ich noch ein Kind war. Wieder wurde mir Wut als eine Option vorgeschlagen, und wieder hatte ich keine Ahnung, was ich damit anfangen sollte. Ich war nicht wütend auf meinen Vater, sondern empfand eine tiefe, nahezu fieberhafte Trauer, mit dem Wunsch, ihn zu beschützen. Es kam mir vor, als wären er und ich zusammen spazieren gegangen, und plötzlich hätte er sich umgedreht, um mir eine tödlich verlaufende Wunde zu zeigen, von der ich keine Ahnung gehabt hatte. Das Ausmaß seiner Verzweiflung und meine Unfähigkeit, sie zu erkennen, bewirkten bei mir jedes Mal, wenn ich daran dachte, ein Gefühl von körperlicher Schwäche. Für mich war es diese Verzweiflung, die ihn umgebracht hatte, mehr als die Schlinge oder die Hände, die sie geknüpft hatten. Ich sah die Tatsache seines Todes als Beweis dafür an, dass sein Leben für ihn unerträglich geworden war. Sein Entschluss zu sterben war, für mich, Hinweis genug, dass er keine andere Möglichkeit gesehen hatte.

Ich vergrub die Hände tiefer in den Taschen meines Hoodys. In der Luft lag ein ganz leichter, angenehmer, rauchiger Geruch. Irgendjemand verbrannte irgendwo abgestorbene Blätter.

»Ich weiß nicht, was ich heute Nachmittag sagen soll«, sagte ich.

»Natürlich nicht«, sagte Onkel Ward. »Aber wenn du es wüsstest, was wäre das dann?«

Beim Empfang auf der Trauerfeier quetschten wir Sensational Six uns alle zusammen auf ein Sofa und verhakten unsere Arme und Beine ineinander.

»Ihr seht aus wie ein Knäuel junger Hunde«, bemerkte jemand, der an uns vorüberging.

Wir trafen uns immer noch mindestens einmal im Jahr, und wir hatten die körperliche Nähe beibehalten, die Freundschaften in Kindertagen zu eigen ist, wenn die physischen Grenzen noch weich und fließend sind. Ich war dankbar dafür, mich in dem Wirrwarr von Gliedmaßen zu verlieren, als Teil eines Wesens mit ganz vielen Beinen. Sie hatten nicht gefragt, ob ich sie brauchte. Sie waren einfach gekommen.

Später am Abend, nach ein paar Gläsern Rotwein, machte ich mich auf die Suche nach Jamie.

»Wenn ich jemals so bescheuert sein sollte zu heiraten«, fragte ich beschwipst, »wirst du mich dann zum Altar führen?«

Es war nicht sehr feinfühlig, das zu jemandem zu sagen, der seit drei Jahren verheiratet war, aber er lächelte nur.

»Natürlich«, sagte er und legte eine Hand auf meine Schulter.

»Okay, gut.«

Die Frage war ein emotionaler Reflex. Ich wollte die Zusicherung, dass es noch Menschen in meinem Leben gab, um die Position auszufüllen, die mein Vater frei gemacht hatte. Doch gleichzeitig schaffte ich es nicht, die Frage ganz einfach, in all meiner Verletzlichkeit, zu stellen. Das ganze Unterfangen einer Ehe schien mir immer mehr verflucht. Beide Ehen meines Vaters hatten mit dem frühen Tod eines Menschen geendet. Die Botschaft schien zu jenem Zeitpunkt deutlich: *Gründe eine Familie, und die Welt wird einen Weg finden, um sie zu zerstören.*

Später an diesem Abend begegnete ich dem freundlichen Arzt, der meiner Mutter seinen Platz auf dem Friedhof überlassen hatte.

»Hab ich dir je erzählt«, fragte er, »wie deine Mutter mich um die Grabstelle gebeten hat?«

»Nein«, sagte ich.

Selbst wenn er das getan hätte, hätte ich ihn gebeten, mir die Geschichte noch einmal zu erzählen. Zehn Jahre lang hatte ich von kleinen Informationsschnipseln über meine Mutter gelebt und setzte Gegenstände, Briefe und Anekdoten zu der Gestalt des Menschen zusammen, den ich verloren hatte. Ich verbrachte Zeit mit ihren Freundinnen, weil ich sie mochte, aber auch, weil jederzeit eine von ihnen vielleicht etwas sehen würde – einen Baum, ein Restaurant, einen Ausdruck auf meinem Gesicht –, was sie an sie erinnerte.

»Hab ich dir je erzählt ...«, begannen sie, und ich bekam eine weitere Erinnerung für meine Sammlung.

»Hab ich dir je erzählt« wurde zu meiner Lieblingsformel. Sie zeigte an, dass ich gleich durch die Magie der Worte eines anderen Menschen in die Vergangenheit befördert würde.

Wir beerdigten meinen Vater im neuen Teil des Friedhofs mit seinen Rollrasenflächen und seinen bunten Plastikblumen. Ich hatte angenommen, dass er wie meine Mutter eingeäschert würde, aber Shirlee wollte eine Beerdigung.

Wir standen um das kleine Loch in der Erde herum, als der Sarg hinuntergelassen wurde. Auf den Boden des Grabes hatte man eine Zementschicht gegossen. Merkwürdig, dachte ich, so viele Barrieren zwischen unseren Toten und der Erde zu errichten. Der Leichnam meines Vaters lag in einer Kiste, und diese Kiste kam in ein Loch, das durch Beton noch einmal abgedichtet wurde. Ich versuchte, nicht darüber nachzudenken, wie lange der Verwesungsprozess dauern würde.

Wir waren etwa zehn Personen, die sich am Grab versammelt hatten. Onkel Q setzte einen Plastikfrosch – so einen, der aus einem Loch in seinem Maul Wasser speien kann – auf den hölzernen Sargdeckel, ein letzter Gruß an einen Gleichgesinnten, der ebenso wie er kleine Streiche und Spiele liebte. Als ich an der Reihe war, ihm meine Ehre zu erweisen, rezitierte ich ein paar Zeilen aus Tennysons *The Lady of Shalott*. Denn solange ich denken konnte, hatte mein Vater einen gerahmten Druck des Bildes von Waterhouse im Flur vor seinem Schlafzimmer hängen, auf dem sie im Boot nach Camelot trieb. Die lange Ballade enthielt viele Themen, die mein Vater schätzte: romantische Liebe, Rittertum und Ehre. Auch die Lady of Shalott hatte ihren eigenen Tod gewählt.

> *But Lancelot mused a little space;*
> *He said, »She has a lovely face;*
> *God in his mercy lend her grace,*
> *The Lady of Shalott.«*

> *Aber Lancelot dachte eine Weile nach*
> *Und sagte dann: »Sie hat ein hübsches Gesicht;*
> *Möge Gott in seiner Barmherzigkeit ihr Gnade erweisen,*
> *der Lady von Shalott.«*

Auf unserem Weg nach Hause blieben Jamie und ich noch einmal am Grab unserer Mutter stehen, fünf Minuten von dem unseres Vaters entfernt. Es war so, wie es im Leben mit ihnen hätte weitergehen müssen: kein Ehepaar, das Seite an Seite begraben lag, sondern freundliche Nachbarn, gerade mal fünf Minuten zu Fuß voneinander entfernt.

Wir brauchten ungefähr eine Woche, um alles durchzugehen, was sich in dem Haus befand, in dem wir die meiste Zeit unseres Lebens verbracht hatten. In dieser Woche schliefen Jamie und ich in unseren Kinderzimmern und liefen durch die Flure, in denen wir früher in dicken, flauschigen Socken über die gelben Kieferndielen geschlittert waren.

Auf dem Dachboden saßen wir im Schneidersitz zwischen Stapeln aus Pappkartons und arbeiteten uns durch die Geschichte. Die warme Luft roch nach Holzspänen. Unter verstaubten Deckeln lagerten Jamies alte Kunstprojekte neben meinen ersten Kurzgeschichten. In einem Karton fand ich mehrere meiner Milchzähne sowie sämtliche Briefe, die ich jemals an den Weihnachtsmann geschrieben hatte. Aus anderen Kisten gruben wir selbst gemachten Weihnachtsschmuck aus, das Hochzeitsservice unserer Eltern und mehrere Sets silberner Serviertabletts. Unsere derzeitigen Behausungen waren zu klein, um auch nur einen Bruchteil dessen aufzunehmen. Jamie und seine Familie wohnten in einem sehr kleinen gemieteten Haus, und ich lebte in nur einem Zimmer. Trotzdem genossen wir das Spiel, etwas hochzuhalten und uns gegenseitig zu fragen: »Was glaubst du, was das ist?«, und: »Weißt du noch, als ...?«

Als Kinder hatten wir uns ab und zu die wackeligen Stufen

hinaufgewagt, die von einer Luke in der Decke im Flur noch weiter nach oben führten. Der Dachboden wurde ständig von Hausratten heimgesucht, und in den Ecken lauerten Fallen mit Ködern. Jamie und ich hörten nachts manchmal von unseren Zimmern aus die Ratten, wie sie an dem Blauregen, der sich vor dem Fenster rankte, nach oben huschten.

»Hast du auch irgendwelche nachtaktiven Eichhörnchen vor deinem Fenster?«, fragte mich Jamie, als er eines Nachts an meine Tür klopfte. Wir waren siebzehn und dreizehn.

»Nur ein paar Ratten«, sagte ich.

»Ja, genau.« Er grinste mich in seinem Frotteebademantel an. »Es sind Ratten. Ich wollte dir nur keine Angst einjagen.«

Wir fanden Kartons mit Briefen und halb vollen Tagebüchern. Alles, was die Handschrift unserer Eltern trug, war kostbar. Ein Karton barg ganze fünfzehn Jahre in Form der Kalender meiner Mutter, und obwohl sie nichts Interessanteres als *Mittagessen mit Doug* oder *Zahnarzt 14:00 Uhr* enthielten, konnte ich nicht anders, als die Seiten durchzublättern und mit dem Finger über die Linien zu fahren, die ihr Stift hinterlassen hatte. Ich stellte mir vor, wie ich die ganze Sammlung mit mir mitschleppte und sie jahrelang aufbewahrte und wie sie jemand anderes nach meinem eigenen Tod entdeckte und dann wieder vor der Frage stand, was damit zu tun sei. Am Ende ließen wir die Kalender dort, wo wir sie gefunden hatten. Wir konnten sie nicht wegwerfen, und wir konnten sie nicht mitnehmen. Der Dachboden hatte jahrelang unsere Erinnerungen verwahrt, und ohne sie würden Jamie und ich lernen müssen, sie füreinander zu bewahren. Mein Vater hatte in seinem Testament, so mussten wir feststellen, das gesamte Haus seiner Frau hinterlassen. Als mir Onkel Ward in seiner Eigenschaft als Nachlassverwalter das sagte, war ich kurze Zeit fassungslos. Ich hatte das Haus geliebt, als wäre es ein lebendiges Wesen, und es war schwer zu glauben, dass ich nach all den Jahren keinen Anteil daran besitzen würde. Auf der anderen Seite wusste ich, dass ich dort nie mehr würde leben können.

Wir packten die Fotoalben zusammen, die Radierungen von unserer Großmutter und die Gemälde unseres Urgroßvaters. Wir nahmen die VHS-Kassetten aus dem feuersicheren Safe, damit Jamies Frau sie in ein DVD-Format umwandeln konnte. Ich nahm den Teddy meines Vaters aus seiner Kindheit an mich, einen großen Bären mit inzwischen ausgedünntem Fell und einem Bauch, so hart wie ein Zementsack. Er trug ein kariertes Hemd mit Knöpfen, rote Schuhe und hieß Edgar. Wir nahmen die beiden Truhen. Shirlee sagte, wir könnten so viel wir wollten dalassen und sie werde es für uns aufbewahren. Aber ich hatte das dringende Bedürfnis herauszufinden, was für mich von Wert war, und zu lernen, alles andere loszulassen.

Im Arbeitszimmer meines Vaters fand ich eine Schublade mit allen unseren Highschool-Zeugnissen und Auszeichnungen der Schule sowie die Programme für alle meine Stücke. Ich hatte keine Ahnung, dass er diese Dinge aufbewahrt hatte, und diese Schublade erschien mir wie die Antwort auf eine Frage, von der ich noch gar nicht gewusst hatte, dass ich sie mir stellte. Wir ließen alles an seinem Platz und schlossen sie wieder.

Bevor ich abfuhr, um wieder zur Uni zu gehen, nahm mich David beiseite.

»Pass auf dich auf«, sagte er. Ich war von der Ernsthaftigkeit in seiner Stimme überrascht und gerührt. »Mach viel Sport«, riet er mir. »Das ist der beste Weg, nicht deprimiert zu werden. Ich weiß nicht, wie du so etwas wie das hier durchstehst. Wenn ich du wäre« – er dachte einen Moment lang ernsthaft nach – »würde ich wahrscheinlich heiraten.«

David umarmte mich. Ich glaube, wir ahnten beide, dass wir uns nach alldem nicht oft sehen würden. Unsere ganzen Teenagerjahre über hatten wir unser Bestes versucht, so zu tun, als würde der andere nicht existieren. Die dünnen Fäden, die unsere so gänzlich unterschiedlichen Leben miteinander verknüpft hatten, waren nun gekappt, und von nun an würden wir völlig getrennte Wege gehen. Ich wünschte ihm alles Gute.

Jamie und ich packten meinen Volvo voll und machten uns zur Abfahrt bereit. Wir würden noch mehrere Male in das Haus zurückkehren, aber es würde niemals wieder unser Zuhause sein.

Jamie fuhr mit mir zurück nach Berkeley und schlief im Wohnzimmer auf der Couch. Sally war nach Hause zu den Kindern geflogen, hatte ihn aber ermuntert, noch zu bleiben. Ich hatte daran gedacht, mir ein Semester freizunehmen, aber ich hatte für dieses schon die Gebühren bezahlt und konnte mir auch nicht vorstellen, was ich sonst tun sollte. Meine Mutter und mein Vater hatten mir genügend Geld hinterlassen, um das College abzuschließen und sogar noch ein Aufbaustudium dranzuhängen, wenn ich das wollte. Ich empfand eine immense Dankbarkeit. Ich kannte eine andere Studentin, die beide Eltern verloren hatte und zur Unterstützung beim Kauf von Büchern und Lebensmitteln auf einen Hilfsfonds der Universität angewiesen war. Nach dem Abschluss war sie völlig auf sich selbst gestellt.

Ich fühlte mich nicht wohl dabei, Jamie den ganzen Tag allein zu lassen, während ich meine Kurse besuchte, aber er versicherte mir, das mache ihm nichts aus.

»Hast du eine Ahnung, wie froh ich bin, zu lesen und fernzusehen, ohne dass jemand kommt und gefüttert oder von seinem Kacka gesäubert werden will?« Also ließ ich ihn in meinem Zimmer.

Ich war meinen Dozierenden dankbar dafür, dass sie meine Gedanken unterbrachen, die in permanenten Schleifen durch mein Gehirn liefen. Immer und immer wieder hatte ich den Strick vor Augen, den Baum, die Füße, die in der Luft hingen.

Abends sahen Jamie und ich auf Netflix *Firefly*.

»Das sind Weltraumcowboys«, sagte er, um mir die erste Folge schmackhaft zu machen. »Das kann man gar nicht nicht mögen!«

Er blieb noch fast eine Woche, bevor er zu seiner Familie nach North Carolina zurückkehrte.

»Weißt du was«, sagte er, als er seinen Rucksack vor der Fahrt zum Flughafen packte, »du könntest jederzeit kommen und bei uns leben. Ich meine, falls du irgendwann Lust darauf hast.«

Er sah mich nicht an, als er das sagte. Er machte keine große Sache daraus. Es war einfach eine Feststellung. Ich nahm ihn in den Arm. Es machte keinen Sinn, natürlich nicht – ihr Haus war kaum groß genug für die vier. Aber ich liebte ihn dafür, dass er das sagte; dass er mich wissen ließ, dass es noch einen Platz gab, an den ich gehörte.

Ich besuchte schließlich die Proben zum Stück, mit einigen Wochen Verspätung. Der Regisseur hatte angeboten, meine Rolle neu zu besetzen, aber ich war dankbar dafür, meine Abende unter anderen Menschen zu verbringen. Zu meiner Rolle gehörte ein britischer Akzent, und die Produktionsleitung engagierte eine Dialekt-Coachin, die sich alle paar Tage unter den surrenden Neonlichtern im Kellergeschoss von Zellerbach Hall, dem Theater in Berkeley, mit mir traf. Ich hatte mein ganzes Leben lang gehört, wie die Menschen im Vereinigten Königreich sprachen, aber die Coachin wollte einen historisch gefärbten Dialekt, etwas vornehmer und nasaler als die Art, in der mein Vater geredet hatte. Jedes Mal, wenn ich eine Zeile probierte, hörte ich dabei meinen Vater, und die Coachin versuchte vorsichtig, mich davon abzubringen. Sie verbrachte Stunden damit, mich sanft weg von meinen Erinnerungen und hin zu etwas Neuem zu bewegen.

Das Stück war ein neues Drama von Philip Kan Gotanda über das Leben von Chang und Eng Bunker, den berühmten siamesischen Zwillingen. Ich spielte eine exzentrische aristokratische Dame, die sich in London mit den Brüdern anfreundet und sie in die feine britische Gesellschaft einführt. Das Stück befand sich noch in Bearbeitung, und ab und zu unterbrach uns der Autor, um zu fragen: »Was denkst du, was du hier sagen würdest? Was glaubst du, würdest du tun?« Jeden Abend zog ich ein Korsett und eine Turnüre zur Aufpolsterung meines Gesäßes an und reiste in der Zeit zurück ins London der 1830er-Jahre, wo mein ganzes Leben noch vor mir lag.

1874 starb Chang Bunker als Erster der beiden. Eng Bunker blieb noch mehrere Stunden mit dem Bruder verbunden, den er verloren hatte, bevor er selbst starb. *Ja*, dachte ich Abend für Abend, wenn ich bei den letzten Minuten des Stückes von den dunklen Seitenkulissen aus zuschaute, *so sieht Trauer aus. Als wäre da eine andere Version von dir selbst, die du verloren hast, aber du trägst sie weiterhin bei dir.*

Nachdem Jamie fort war, begann ich zu träumen, dass mein Vater noch leben würde. Ich begegnete ihm zufällig in einem Buchladen oder einem Supermarkt. Zuerst empfand ich Freude, dann eine schreckliche Schuld.

»O mein Gott«, sagte ich dann, mit den Armen um seinen Hals. »Ich habe allen erzählt, du seist tot. Ist das zu fassen? Es tut mir so leid! Wie konnte ich nur so einen Unsinn erzählen.«

Dann setzten die Träume ein, in denen ich mit meinem Vater in unserem Garten hinter dem Haus war. Ich nahm seine Hand und sagte ihm, dass ich wusste, wie schlecht es ihm ging. Wenn ich ihn nicht dazu überreden konnte, sein Leben zu beenden, half ich ihm dabei, manchmal mit einem Strick, manchmal mit einem Messer. Weil ich nicht wollte, dass er allein war.

Antoinette kam nach Berkeley und führte mich zum Essen aus.

»Es ist so merkwürdig«, sagte ich und stocherte in einem Rote-Bete-Salat, »sich vorzustellen, dass er sich das Leben genommen hat, nach all dem, was Mommy getan hatte, um zu leben. Sie hat so hart gekämpft.«

»Und«, sagte sie, während sie eine meiner Roten-Bete-Scheiben mit ihrer Gabel aufspießte, »es gibt keinen Grund zu denken, dass er nicht ebenso heldenhaft gekämpft hat wie sie.«

Drei Wochen nach dem Tod meines Vaters war der zehnte Todestag meiner Mutter. Ich hatte keine Ahnung, wie ich den Tag begehen sollte. Sie wäre noch nicht einmal sechzig geworden.

In den staubigen Kartons auf dem Dachboden hatte ich in einem großen Umschlag eine alte Ausgabe des *People*-Magazins von 1975 gefunden. Die Zeitschrift enthielt ein dreiseitiges Porträt meiner Mutter und eines gemeinnützigen Unternehmens, das sie mit dreiundzwanzig Jahren in Santa Cruz mitgegründet hatte. Es lieferte kostenlos biologisch angebaute Produkte an ältere Menschen, die in Armut lebten. Ein großes Schwarz-Weiß-Foto zeigte sie in einem bestickten weißen Tunikaoberteil und mit einem tief sitzenden Pferdeschwanz, wie sie in ein altes Telefon mit Wählscheibe sprach. Nur ein Jahr älter als ich, dachte ich, als ich das Foto berührte. Ich wusste, dass meine Mutter sich im Bereich gemeinnütziger Arbeit engagiert hatte, bevor sie nach Washington gezogen war, aber ich hatte bis dahin keine Ahnung von der Größenordnung gehabt. Ich hatte mir etwas in kleinem Rahmen vorgestellt, innerhalb ihrer Gemeinde – nichts, was die Aufmerksamkeit der ganzen Nation auf sich zog. Beim Betrachten des Fotos wurde mir noch einmal bewusst, wie schwer all diese verpassten Gelegenheiten, ihr Fragen über sie selbst zu stellen, wogen. Auf dieser Magazinseite wirkte ihr Leben sehr zielorientiert. Ich fragte mich, ob es stimmte, was mein Vater und John gesagt hatten, als ich in Boston war – ob ich wirklich ihre Entschlossenheit besaß.

In demselben Umschlag befand sich auch eine Kopie aus *Mademoiselle* von 1977, die mehrere Seiten dem Leben von »12 großartigen Frauen« gewidmet hatte. Das Bild meiner Mutter trug den Titel *Kristina Mailliard, Aktivistin* und befand sich neben *Meryl Streep, Schauspielerin* und *Ntozake Shange, Dichterin*. Diese Hochglanzseiten waren wie die Einträge in ihren Kalendern; sie verankerten sie in der Zeit, bewiesen ihre Existenz. Ich wünschte, jedes Jahr ihres Lebens wäre auf so klare und offizielle Weise in solchen Einzelheiten dokumentiert worden.

Der Tod meines Vaters hatte das Bedürfnis danach, mehr über die Vergangenheit meiner Mutter zu erfahren, nur vergrößert. Auch den zweiten Elternteil zu verlieren hatte noch einmal etwas in mir aufgerissen, und ich fühlte mich ohne Wurzeln, haltlos. Ich sehnte mich nach allem, was mich in einen Zusammenhang einbetten könnte. Nach der Rückkehr von ihren Abenteuern in Europa hatte meine Mutter das College in Santa Cruz besucht, wo sie die überwiegende Zeit des nächsten Jahrzehnts verbringen würde. Dort hatte sie mit ihrem damaligen Freund zusammen das gemeinnützige Unternehmen gegründet, das sie »Grey Bears« nannten.

Auf der zweiten Seite des Artikels in *People* zeigte ein kleineres Foto, wie meine Mutter einen großen Mann in den Dreißigern mit kinnlangem Haar, einem Oberlippenbart und Khakishorts küsste. Die Bildunterschrift besagte, dass sie und der Mitbegründer in ihrer Zentrale »die Köpfe zusammensteckten«. Ich erkannte den Mann auf dem Foto. Er war einmal um die Weihnachtszeit herum zu uns gekommen, als meine

Mutter sehr krank war, und hatte mit mir in der Auffahrt eine Runde Basketball gespielt. Von den vielen anderen Menschen, die regelmäßig durch unser Haus strömten, hatte er sich auf irgendeine Weise abgehoben. Ich ahnte damals etwas, was mir jetzt klarer erscheint: die Art und Weise, in der ein früherer intimer Freund immer so etwas wie die Kondensstreifen einer alternativen Wirklichkeit nach sich zieht, die Spur eines nicht gewählten Lebens.

In den Jahren seit der Trennung von Zach hatte ich zwei ernsthafte Beziehungen gehabt. Trotz der Angst, die meine Mutter in dem Brief zu meiner ersten Periode ausgedrückt hatte, dass ich mich nicht der Liebe wert fühlen könnte, waren diese beiden Männer sanft und liebevoll gewesen. Sie hatte allerdings richtig vorausgesehen, dass ich mich von älteren Partnern angezogen fühlte, genau wie es bei ihr der Fall gewesen war. Ich mochte das beruhigende Gefühl, mit jemandem zusammen zu sein, der sein eigenes Haus hatte, seine eigenen Bücher und seine eigenen Möbel. Aber obwohl ich mich nach der Sicherheit und Stabilität dieser Dinge sehnte, wusste ich auch, dass ich kein Interesse daran hatte zu heiraten, und beide Beziehungen lösten sich auf, weil sie keine Zukunft hatten. Ich hatte mir Männer ausgesucht, die etwas Verbindliches wollten, und dann festgestellt, dass ich selbst gar nicht dazu bereit war. Bei beiden hatte ich das Gefühl, das Leben voraussehen zu können, das wir miteinander führen würden, wie es sich in die Zukunft erstreckte, doch die Zukunft hatte mir immer Angst gemacht. Ich sah auf die Zeitschrift und dachte über das andere Leben nach, das meine Mutter hätte haben können. Sie hätte den Mann auf dem Foto heiraten und in Santa Cruz bleiben können, und es hätte mich nie gegeben.

Zehn Tage nach ihrem Todestag wurde ich zweiundzwanzig.

Ich packte zwei Muschelkernperlenketten aus der Truhe aus. Ich blätterte durch das Notizbuch, bis ich die Seite fand, auf der meine Mutter die Fotos davon eingeklebt hatte, aber der Platz darunter war leer. Offenbar hatte sie den Eintrag vergessen. Für dieses Jahr, das zehnte ohne meine Mutter und das erste ohne meinen Vater, gab es keine Worte.

Zweiundzwanzigster Geburtstag:

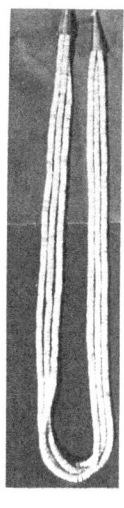 

Zur Feier meines zweiundzwanzigsten Geburtstags luden mich Sandy, die Cousine meiner Mutter, und ihre Freundin Anne dazu ein, die Nacht in einem großartigen Penthouse in San Francisco zu verbringen. Das riesige luxuriöse Apartmentgebäude stand im Viertel Russian Hill ganz oben in der Green Street. Die Besitzer, Freunde der Familie, waren über das Wochenende verreist. Sandy, Anne und ich machten uns in der beeindruckenden Küche ein einfaches Dinner und saßen zum Essen in der kleinen Essecke. Wir blieben lange auf, tranken Champagner rosé und blickten aus den riesigen Fenstern mit einem 360°-Panorama auf die Stadt, die sich unter uns erstreckte.

Sandy schenkte mir eine von Granny Liz' Radierungen, die sie schon seit Jahren besaß, mit dem Titel *Junge Kühe auf einem Hügel*. Die schwarz-weißen Kühe waren so platziert, dass sie ineinanderzufließen schienen, und es war schwer auszumachen, wo die eine aufhörte und die andere anfing. *Eine Herde,* dachte ich, *von Frauen.*

Sehr spät an diesem Abend legten wir uns alle drei in ein überdimensional großes Bett. Wie ich da zwischen den beiden lag, fühlte ich mich wieder wie ein Kind, das nach einem Albtraum zu den Eltern kriecht. Doch ein paar Stunden später wachte ich mitten in der Nacht auf, allein. Voller Panik rief ich in die Dunkelheit hinein. Der Raum war unerträglich heiß. Draußen im Flur fand ich die Vorrichtung zur Temperaturregelung, aber sie bestand aus so vielen Knöpfen und Einstellungen, dass ich mir keinen Reim darauf machen konnte. Als ich weiter den Flur hinunterging, fand ich Sandy und Anne schlafend, drapiert auf eleganten Möbelstücken, als hätte jemand einen Zauberstab geschwungen, und sie hätten sich auf der Stelle fallen lassen. Am Morgen erfuhr ich, dass sie beide von der Hitze wach geworden waren, sich vergeblich an dem Thermostat versucht und dann die etwas kühlere Luft im Wohnzimmer aufgesucht hatten. Ich fand ein kleines Sofa und rollte mich nah bei ihnen ein.

Im Sommer nach meinem dritten Studienjahr gab es vom Theaterinstitut der UC Berkeley die Möglichkeit, an einem Auslandsstudienprogramm am Trinity College in Dublin teilzunehmen. Als es im Herbstsemester angekündigt worden war, hatte ich mir wehmütig vorgestellt, dass es genau das Richtige für mich wäre, in einer Gruppe mit anderen in ein Flugzeug zu steigen, um einige Monate auf einem anderen Kontinent zu verbringen. In der Woche, in der ich von der Beerdigung meines Vaters zurückgekommen war, ging ich zum Schwarzen Brett an dem kleinen Holzhäuschen, in dem das Institut für Theater, Tanz und Performance-Kunst untergebracht war, und schrieb meinen Namen auf die Liste.

Ich hatte nie damit gerechnet, mich von meinem Heimweh befreien zu können. Ich glaubte immer, ich würde es in der einen oder anderen Form für den Rest meines Lebens mit mir herumtragen. Ich konnte mich an keine Zeit erinnern, in der ich mich nicht geradezu zwanghaft mit zeitlicher und räumlicher Nähe beschäftigte und ständig die Entfernung zu den Menschen abschätzte, die ich liebte.

Doch nach Davids Anruf änderte sich alles. Meine Freiheit stellte sich nicht nach und nach ein, sondern während eines einzigen Gesprächs. Meine Ängste, stellte ich fest, hatten mich nicht geschützt, deshalb gab ich sie auf. Von diesem Moment an hatte ich nie wieder Angst davor wegzugehen. Zuerst lag in dieser Freiheit keine Freude. Der Preis war zu hoch. Wie ein Tier, das sich einen Körperteil abgebissen hat, um aus einer Falle zu entkommen, würde ich Zeit brauchen, um zu akzeptieren, was ich verloren hatte, und wertzuschätzen, was ich gewann.

Als ich in das Flugzeug nach Tufts gestiegen war, hatte ich das Gefühl, alles, was ich kannte und liebte, zurückzulassen. Als ich das Flugzeug nach Irland betrat, hatte ich das Gefühl, dass die Entfernung fast überhaupt keine Rolle spielte. Wohin ich auch immer gehen würde, mein Vater wäre ohnehin nicht mehr da.

Ich liebte Dublin sofort. Es hatte die richtige Höhe, die Häuser waren hoch genug, um den Blick nach oben zu ziehen, aber niedrig genug, dass man den Himmel sehen konnte. Die Architektur des Trinity College aus dem 18. Jahrhundert umfing mich wie ein prächtiger Kokon aus Stein, und jeden Morgen erwachte ich mit dem Blick auf die hellgrüne, rechteckige Rasenfläche des New Square. Der Vater meines Vaters hatte viele Jahrzehnte zuvor am Trinity College Bauingenieurwesen studiert. Er war das einzige von sieben Kindern in seiner irischen Bauernfamilie, das zur Universität gehen konnte. Der Ort barg einen winzigen, bisher vernachlässigten Teil meiner Geschichte, ein kleines Stück des Fadens, der mein Leben mit dem meines Vaters und der Generationen davor verband.

Unser Curriculum in Dublin bestand nur aus Stücken: sie zu lesen, sie zu sehen, sie aufzuführen, über sie zu schreiben. Diese intellektuelle Kost erschien mir genauso dekadent wie die mächtigen Mahlzeiten und Halbliterkrüge Guinness, die ich täglich in den örtlichen Pubs zu mir nahm. Die Verbundenheit Irlands mit seinen Schriftstellern war eine einzigartige

Erfahrung für mich. In den irischen Theatern kannte das Publikum die Stücke auswendig. Ich besuchte im Abbey Theatre (dem Nationaltheater Irlands) eine Inszenierung von Brian Friels *Translations* und beobachtete, wie die Menschen um mich herum zu den Worten der Schauspielenden den Mund bewegten. Ich fühlte mich wie in der Kirche.

An einem regnerischen Abend sahen wir in einem kleinen Theater irgendwo im Stadtteil Temple Bar ein neues Stück, und in der Mitte des zweiten Aktes gab es eine Szene, in der sich jemand erhängte. Beim Anblick der Schlinge begannen meine Handflächen zu kribbeln. Als ein Schauspieler auf den Strick zuging, schloss ich die Augen.

Später stand ich in der kleinen Straße vor dem Theater und wartete auf die anderen aus meiner Gruppe, bis sie sich durch die Lobby voller Menschen ihren Weg gebahnt hatten. Die Abendluft kühlte meinen Körper etwas ab. In den fünf Monaten seit dem Tod meines Vaters hatte ich überall Hinweise auf Suizide gefunden – in Büchern, Filmen und in den sozialen Medien –, aber sie hatten mich nicht auf die gleiche Weise berührt. Es war das Bild der Schlinge selbst. Mit ihm stürmten viele Fragen auf mich ein, die ich eigentlich beiseiteschieben wollte. Die letzten Momente meines Vaters vor und während der Tat schrien ganz hinten in meinem Bewusstsein nach Aufmerksamkeit. Ich wusste nicht, ob mein Vater von etwas Erhöhtem gesprungen war oder es mit dem Fuß unter sich weggestoßen hatte. Ich wusste nicht, an welchem Baum er das Seil festgemacht hatte. Diese Fragen waren direkt nach dem Geschehen schwierig zu stellen gewesen, und es wurde noch unmöglicher, je mehr Zeit verging. Der bloße Anblick eines Seils, das zu einer Schlinge gebunden war, ließ sie alle wieder in meinem Kopf auftauchen. Ich hatte das Gefühl, die Antworten zu kennen würde die größtmögliche Nähe zu ihm bedeuten – zu dem Zeitpunkt, als es geschah.

Die Doktorandin, die für unsere Gruppe verantwortlich war, kam heraus, um mich zu suchen.

»Was ist los?«, fragte sie, und die gelben Straßenlaternen warfen einen Kupferschimmer auf ihr kurzes Haar. »Bist du okay?«

»Ja«, sagte ich. Und dann: »Ich habe Probleme mit Szenen, in denen sich jemand erhängt.«

»Oh, das tut mir leid«, sagte sie, »das wusste ich nicht.«

»Schon okay«, sagte ich, »ich auch nicht.«

Die Schwester meines Vaters organisierte für alle, die im Januar nicht die Reise nach Kalifornien hatten unternehmen können, eine zweite Gedenkfeier für ihn in London. Großvater war inzwischen in seinen Neunzigern, und es machte ihm Probleme zu fliegen. Nach meinen Veranstaltungen am Trinity College begab ich mich auf den kurzen Flug nach London und fuhr in den Süden der Stadt, wo er lebte. Ich fand sein Haus nach dem halben Jahrzehnt, in dem ich es nicht gesehen hatte, unverändert. Sein makelloser Rasen erstreckte sich vom Garten aus einen steilen Abhang hinunter bis hin zu einer Reihe von Bäumen am Fuße des kleinen Tals. Bis auf die letzten Jahre hatte er es selbst mit einem nicht elektrischen Rasenmäher geschnitten. Er kochte für uns ein Mittagessen und servierte es im Esszimmer mit Platzdeckchen und Stoffservietten. Er holte eine Dose mit Eton Mess, einem in England beliebten Dessert mit Erdbeeren, Sahne und Baiser, aus dem Kühlschrank und öffnete eine Flasche Champagner.

Er ähnelte meinem Vater sehr, wie er da mit seinem Glas Schampus im Sonnenschein saß. Ich stellte mir vor, dass sich mein Vater im Laufe der Jahre so weiterentwickelt hätte wie der Mann, der da neben mir saß. Sein Haar wäre dünner geworden, und seine Hände wären voller Altersflecken. Er hatte schon immer zum Lesen eine Brille gebraucht, und in seinen Neunzigern würde er sie vielleicht auch die ganze Zeit über tragen. Auch mein Vater hatte Champagner geliebt.

Ich versuchte, mit meinem Großvater über Trinity zu reden, über das Gefühl von Ruhe und Frieden, das ich innerhalb dieser Mauern empfand. Ich hoffte, er würde über seine eigene Zeit dort sprechen, die Jahrzehnte zurücklag, aber er erzählte nur wenig. Er war ein wortkarger Mensch und sehr britisch in seiner Art, emotionales Terrain sorgfältig zu meiden. Seine Zeit an der Universität, so erfuhr ich später, war durch seine nicht diagnostizierte Legasthenie, Unsicherheiten aufgrund seiner Erziehung und Schulbildung auf dem Land sowie den Konflikt mit einer eifersüchtigen älteren Schwester zu Hause – die ihren Vater überredet hatte, ihm kein Geld mehr zu schicken – nicht einfach gewesen. Ich hatte gehofft, meine Zeit in Dublin würde einen Anknüpfungspunkt zwischen uns bilden, aber die Stadt gehörte einem Teil der Vergangenheit meines Großvaters an, den er am liebsten vergessen wollte.

Als wir dort saßen, hätte ich gern etwas von ihm gehört, was ein neues Licht auf die Ereignisse geworfen hätte. Ich hatte Mühe, die Frage in Worte zu fassen. »Warst du sehr überrascht, als Daddy gestorben ist?«, fragte ich schließlich.

Großvater saß eine Weile schweigend da und blickte auf einen weit entfernten Punkt auf der Baumlinie.

»Eine zweite Ehe geht nie gut«, sagte er dann. Und das war alles.

Jamies Flug nach London war in letzter Minute storniert worden, deshalb las ich vor, was er ausgewählt hatte – denselben Text, den er auch bei der ersten Trauerfeier für unseren Vater dargeboten hatte. Er hatte ein paar Zeilen am Ende von J. R. R. Tolkiens *Die Rückkehr des Königs* ausgesucht.

»Wo gehst du hin, Herr?«, rief Sam, obwohl er endlich begriffen hatte, was geschah.

»Zu den Anfurten, Sam«, sagte Frodo.

»Und ich kann nicht mitkommen.«

»Nein, Sam. Jetzt jedenfalls noch nicht ... Deine Zeit mag noch kommen. Sei nicht zu traurig, Sam. Du kannst nicht immer entzweigerissen sein. Du wirst auf viele Jahre ganz und heil sein müssen. Es gibt noch so viel, woran du dich freuen und was du sein und tun kannst.«

»Aber«, sagte Sam, und Tränen traten ihm in die Augen, »ich glaubte, du würdest dich auch noch auf Jahre und Jahre am Auenland erfreuen, nach allem, was du getan hast.«

»Das habe ich auch einmal geglaubt. Aber ich bin zu schwer verwundet worden, Sam. Ich versuchte, das Auenland zu retten, und es ist gerettet worden, aber nicht für mich. Das lässt sich oft nicht ändern, Sam, wenn Dinge in Gefahr sind: Manche müssen sie aufgeben, sie verlieren, damit andere sie behalten können. Aber du bist mein Erbe: Alles, was ich hatte und hätte haben können, hinterlasse ich dir. Und du hast auch Rosie und Elanor ...«

Jamie hatte geweint, als er das vorlas, und er dachte dabei vermutlich nicht nur an sich, sondern auch an seine beiden kleinen Kinder, die nun aufwachsen würden, ohne ihren Großvater zu kennen. Gleichzeitig schienen diese Worte eine Hoffnung zu enthalten: Der Tod könnte bedeuten, nach einer langen, ermüdenden Suche einen sicheren Hafen zu finden.

Beim Empfang danach stellten mir die Menschen taktvolle Fragen. Manche hatten meinen Vater zehn Jahre lang nicht gesehen, oder zwanzig, und sie versuchten, etwas von mir zu erfahren, so wie ich versucht hatte, etwas von David zu erfahren – und hofften, dass ich Antworten hätte. Ich hatte keine. Die Einzelheiten über die Schließung der Schule wirkten so fadenscheinig und so irreführend, dass ich sie kaum erwähnen wollte. Ich wusste, mein Vater hatte sich nicht umgebracht, weil die Schule geschlossen wurde. Und doch hatte er es getan. Für mich liefen all ihre Fragen und auch meine auf zwei grundsätzliche hinaus: War sein Suizid vermeidbar oder war er unausweichlich gewesen? Ich wusste nicht, welche Antwort die richtige, und auch nicht, welche die bessere war.

Ein Jahr nach dem Tod meines Vaters rief Shirlee an, um mich zu meinem dreiundzwanzigsten Geburtstag zum Essen in ein Restaurant einzuladen. Ich war seit vielen Monaten nicht mehr in dem Haus in der McDonald Avenue gewesen. Ich wusste eigentlich nicht, was uns noch verband. Shirlee hatte einen neuen Freund, und die beiden holten mich in Berkeley ab.

Sie kamen im Auto meines Vaters. Durch das Fenster meines wolkengrauen Zimmers beobachtete ich, wie der weiße Toyota in die Auffahrt einbog. Ich wollte nicht zusehen, wie die beiden ausstiegen, also schnappte ich mir meinen Mantel und lief schnell zur Haustür, bevor sie den Motor abstellen konnten.

Der Freund saß am Steuer. Ich glitt auf den Rücksitz und zog meinen Rock unter mir zurecht. Wir gingen in ein schönes Restaurant, und ich hatte mein Lieblingskleid angezogen. Es war schwarz und mit weißen Origamikranichen bedruckt.

»Hallo«, sagten wir alle.

Er setzte aus der Auffahrt zurück und fuhr die Stuart Street in Richtung des Shattuck-Hotels. Auf dem Beifahrersitz streckte Shirlee ihren Arm aus und legte ihre Hand hinten an seine Kopfstütze, genauso wie sie es bei meinem Vater getan hatte.

Diese Geste brach etwas in mir auf, und Erinnerungen durchströmten mich:

… Meine Mutter, mein Vater, Jamie und ich waren alle im Auto auf dem Weg zu einem Konzert. Auf dem Rücksitz fing Jamie an, mir meinen Arm hinter dem Rücken zu verdrehen; ich schrie auf.

»Gwenny, hör auf damit!«, rief meine Mutter von vorne. Sie legte ihre Hand auf den Rücken des Sitzes meines Vaters und drehte mir ihr Gesicht zu.

»Aber –«, begann ich zu protestieren.

»Es ist mir egal, wer angefangen hat!«

Jamie grinste mich an …

… Mein Vater, Jamie und ich in voller Fahrt auf dem Weg zur Schule.

»Volle Kraft voraus, diese verfluchten Torpedos!«, brüllte mein Vater. Hinter uns blitzten die blauen und roten Lichter eines Polizeiautos auf …

… Shirlee, mein Vater und ich fuhren Tippy zum letzten Mal zum Tierarzt. Ihr schwarz-weißer Kopf in meinem Schoß, ihre beiden verschiedenfarbigen Augen halb geschlossen …

… Shirlee saß am Steuer und ich auf dem Beifahrersitz, auf dem Weg zum Friedhof, mit einem schwarzen Rock, der ein Loch in der Naht hatte …

Jetzt saß ein Mann hinter dem Steuer, den ich nie zuvor gesehen hatte, Shirlee saß vorne und ich – nach all diesen Jahren – hinten in demselben Auto. Ich verspürte den plötzlichen Impuls, an einer roten Ampel meine Tür aufzureißen und hinaus in den Verkehr zu laufen. Aber ich blieb still sitzen und starrte auf die Papierkraniche in meinem Schoß.

Im Restaurant machten wir höfliche Konversation. Der neue Freund schien ein netter, intelligenter Typ zu sein, jemand, den ich gemocht hätte, wenn wir uns in irgendeinem anderen Kontext begegnet wären. Ich freute mich darüber, dass es für Shirlee jemand Neues in ihrem Leben gab. Vielleicht könnten wir noch einmal neu beginnen, unsere angespannte Beziehung zu entwirren, und ich könnte den schmollenden Teenager loslassen, in den ich mich immer noch manchmal in ihrer Gegenwart verwandelte.

Als ich sechzehn war, hatte mich Shirlee einmal dabei erwischt, wie ich mehrere Handvoll ihres teuren Colorshampoos stibitzte. Sie hatte damals nichts gesagt, schenkte mir aber später eine eigene Flasche. Es war eine souveräne, großzügige Geste, und sie hatte mich dazu gebracht, mir eine solche Souveränität und Großzügigkeit für mich selbst zu wünschen. Ich blickte über den Tisch auf die Frau meines Vaters und ihren Freund und dachte, dass sie glücklich wirkten. Nach dem Essen fuhren sie mich nach Hause, und dann gingen die beiden zurück zu dem weißen Auto und fuhren fort.

Als ich zehn war, hatte mir mein Vater ein kleines Schmuckkästchen aus rotem Leder mit verschiedenen Fächern für Ohrringe, Ketten und Ringe geschenkt. Es hatte einen kleinen
Einsatz, den man herausnehmen und in einen Koffer packen
konnte. Auf einem Messingschildchen war eingraviert: *Gwenny,
in Liebe*. Bis zu meinem Collegeabschluss war das rote, innen
mit Samt bezogene Lederkästchen langsam voll geworden,
wobei die Geschenke meiner Mutter einen immer größeren
Platz darin einnahmen.

Ich habe diesen Ring sehr bewundert, und dein Daddy hat ihn für mich gekauft. Der ursprüngliche Stein ist zerbrochen, und ich habe ihn ersetzen lassen. Als mein Ehering mir nicht mehr gepasst hat, habe ich diesen oft an seiner Stelle getragen. Ich bin seiner nie überdrüssig geworden und habe auch nie einen gefunden, den ich lieber mochte. Ich kann nicht genau sagen, warum ich ihn so mochte. Mit dem Geschmack ist es so eine Sache. Jedenfalls hoffe ich, dass er dir auch gefällt.
    XOX Mommy

Ich hatte zur Abschlussfeier ein neues, weißes Seidenkleid gekauft, mit großen pflaumenfarbenen Kreisen. Der Ring, den ich in der Truhe gefunden hatte, ein Amethyst in einem dunklen Violett, flankiert von sehr kleinen klaren Kristallen, passte wunderbar dazu. Viele Jahre lang hatte ich das Gefühl gehabt, dass ich nie die Gelegenheit haben würde, dieses spezielle Päckchen zu öffnen. Ich schob den Ring auf meinen Finger und stellte mir vor, wie mein Vater nach der Abschlussfeier meine Hand nehmen würde.

»Gut gemacht«, würde er sagen. Das war es, was er immer sagte, ob ich nun eine Auszeichnung in der Schule bekommen hatte oder hingefallen war und mir das Knie aufgeschlagen hatte. »Gut gemacht.«

Ich würde darauf warten, dass er den Ring erkannte. Sein eigener erster Ehering bestand aus einem feinen Geflecht aus Rot-, Gelb- und Weißgold, das wirkte, als wäre es aus Weizen gewoben oder seinem eigenen rötlich blonden Haar. Nach dem Tod meiner Mutter bewahrte er ihn in der obersten Schublade seines Schreibtisches auf, und ich nahm ihn manchmal heraus, um ihn anzusehen. Ich rollte ihn immer wieder zwischen meinen Fingern hin und her und suchte nach der Stelle, wo die beiden Enden zusammengeschweißt worden waren, doch der Kreis blieb immer perfekt – ein Zeichen für Unendlichkeit.

Ich würde ihm sagen, was meine Mutter geschrieben hatte – darüber, dass der Stein einmal zerbrochen und ersetzt worden war und wie sie dazu übergegangen war, ihn als Ehering zu tragen.

»Mensch«, würde er sagen, »das hatte ich alles ganz vergessen.«

Und es würde nichts ausmachen, dass er es vergessen hatte, weil es mir Freude bereiten würde, ihn daran zu erinnern.

Ich hielt meine kleine Ansprache an diesem Nachmittag vor den Familien und Freundinnen und Freunden meines Abschluss-jahrgangs am Institut für Theater, Tanz und Performance Studies. Meine Familie besetzte eine ganze Reihe des Theaters: Jamie mit Sally und ihren Kindern und die Geschwister meiner Mutter. Als ich auf sie hinunterblickte, hatte ich wieder das Gefühl, meine Mutter dort zu sehen, angeregt durch so viele Menschen, die mit ihr verwandt waren. Sie hätte sich diesen Augenblick nicht entgehen lassen – als ich endlich das geschafft hatte, wovon sie immer gewusst hatte, dass ich es konnte.

Nach dem Abschluss behielt ich mein gemietetes Zimmer in Berkeley, während es ansonsten in der Wohngemeinschaft eine hohe Fluktuation gab. Ich fühlte mich immer noch unsicher und verloren. Ich war dreiundzwanzig und hatte keine Eltern, die mir sagten, was ich mit meiner Zukunft anfangen könnte. Die Freiheit von jeglichen äußeren Erwartungen war leicht berauschend, aber auch ziemlich beängstigend.

Wieder wandte ich mich dem Einzigen zu, worin ich mich einigermaßen sicher fühlte. Mit einigen Freundinnen und Freunden vom College gründete ich in San Francisco eine kleine Theaterkompanie. Wir hatten kein Geld, um Aufführungsrechte zu erwerben, und so zeigten wir in unserer ersten Saison hauptsächlich ganz neue Werke von Autorinnen, mit denen wir befreundet waren. Für jene Saison schrieb ich mein erstes abendfüllendes Stück über drei erwachsene Geschwister, die sich damit abmühen, nach dem Suizid ihres Vaters einen Nachruf auf ihn zu verfassen, während ein Tornado auf ihre kleine Stadt zustürmt. Ich führte auch Regie. Der bescheidene Erfolg dieser Inszenierung sicherte uns einen festen Platz innerhalb einer etwas größeren Theaterkompanie, und ich wurde zur Intendantin unseres sehr kleinen Unternehmens.

Weihnachten verbrachte ich bei Jamie und seiner Familie. Die Zwillinge waren fünf, voller Elan und Lebensfreude. Jamie und Sally hatten in Charleston, South Carolina, ein neues Haus gekauft, und als wir fünf um den (normal großen) Weihnachtsbaum herumsaßen, hatte ich das Gefühl, dass es mir genügen könnte, für immer ein Teil dieser Familie zu sein. Jamies unerwartet schneller Weg zur Vaterschaft hatte mir ein Zuhause beschert, nachdem ich meines verloren hatte. Und wenn ich auch niemals so daran hängen würde wie an dem Haus, in dem ich aufgewachsen war, so war es doch immerhin ein Ort, an dem ich mich zugehörig fühlte.

Ich flog rechtzeitig nach Kalifornien zurück, um die drei Tage vor Silvester mit den Sensational Six in dem Haus in Bodega zu verbringen. Während dieser Zusammenkunft, unserer fünften, schlug jemand vor, Voraussagen für die nächsten fünf Jahre zu machen und sie unserer Zeitkapsel hinzuzufügen. Ich schrieb, dass ich mir vorstellte, in fünf Jahren in Irland zu leben und Theaterstücke zu schreiben. Als ich meinen von einer brauen Lebensmitteltüte abgerissenen Zettel zusammenfaltete und in das Glas steckte, wurde mir bewusst, dass ich mir hier zum ersten Mal erlaubt hatte, mir überhaupt eine Zukunft auszumalen.

Fünfundzwanzigster Geburtstag:

*An einem bestimmten Punkt meiner eher unorthodoxen Col-
legekarriere nahm ich mir eine Auszeit, um Reservate im
Südwesten zu besuchen: Reservate der Navajo, Hopi, Zuni
und Santo Domingo. Alle Conchos sind von den Künstlern
signiert. Dies hier ist höchstwahrscheinlich zu einem Samm-
lerstück geworden.*

Auf dem Flug zu meiner Graduate School saß ich zwischen Sandy und Anne, die angeboten hatten, mich sicher in meiner neuen Heimat in Providence, Rhode Island, abzuliefern. Sie blieben ein paar Tage und halfen mir dabei, in Federal Hill ein kleines Haus zur Miete zu finden, dessen Vermieterin versprach, dass sie ein Auge auf mich haben würde. Sie packten mit mir zusammen die mitgebrachten Koffer aus. Alles andere, was ich besaß, einschließlich der Truhe, durchquerte auf dem langsamen Weg per Lkw das Land. Sie fuhren mit mir zu einem Discounter und kauften mir ein Schneidebrett, Reinigungsmittel, Toilettenpapier. Wir hatten alle drei zusammen ein Doppelzimmer im Holiday Inn und wechselten uns mit dem Schlafen ab.

»Bist du sicher, dass du okay sein wirst?«, fragten sie, als sie ihren Mietwagen beluden, um zurück zum Flughafen zu fahren.

»Alles gut«, sagte ich und meinte es auch. Mein gescheiterter Versuch, zum Studium in den Osten des Landes zu ziehen, lag sieben Jahre zurück. Seitdem hatte sich jede Zelle in meinem Körper einmal erneuert. Das Ganze hätte praktisch einer anderen Person passiert sein können.

Auch meine Mutter war in ihren Zwanzigern für die Zeit nach dem Collegeabschluss in Richtung Osten gezogen, aber sie wollte Betriebswirtschaft studieren, und ich versuchte,

Schauspielerin zu werden. Ein kleiner Anteil in mir fragte sich, ob sie mit einer so unvorhersehbaren Laufbahn einverstanden gewesen wäre, doch ein anderer, größerer Anteil war sich sicher, dass sie zugestimmt hätte.

»Du hast es richtig gut raus mit den Dialogen«, hatte sie gesagt, als ich sieben war und ihr ein kurzes Stück vorgelesen hatte, das ich für meine Freundinnen und Freunde für eine Aufführung geschrieben hatte.

»Vielleicht wirst du einmal Schauspielerin oder Schriftstellerin.« Sie hatte das gesagt, als wären das vollkommen vernünftige Pläne.

Die kleine Stadt in New England hatte eine angenehme Größe – es war eine kleine, dichte Blase, in der ich drei Jahre lang damit zubringen würde, mein Handwerk zu erlernen. Ich prägte mir den Weg von meiner Haustür zum Theater im Stadtzentrum gut ein, und eine Zeit lang brauchte ich mir keinen anderen Weg zu merken. Ich lernte die Namen der anderen Schauspieler und Schauspielerinnen meiner Klasse, und das waren die einzigen Namen, die ich brauchte, zehn Stunden pro Tag, sechs Tage pro Woche.

An meinem ersten Abend allein in einer neuen Stadt traf ich mich mit den anderen aus meiner Klasse in einer Kellerkneipe, in der montags eine Jazzband, bestehend aus sechzehn Musikern, spielte. Nachdem ich an der Theke ein Bier bestellt hatte, drehte ich mich um und sah einen großen Mann im Türrahmen stehen. Er hatte dunkles, gewelltes Haar und verschmitzte nussbraune Augen. Er war mir schon fünf Monate vorher beim Welcome Weekend für die künftigen Studierenden aufgefallen. Damals hatte ich versucht, ihn nicht weiter zu beachten, und mir gesagt, dass er schließlich ein späterer Kommilitone sein würde. Bei dem Wochenende hatte es eine Reihe von Veranstaltungen zum Kennenlernen und Workshops gegeben, bei denen ich erfahren hatte, dass er Will hieß, dass er – über New York – aus Florida kam und dass ich seine Art zu spielen sehr mochte. Am zweiten Abend hatte ich mich, nach ein paar Bier, zu ihm hinübergelehnt und über den Lärm hinweg gefragt: »Und glaubst du, dass du im Herbst dabei sein wirst?« Einige Leute waren noch mit Angeboten von verschiedenen Institutionen beschäftigt und wollten sich erst danach entscheiden.

Will lehnte sich zu mir herüber. »Wenn du es bist, ja«, sagte er grinsend.

Nun ging ich, bei anschwellender Jazzmusik, auf die Gestalt am Eingang zu. Er kam mir entgegen.

»Da bist du ja«, sagte ich.

»Da bist du ja«, sagte er, und wir umarmten uns. Tage später lud mich Will auf einen Kaffee ein. Er sagte, was wir beide wussten – dass da offensichtlich etwas zwischen uns war.

»Aber wir sind hier, um zu lernen«, protestierte ich, immer noch sehr auf Regeln bedacht. »Alle sind deshalb hier. Es ist sicher besser für uns, wenn wir das hier nicht verkomplizieren.«

Er lächelte mich über den wackeligen Caféhaustisch an. »Ich höre deine Worte«, sagte er. »Aber ich möchte mit allem Respekt widersprechen.«

Als ich daraufhin schwieg, fuhr er fort: »Weißt du was, lass uns in ein paar Wochen noch mal darüber reden.«

Es stellte sich heraus, dass die Schauspielausbildung sich in etwa so anfühlte, als würden dein Körper und dein Verstand auseinandergenommen und dann wieder zusammengesetzt. Bevor wir das Schauspielern lernen konnten, so wurde uns gesagt, müssten wir lernen, zu gehen, zu sprechen, zu atmen. Wir übten, indem wir stundenlang auf Stühlen saßen, ohne uns mit dem Rücken anzulehnen, um die tief im Rumpf liegenden Muskeln zu stärken. Wir übten das Treppensteigen. Wir übten das Stillstehen. Wir übten, unseren Namen auf eine einfache Weise auszusprechen, die nicht entschuldigend klang. Wir übten, Raum einzunehmen.

In der ersten Woche legte der Bewegungslehrer seine Finger auf meine Schulterblätter, nachdem er mich in einer Szene hatte spielen sehen, und zog sie sanft zusammen, damit sich mein Brustkorb weiten und den Raum um das Herz herum öffnen konnte.

»Viel, viel schöner so«, sagte er. »Wir werden drei Jahre lang daran arbeiten.«

Im Sprechunterricht lernten wir »American Theater Standard«, einen Bühnendialekt, der Merkmale des gehobenen amerikanischen und britischen Englisch enthält.

Beim Stimmbildungsunterricht drückte der Lehrer auf mein Zwerchfell, während ich einen Monolog sprach, und meine Beine verwandelten sich unter mir in Wasser. Gleichzeitig flossen mir die Tränen.

»Ich kenne Sie noch nicht«, sagte er, »aber Sie halten dort etwas fest. Haben Sie eine Ahnung, was das sein könnte?«

Als mein Umzugswagen ankam, zwei Wochen später als geplant, halfen mir etliche Kommilitonen und Kommilitoninnen beim Entladen. Sie schleppten Möbel und brachten Bilder an den Wänden an – im Austausch für das Bier und die Pizzas, die ich ausgab. Dann gingen sie, einer nach dem anderen, bis Will und ich zwischen den leeren Kisten allein waren. Als er mich in einem Haufen voller achtlos weggeworfener Luftpolsterfolien küsste, vergaß ich all meine Vorbehalte.

Ich hatte keine Ahnung, was aus den Zirkoniasteinchen

geworden war, die mein Vater meinen Verehrern vorlegen wollte, doch zwischen den lebhaften Geräuschen der Luftpolsterfolie stellte ich mir noch vor, wie Will sie sorgfältig aussortiert hätte.

Im vierten Monat meines ersten Studienjahres an der Graduate School brach ein Fremder in mein Haus ein. Will und ich kamen spätabends vom Theater zurück und fanden die hintere Tür leicht geöffnet. Zuerst sah ich keinen Grund zur Beunruhigung; ich war noch nie zuvor ausgeraubt worden. Erst als ich nach oben ging und bemerkte, dass jemand meine Schubladen durchsucht und einen Kopfkissenbezug von meinem Bett genommen hatte, kam mir schlagartig die Truhe in den Sinn.

Sie stand am Fußende meines Bettes, keinesfalls zu übersehen, eine regelrechte Schatztruhe mitten im Zimmer. Ich starrte den laminierten Deckel an. Etwas in mir fiel und fiel und schlug nicht auf dem Boden auf. Ich machte im Kopf eine rasche Bestandsaufnahme von allem, was noch in ihrem Innern war: *sechsundzwanzigster Geburtstag, siebenundzwanzigster, achtundzwanzigster, neunundzwanzigster, dreißigster, Verlobung, Hochzeit, Baby.* Als ich neben Will in der Türöffnung stand, war das stärkste der in mir hochsteigenden Gefühle das Gefühl der Scham. Ich hatte Will die Geschichte von der Truhe noch nicht erzählt. Auch die Briefe, die ich schon geöffnet hatte, waren dort aufbewahrt, und wenn sie verschwunden waren, wenn ich sie verloren hatte, würde ich ihm nie davon erzählen können. Wie konnte ich die Truhe nur so schlecht geschützt lassen? Mein ganzer Körper wurde heiß vor Panik, aber wenn

Will meine Angst sehen konnte, müsste ich ihm meinen Fehler gestehen. Es war wie mit der Korallenkette. Wenn niemand wusste, was ich verloren hatte, wäre der Verlust vielleicht gar nicht real. Ich beugte mich so beiläufig wie nur möglich hinunter und hob den Deckel an.

Ein halbes Dutzend Schachteln und eine Handvoll Briefumschläge blickten mir mit ihren ordentlichen Etiketten entgegen. Nicht ein einziges Teil fehlte. Ich schickte ein stilles Dankesgebet ans Universum. Dann setzte ich mich aufs Bett, und als ich wieder ruhig atmen konnte, begann ich zu lachen. Will, der immer noch in der Tür stand, zog mitleidig die Augenbrauen zusammen.

»Es tut mir so leid, dass das passiert ist«, sagte er.

Ich wischte seine Anteilnahme beiseite und kicherte, immer noch unkontrolliert. »Das ist nicht so wichtig«, sagte ich und meinte das auch. »Alles gut.«

Der Einbrecher hatte meinen Laptop mitgenommen, einen alten iPod und ein bisschen Schmuck aus meiner Schublade (keinen von meiner Mutter). Ich hatte unbeschreibliches Glück gehabt, als hätte ich all die Geschenke aus der Truhe noch einmal erhalten. Nachdem die Polizei gekommen und wieder gegangen war, stellte ich sie auf ein hohes Regal ganz hinten im Schrank und versteckte sie hinter einem Stapel Decken. Ich schwor mir, in Zukunft vorsichtiger zu sein.

Im Frühjahr kamen Wills Eltern zu Besuch, sie wollten uns in einer studentischen Inszenierung von John Patrick Shanleys *Savage in Limbo* sehen. Zu wissen, dass sie im Publikum saßen, machte mich besonders nervös.

»Ich habe schon so viel von Ihnen gehört«, sagte ich nach der Vorstellung zu seiner Mutter, als ich ihr die Hand schüttelte. Dann sah ich hinunter auf die langen roten Acrylnägel, die ich für meine Rolle getragen hatte. »Ich möchte nur, dass Sie wissen«, flüsterte ich ihr ins Ohr, »dass das nicht meine echten Fingernägel sind.«

»Okay«, sagte sie und lächelte.

Ich wusste nicht, dass unser leitender Schauspiellehrer, Brian, der während der Vorstellung neben ihr gesessen hatte und in einem anderen Stück (in Frauenkleidern) spielte, sich gerade vorgestellt und ihr das Gleiche gesagt hatte.

Wills Eltern luden uns zum Essen in ein Restaurant ein und stellten mir über die Salatteller hinweg aufmerksame Fragen. Ich wünschte mir, ich könnte Will meinen Eltern vorstellen. Ich empfand ihre Abwesenheit besonders heftig, wenn jemand Neues in mein Leben trat und mir bewusst wurde, dass er oder sie diesen Teil von mir nie kennenlernen würde. Ich wollte eine Geschichte vorweisen können, einen Hintergrund, wollte, dass jemand in einem Restaurant ein Album mit Babyfotos hervorholt. Ich wollte, dass meine Eltern denen von Will gegenübersitzen und sich darüber austauschen, in welchem Alter wir angefangen haben zu sprechen und zu laufen und wann wir gelernt haben zu lesen. Wir waren nur vier Monate auseinander, und unsere Eltern wären ungefähr im gleichen Alter gewesen. Sie hätten sich so viel zu erzählen gehabt. Ich dachte, wie wundervoll es sich anfühlen würde, die vier um einen Tisch herum versammelt zu sehen, wie sie sich gegenseitig unter die Lupe nahmen und heimlich Pläne machten.

Eines Abends, ein paar Monate nach *Savage,* erzählte ich Will die Geschichte der Truhe und fragte ihn, ob er sich das Video ansehen würde, das meine Mutter für Jamie und mich gemacht und das ich nicht gesehen hatte, seit ich vierzehn war. Ich hatte es vorher noch nie irgendjemandem gezeigt.

»Es ist ziemlich heftig«, sagte ich, »und du musst nicht, wenn es zu unangenehm für dich ist, aber ich glaube, es wäre eine Möglichkeit für dich, sie ein bisschen kennenzulernen, und das würde mir viel bedeuten.«

Für Will gab es kein Zögern.

»Das fände ich sehr schön«, sagte er.

Wir sahen uns die DVD auf meinem Laptop an und saßen dabei auf meinem Bett. Zuerst sah ich immer wieder zu ihm hinüber, besorgt, dass es ihm zu viel werden könnte. Aber dann nahm mich das Video immer mehr gefangen, und ich weinte beim Zuschauen, wie ich seit Jahren nicht mehr geweint hatte. Will legte seine Arme um mich, und ich merkte, dass er auch weinte. Wir sahen es uns bis zum Ende an, und danach saßen wir auf dem Bett und pressten unsere nassen Gesichter aneinander.

Kurz vor Semesterende erhielt ich einen Anruf von Jamie. Ich wusste in dem Moment, in dem ich seine Stimme hörte, dass etwas nicht in Ordnung war.

»Was ist los?«, fragte ich. Ich stand in der Lobby eines der Theater, in einer Probenpause eines neuen Stücks.

Er sagte mir, dass seine Ehe zerbrochen sei. Ich glitt an der Wand, an der ich lehnte, nach unten auf den roten Plüschteppich.

»Niemand hat Schuld«, sagte er, »es ist eben einfach so.«

Ich konnte mich nicht erinnern, dass er jemals so schwach geklungen hatte, so niedergedrückt. Ich hatte den plötzlichen Drang, etwas zu zerschlagen.

Es reicht, wollte ich Gott sagen oder dem Universum. *Es ist doch schon genug.*

Ich war nicht nur seinetwegen traurig. Seit vier Jahren hatte ich alle meine Ferien bei seiner Familie verbracht. Ich liebte es, zu ihnen nach Hause zu kommen, zu ihnen zu gehören. *Gründe eine Familie,* wiederholte ich im Geiste zu mir selbst, *und die Welt wird einen Weg finden, sie zu zerstören.*

»Was passiert mit den Zwillingen?« Sie waren gerade sieben geworden.

»Wir werden die Zeit gleichberechtigt aufteilen. Sally hat eine Wohnung in der Nähe gefunden.«

Mir wurde bewusst, dass meine Eltern das auch getan hätten, wenn meine Mutter am Leben geblieben wäre. Sie hätten sich scheiden lassen und sich Häuser gekauft, die nicht zu weit voneinander entfernt lagen. Sie hätten alles getan, um unser Leben nicht auseinanderbrechen zu lassen.

Ich hasste es, mir Jamie allein in seinem Haus vorzustellen, wenn die Kinder bei ihrer Mutter wären. Ich wollte in ein Flugzeug springen und bei ihm in seinem Wohnzimmer sein, bevor es draußen dunkel wurde. Ich wollte ihn in meine Arme schließen, ihn mit meinem Körper gegen die Welt abschirmen. Ich fragte mich, ob er das Haus behalten würde. Zu Hause war für mich, wo immer Jamie war. Es war schon lange kein physischer Ort mehr.

Im dritten Jahr meiner Graduate School schrieb ich ein weiteres Stück über Geschwister, die den Tod ihrer Eltern betrauerten. Es handelte von einem Bruder und einer Schwester, die die Asche ihrer verstorbenen Eltern miteinander vermischen und sie in einem Smoothie trinken. Die Idee dazu war aus einer der Nachrichten von meiner Mutter entstanden.

> *Aus irgendeinem Grund,* hatte sie gesagt, *haben wir in unserer Kultur versucht, den Tod aus unserem Leben zu verbannen, und daher wissen wir auch nicht sehr viel über ihn. Wir haben keine Traditionen, auf die wir uns berufen können, wenn es darum geht, die Trauernden zu unterstützen. Jede Familie muss zum größten Teil allein versuchen herauszufinden, wie sie mit alldem umgehen kann.*

Ich wollte einen Weg finden, wie die Geschwister ihren Toten näher sein könnten, statt sie loszuwerden – so nah wie nur menschenmöglich: in ihrem eigenen Körper. Nachdem ich ein wenig recherchiert hatte, stellte ich fest, dass ich diese Idee nicht erfunden hatte, es gab ähnliche Rituale in Teilen Asiens und Südamerikas. In dem Stück kamen die Geschwister gemeinsam auf diese Lösung. Es war nichts Tradiertes oder Vorgeschriebenes, sondern etwas Spontanes und daher

Authentisches. Ich fragte mich, ob Jamie und ich so etwas je hätten machen können, wenn unser Vater kremiert worden wäre – ob wir irgendeine Art von Trost darin gefunden hätten, einen Teil des Körpers, der uns miterschaffen hatte, in uns aufzunehmen.

Einige Monate vor dem Abschluss sagte mir eine Freundin, die Regie studierte, dass sie eine Theaterkompanie gründen wollte und dass sie gern ein Stück bei mir in Auftrag geben würde.

»Aber ich bin Schauspielerin«, sagte ich.

»Aber du bist Schriftstellerin«, sagte sie, und es klang sehr überzeugt.

Achtundzwanzigster Geburtstag:

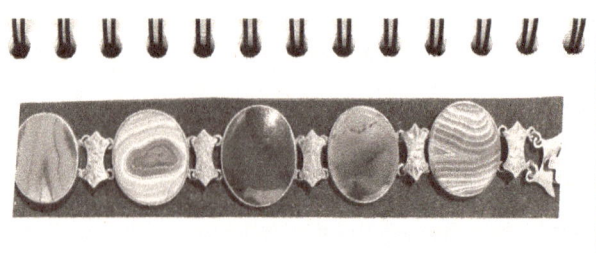

*Dieses Armband stammt von deiner Urgroßmutter, Gwen.
Ich dachte mir, es würde sicher die Steinesammlerin in dir
ansprechen, meine kleine Mineralienexpertin.*

Ich hab dich lieb, Mommy

Als ich ein Kind war, wies meine Mutter immer gern darauf hin, dass ich nicht nach meiner Urgroßmutter genannt worden war. Diese hieß Gwendoline, und ich bin Genevieve, aber irgendwann wurden wir beide zu Gwen. In meiner Kindheit und Jugendzeit hing an der Wand in unserer Küche die Kopie eines Gemäldes von meinem Urgroßvater, das eine junge Frau zeigte, die aufrecht im Bett saß und las. Sie trug ein weißes Nachthemd, einen rosafarbenen, seidenen Morgenrock und eine lange Perlenkette. Ein schmaler Streifen eines hauchdünnen Stoffes lag wie ein Ring um ihr kurz geschnittenes dunkles Haar, nach der Mode der 1920er-Jahre. Das Bild trug den Titel *Gwen im Bett*.

Die Mutter von Granny Liz, eine wohlbekannte Schönheit der Londoner Gesellschaft, war die »Femme fatale« unserer Familiengeschichte. Sie hatte ganze vier Ehemänner, und von jedem hatte sie etwas anderes bekommen. Ihr erster Mann machte sie zu einer jungen Kriegerwitwe. Ihr zweiter, mein Urgroßvater, war ein Künstler und malte sie viele Male. Sie verließ ihn, nach acht Jahren und drei Töchtern, für einen wohlhabenden Buchhalter im Ritterstand, der innerhalb von einem Jahr starb und sie (schon wieder) zur Witwe und damit reich machte. Ihr letzter Ehemann schenkte ihr einen Sohn, bevor auch er starb. Unter den Händen Gwendolines, so klang immer in der Geschichte an, wurde die Ehe zu einem Instrument, ja sogar zu einer Waffe.

Als sie von meinem Urgroßvater geschieden wurde, änderte Gwendoline offiziell die Nachnamen ihrer Töchter und verwehrte ihm, sie zu sehen. Einige Zeit nach dem Tag, an dem er Granny Liz den kleinen Schokoladenmann schenkte, verschwor sich mein Urgroßvater mit der Nanny der Mädchen, um sich heimlich mit ihnen im Regent's Park zu treffen. Während des letzten dieser erschlichenen Besuche malte er sie: drei Mädchen in Hauben und Mary Jane, das Kindermädchen, nähend im Hintergrund, eine Doppelagentin in Hut und Trägerschürze. Granny Liz würde ihren Vater nicht mehr wiedersehen, bis sie achtzehn war, direkt bevor sie heiratete und England für immer verließ.

Auch diese Ehe würde mit einer Scheidung enden. Als sie starb, war Granny Liz dreimal verheiratet gewesen. Meine Mutter hatte nur einmal geheiratet, aber wie ich bei ihrer Therapeutin erfahren hatte, war die Ehe sehr unglücklich gewesen und bereits vor ihrem Tod vorbei.

Manchmal stellte ich mir uns vier vor, die direkte mütterliche Linie, wie jede von uns sich nach ihrer Vorgängerin umblickt und nach Antworten auf die Frage sucht, wie man sein ganzes Leben mit jemandem zusammen sein könne. In meiner Fantasie trugen wir alle kleine Tropenhelme, wie Archäologen aus der viktorianischen Zeit, und wühlten zwischen den Trümmern unserer Vergangenheit herum, hantierten mit Spitzhacken und weichen Pinseln und hielten unsere Fundstücke, eines nach dem anderen, gegen das Licht.

Das Achatarmband war eine breite Manschette aus Splittern rosafarbener und grauer Steine. Es war ein schweres, strenges Schmuckstück. An meinem achtundzwanzigsten Geburtstag befanden Will und ich uns in den letzten Monaten unserer Schauspielausbildung an der Graduate School. Im Juni würden wir zusammen mit den meisten unserer Mitstudierenden nach New York ziehen und versuchen, in der Welt des Theaters Fuß zu fassen.

Im Laufe von zweieinhalb Jahren hatte sich meine Verbindung mit Will zu etwas vertieft, was anders als jede Beziehung war, die ich bislang kannte. In der Vergangenheit war ich immer davon ausgegangen, dass meine Partnerschaften enden würden, dass sich unser Leben irgendwann in verschiedene Richtungen entwickeln und wir einander loslassen würden. Doch jetzt hatte ich zum ersten Mal keine Vorstellung davon, wie diese Verbindung sich gestalten würde. Ich fühlte mich vollkommen, in beängstigender Weise, verletzlich.

An einem Abend, ein paar Monate nach dem Beginn unserer Beziehung, hatte ich in Wills Apartment in Providence gesessen und mit den Fingernägeln Muster in den grauen Mikrofaserstoff seines Sofas gezeichnet.

»Ich weiß nicht, ob ich jemals heiraten möchte«, hatte ich gesagt und dabei eine Kritzelei mit einem Handstreich weggewischt und eine neue begonnen. »Ich dachte mir, du solltest das wissen, falls das für dich wichtig ist. Ich meine, ich glaube an Beziehungen, ich bin nur nicht sicher, was die, na ja, Institution betrifft.«

Ich wartete eine ganze Weile, während Will nachdachte.

»Ich bin da auch unsicher«, sagte er, und dabei beließen wir es.

Ich hatte diese Grenze zwischen uns in der Hoffnung errichtet, sie würde mich davor schützen, später etwas zu verlieren. Wenn wir niemals eine Familie wurden, konnte diese Familie auch nicht auseinanderbrechen. Doch während die letzten

Wochen unserer Ausbildung vorbeirasten, sollte ich erfahren, dass Will und ich eine Familie wurden, ob ich es so gewollt hatte oder nicht.

Wir zogen in der heißesten Zeit des Sommers zusammen, in eine Wohnung in Brooklyn mit nur einem Schlafzimmer mit großen Fenstern und einer Wand aus rohen Ziegelsteinen. Wir probten für Theaterstücke, Fernsehshows und Werbefilme, und ich versuchte, ein paar ruhige Stunden abzuzweigen, um mein Stück zu schreiben. Es stellte sich heraus, dass unsere neue Nachbarin unter uns für das Theater schrieb, und sie bot großzügig an, das Skript, an dem ich arbeitete, zu lesen. Ich zahlte es ihr in Sauerteigbrot zurück, das ich in meinem kleinen Gasofen zubereitete, dessen unberechenbarer Zündmechanismus manchmal kleine Explosionen verursachte, sodass die Schranktüren klapperten.

Als die Umzugshelfer mit uns zusammen all unsere Sachen die zwei gewundenen Treppen hochgetragen hatten, hatte ich die Wandschränke nach einem Platz für die Truhe durchsucht. Sie war inzwischen sehr leicht geworden. Die Geschenke, die ich bereits ausgepackt hatte, passten genau, wenn auch gerade so, in mein Schmuckkästchen, und ich hätte die verbliebenen Päckchen einfach herausnehmen und die leere Truhe an den Straßenrand stellen können, wo sie der Recycling-Müllwagen abholen würde. Ihre Ecken waren durch den letzten großen Umzug leicht angeschlagen, und bei einem anderen Umzug hatte sie jemand mit durchsichtigem Klebeband umwickelt, damit sie nicht aufging. Ich hätte das Band nicht wieder entfernen können, ohne etwas von der laminierten Oberfläche der Truhe abzureißen, deshalb hatte ich es einfach mit einem Messer durchgeschnitten. Einer der Beschläge war verbogen und schloss nicht mehr. Es war am Ende doch nur Pappe; sie war nicht für die Ewigkeit gemacht. Doch die Truhe selbst war mir über die Jahre ans Herz gewachsen. Ihr Vorhandensein hatte, selbst versteckt in einem Schrank, die Verbindung zu meiner Mutter lebendig gehalten. Sechzehn Jahre lang hatte sie mir die Sicherheit vermittelt, dass das Gespräch zwischen ihr und mir nicht abgerissen war. Ich verstaute die fast leere Truhe an dem Platz unter meinen aufgehängten Wintermänteln und schloss die Tür zum Schrank.

Zu meinem dreißigsten Geburtstag kam Jamie zu einem Besuch zu uns nach New York und brachte seine Freundin mit. Anne war in meinem Alter und hatte ruhige blaue Augen und dunkelblonde Locken. Sie waren schon ein paar Jahre zusammen, und es war deutlich, dass sie Jamies Kinder liebte, die gerade dreizehn geworden waren.

Während des Besuchs schliefen Jamie und Anne auf einer aufblasbaren Matratze auf dem Küchenfußboden, und wir blieben alle vier bis in die Nacht hinein auf, spielten Karten und tranken in der Kneipe gegenüber Bier.

Als Jamie und Will sich zum ersten Mal begegnet waren, hatte ich darum gebetet, dass sie sich mögen würden. Ich hätte nicht gewusst, was ich machen sollte, wenn die beiden wichtigsten Menschen in meinem Leben nicht miteinander klarkommen würden. Doch ich hätte mir keine Gedanken zu machen brauchen. Als wir zum ersten Mal gemeinsam Weihnachten feierten, hatten Jamie und Will mehr oder weniger die gleichen Geschenke füreinander (einen Bierkrug aus Steingut in mittelalterlichem Stil und ein Wikinger-Trinkhorn), ohne es mit mir abgesprochen zu haben. Will und Anne hatten sich auch miteinander angefreundet und verbrachten gern Zeit zusammen, wenn Jamie und ich uns einmal alleine austauschen wollten.

»Ist das denn zu glauben?«, fragte ich Jamie, als wir Will und Anne hinterhersahen, wie sie zusammen zum Fitnesscenter gingen.

»Ich weiß«, sagte er. »Manchmal habe ich das Gefühl, wir sind mit derselben Person zusammen.«

Auch Freesia war mit dem Flugzeug zu meinem Geburtstag gekommen, und am Abend vorher hatten wir uns alle in unserem engen Wohnzimmer versammelt, um die letzten Minuten meiner Zwanzigerjahre herunterzuzählen. Ich war um 00:07 Uhr morgens geboren, sieben Minuten in den Geburtstag meiner Mutter hinein. Um 00.06 Uhr hielt ich ein dünnes rechteckiges Lederetui, mit einem rosa Band verschlossen, in die Luft, sodass es alle sehen konnten. Es waren zwanzig Jahre vergangen, seit ich das erste Geschenk aus der Truhe aufgemacht hatte, an der Seite meiner Mutter. Zwei Jahrzehnte später empfand ich die gleiche erwartungsvolle Aufregung. Aber da war auch noch ein anderes Gefühl. Das schwarze Notizbuch lag auf dem Couchtisch bereit, sein Einband war bereits etwas angegriffen. Dies war der letzte Geburtstagseintrag auf der Liste, die in dem gewölbten Deckel der Truhe hing. Das Etui zu öffnen würde eine neue Art des Abschiednehmens bedeuten.

»Zehn, neun, acht ...«, riefen wir, »drei, zwei eins!«

Ich zog das rosa Band ab und ließ das Etui aufschnappen. Darin fand ich eine hübsche silberne Nadel mit eingearbeiteten Saphiren, doch als ich zu der entsprechenden Seite im Notizbuch blätterte, war der Platz unter dem Foto leer. Zum zweiten Mal hatte meine Mutter keine Information über das Geschenk gegeben, das sie ausgesucht hatte. Vielleicht war die Zeit zu knapp geworden.

Als ich das erste Mal eine Schachtel aus der Truhe nahm, hatte ich geglaubt, meine Welt würde auf ewig durch den Ver-

lust meiner Mutter bestimmt werden und auf die wenigen Qua-
dratkilometer, die ihre Anwesenheit mit Sicherheit erfüllt hatte,
begrenzt bleiben. Jahrelang hatte jedes der aufeinanderfolgen-
den Päckchen sich angefühlt wie der Griff nach einer winzigen Rettungsinsel auf einem dunklen, unsicheren Ozean. Doch
als ich jetzt im Wohnzimmer meiner neuen New Yorker Wohnung stand, umgeben von Menschen, die ich liebte, wurde mir
klar, dass meine Mutter mir längst das Werkzeug mitgegeben
hatte, das ich brauchte, um meinen Weg zu machen. Sie hatte
mir die Erlaubnis geschenkt, mein Leben weiter und reicher zu
machen, als ich es damals für möglich gehalten hätte. Trotzdem
hatte ich mich darauf gefreut, ihre Worte zu lesen. Jamie, Anne,
Freesia und Will legten alle die Arme um mich, als ich auf die
leere weiße Seite starrte und spürte, dass etwas zu Ende war.

Dreißigster Geburtstag:

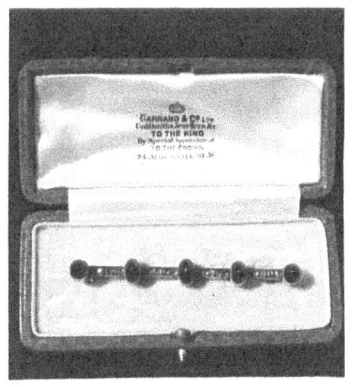

In unserer Wohnung in Brooklyn befand sich das kleine Metallkästchen mit der geflochtenen Strähne aus dem Haar meiner Mutter, die wir abgeschnitten hatten, als wir zum ersten Mal ihren Kopf rasiert hatten, in einem kleinen Regal über meinem Schreibtisch. Eines Tages stellte ich fest, dass Motten in das Kästchen gelangt waren und sich durch einen dunklen Strang nach dem anderen fraßen. Mottenlarven, hieß es im Internet, ernähren sich von Keratin, dem Strukturprotein, das sich in Naturfasern wie Baumwolle, Wolle und menschlichem Haar findet. Ich war verblüfft darüber, dass etwas in der kleinen Schachtel lebte, die ich so stark mit dem Tod assoziiert hatte; dass eine Ansammlung abgestorbener Zellen tatsächlich als Nährboden für die Entstehung neuen Lebens dienen konnte.

Ich nahm den Zopf mit ins Bad und löste, zum ersten Mal in zwanzig Jahren, die langen, dünnen Flechten und wusch sie unter fließendem Wasser aus. Komischerweise empfand ich den Motten gegenüber Dankbarkeit, weil sie mich gezwungen hatten, dies zu tun. Denn dank ihnen konnte ich noch einmal die Haare meiner Mutter in meinen Händen haben. Ich stellte den Föhn auf eine niedrige Stufe ein, in der Hoffnung, dabei nicht zu viele Haare zu verlieren. Die warme Luft brachte einen Hauch des Geruchs zurück, den ich schon lange verloren glaubte, einen angedeuteten Duft, der nicht ganz der meiner Mutter war, aber doch nach einem Menschen roch. Mir fiel auf, dass ein paar graue Haare zwischen den dunklen waren.

Als ich sie auf dem Küchenhandtuch auslegte, dachte ich an die Zeit zurück, als ich sehr klein war und meine Eltern mich noch abends badeten. Mein Vater breitete ein großes rosa Handtuch auf dem Fliesenboden aus, bevor er mich aus dem sich abkühlenden Wasser hob. Er legte mich in die Mitte des Handtuchs, und ich rollte mich zu einem kleinen nackten Komma darauf ein. Er faltete die Ränder über mir zusammen und steckte die Enden ein; dann nahm er das ganze Bündel auf seine Arme.

»Ein rosa Paket!«, rief meine Mutter aus, wenn er mich neben sie auf das Bett legte. »Was könnte da wohl drin sein?«

Ich kicherte dann immer aus dem Frotteestoff heraus. Sie wickelte mich langsam aus und schlug dabei immer nur eine Ecke zurück.

»Ein Fuß! Ich kann mich gar nicht erinnern, dass ich einen bestellt habe. Ein Ellenbogen! Meine Güte, was kann das denn sein?«

Schließlich, wenn ich vollständig frei lag: »Es ist eine Gwenny! Was für ein schönes Paket!«

Abend für Abend brachte mein Vater mich zu ihr, und Abend für Abend war sie entzückt, mich darin zu finden. Das wurde zu meinem Lieblingsspiel. *Wir müssen ein größeres Handtuch besorgen*, dachte ich, *wenn ich groß werde*.

Ich flocht aus der Haarsträhne wieder einen Zopf und legte ihn zurück in das Kästchen (diesmal mit einem Plastikschutz). Es waren weniger Haare als vorher, aber sie waren sauber und gepflegt, und in gewisser Weise gehörten sie noch mehr zu mir.

Nach meinem dreißigsten Geburtstag befanden sich noch drei Päckchen auf dem Boden der Truhe. Das erste war eine sechseckige schwarze Schachtel, bedruckt mit hellroten Beeren und der Aufschrift: *Verlobung*. Dann folgte eine Teedose der Marke Celestial Seasonings mit dem charakteristischen kleinen Bild eines Bären mit einer Schlafmütze auf dem Kopf. Auf ihrer kleinen weißen Karte stand: *Hochzeit*. Auf der letzten, einer sehr kleinen Pappschachtel: *Erstes Baby*.

Meine Mutter und ich hatten immer wieder ein Spiel gespielt, bei dem sie jedes Mal gewonnen hatte.

»Ich liebe dich mehr! Nein, ich liebe dich mehr!«, wiederholten wir beide immer hin und her, wie ein Sprechchor, als wollten wir uns gegenseitig anfeuern.

»Nein. Ich liebe dich mehr«, sagte sie am Ende immer und nahm mein Gesicht in ihre Hände. »Und du wirst nie wissen, wie sehr, bis du ein eigenes Kind hast.«

Ich nahm das sowohl als ein Versprechen als auch als eine Prophezeiung: dass ich es eines Tages, durch eigene Kinder, wissen würde, dass ich wahrhaftige Liebe erfahren würde und dass diese Liebe größer wäre als die, die ich für sie fühlte. Ich konnte mir keine Vorstellung von einer größeren Liebe als der zu meiner Mutter machen, aber ich vertraute ihr, wenn sie sagte, dass das möglich sei.

Die kleine Pappschachtel mit der Aufschrift *Erstes Baby* passte ohne Weiteres in die Mitte meiner Handfläche und war nicht größer als eine Walnuss. Ihr rosa Band war eng geknotet, damit sie verschlossen blieb. Um es zu öffnen, um das Band ein für alle Mal zu durchtrennen, hätte ich eine Schere gebraucht. Zu den Päckchen *Verlobung* und *Erstes Baby* gehörten außerdem dicke Umschläge, deren Gewicht einen ganzen Schatz noch ungesagter Worte versprach.

In all den Jahren, die ich die Truhe besaß, war ich nie versucht gewesen, ein Päckchen zu früh aufzumachen.

»Du musst eine erstaunliche Selbstbeherrschung besitzen«, sagten die Leute oft, wenn ich ihnen von den Briefen erzählte. »Ich hätte sie alle schon vor Jahren aufgemacht.«

Selbstbeherrschung hatte nie zu meinen Stärken gehört. Aber ich bin mit Märchen und Mythen groß geworden, und ich wusste, was mit Menschen passiert, die zu neugierig oder zu gierig waren und die Anweisungen ignorierten. Wenn ich die Geschichte über mein Leben lesen würde, wäre es ganz klar, dass das kleine Mädchen, dessen Mutter ihm eine Truhe voller Geschenke hinterließ, sie nur eins nach dem anderen öffnen durfte, und zwar immer zum richtigen Zeitpunkt. Wenn sie das nicht tat, würde ich erwarten, dass ihr etwas Schreckliches zustoßen könnte. Wenn sie alles richtig machte, würde es vielleicht eine Belohnung geben, zusätzlich zu dem Inhalt der Geschenkpäckchen. Vielleicht würde sie sogar ihre Mutter zurückbekommen. Solche Dinge geschehen in Märchen. Länger als die Hälfte meines Lebens hatte ich die Anweisungen befolgt, und jetzt war ich fast am Ende der Geschichte angelangt. All die Jahre hindurch hatten diese letzten drei Päckchen einen fernen Horizont gebildet. Dieser kurze Blick aus der Ferne hatte immer eine Art Versprechen beinhaltet, eine neue Art von Nähe zwischen meiner Mutter und mir. Ich stellte mir vor, wenn (und falls) ich sie öffnete, würden wir beide uns schließlich auf der gleichen Ebene begegnen, als Ebenbürtige – Ehefrauen und Mütter. Doch was wäre, wenn ich diesen Weg nicht wählte? Was, wenn mein Leben mich in eine andere Richtung führte?

Das Band um die Päckchen herum war inzwischen zerknittert und verblasst. Als ich sie so auf dem Boden der Truhe nebeneinanderliegen sah, fragte ich mich, ob eine Tochter sich überhaupt davon frei machen kann, ihr Leben nach dem ihrer Mutter auszurichten – sei es nun durch Nachahmung oder durch Widerstand. Ich dachte an andere junge Frauen, im ganzen Land, auf der ganzen Welt, die sich mit ihren Müttern über Fragen zu ihrer Beziehung, der Ehe oder den Enkelkindern austauschten. Wenn meine Mutter noch leben würde, wäre sie nicht auch eine dieser Mütter, die am anderen Ende eines Videochats gewichtige Fragen stellen? War dies hier nicht einfach eine andere Version davon? Das war es. Und auch wieder nicht.

Ich wählte einen Abend, an dem Will im Theater war. Der Umschlag mit der Aufschrift *Verlobung* war mit einer kleinen Schnur verschlossen, die um zwei Knöpfe herumführte – es war also kein Siegel aufzubrechen. Ich ging mit dem prall gefüllten Briefumschlag zum Sofa, genau dem Sofa aus grauer Mikrofaser aus Wills Apartment in der Graduate-School-Zeit, auf dem ich gesessen und ihm gesagt hatte, ein paar Monate nach dem Beginn unserer Beziehung, dass ich niemals heiraten wolle. Seitdem waren fünf Jahre vergangen, und obwohl ich immer noch Bedenken hatte, weil die Ehe für mich ein zum Scheitern verurteiltes Unterfangen war, hatte ich noch nie jemanden zuvor so geliebt. Ich wollte mit meiner Mutter über ihn sprechen. Ich wollte auf ihrem Bett liegen, ihre Hände in meinem Haar, und dies hier schien mir dem am nächsten zu kommen.

Die Schnur löste sich in langsamen Spiralen, und ich stellte mir vor, wie ihre Hände sie vor mehr als zwanzig Jahren um die beiden Knöpfe gewickelt und sich in der entgegengesetzten Richtung zu meinen bewegt hatten. Wie auch schon der Brief zu meiner ersten Periode war dieser hier getippt und mit *Som-*

mer 1996 datiert, als die Ärzte ihr zum ersten Mal noch ein Jahr zu leben gegeben hatten. Es gab keine Audioaufnahme, aber mir war, als könnte ich ihre Stimme in meinem Kopf hören.

Meine liebste kleine Gwenny,

natürlich bist du nicht mehr so klein, wenn du das hier liest, aber du bist klein, während ich es schreibe. Du bist erst sieben Jahre alt, und ich muss dem schrecklich traurigen Gefühl ins Auge sehen, dass du ohne mich groß werden wirst.

Ich möchte dich so sehnlichst und aus tiefster Seele bei all den wichtigen und all den unwichtigen Dingen begleiten. Ich möchte hier bei dir sein, dich lieben und dich beschützen, dich vor Gefahren bewahren und dich ermutigen, dich dabei unterstützen, das Beste in dir zu sehen und zu kennen und an den Dingen zu arbeiten, die deinem Glück im Weg stehen.

Doch du hast die Stürme überstanden, deine eigene Haltung gefunden und bist bereit, eine lebenslange Beziehung einzugehen. Ich kann mir noch nicht vorstellen, was dir alles auf dem Weg dorthin begegnet sein mag. All das scheint so weit in der Zukunft zu liegen, zwanzig Jahre vielleicht? Wer weiß das schon?

Ich hoffe inständig, ja, ich bete darum, dass du gelernt hast, dich selbst genügend zu lieben, dich selbst als wertvoll genug zu erachten, um jemanden ausgewählt zu haben, der dich wirklich lieben und wertschätzen kann.

Eine wahrhaftige Ehe ist eine Verbindung von dem, was in euch beiden am heiligsten ist. In einer wahren Ehe halten die Partner ihre Seelen mit der größten Zärtlichkeit, sie respektieren und unterstützen sich gegenseitig in ihren Anliegen, der Suche, der Sehnsucht nach dem, was in diesem Leben am heiligsten ist.

Wenn ihr diesen heiligen Funken im anderen nicht anerkennt und euch ihm nicht verpflichtet fühlt, dann läuft die Ehe am Ende nur auf das Organisatorische, das Anhäufen von Besitz und das alltägliche Hin und Her des Lebens hinaus.

Dein Vater und ich konnten uns dem Heiligen im jeweils anderen nicht hingeben. Trotzdem sind wir beide gute Menschen, verantwortungsvoll, pflichtbewusst und voller Hingabe an dich und Jamie.

Mein größter Wunsch, abgesehen von dem, alt werden und für dich da sein zu können, wäre, dir und Jamie eine glücklichere Ehe geboten zu haben, in der ihr hättet aufwachsen und eure Ideale und Erwartungen entwickeln können.

Vielleicht hat Daddy noch einmal geheiratet und eine bessere Beziehung gefunden, in der er sich mehr geerdet und weniger unzufrieden fühlt, und vielleicht konnte er euch damit ein besseres Vorbild für eine gute Ehe geben.

Ich bedaure es zutiefst, dass ich nicht in der Lage war, mir und euch eine liebevollere, lebendigere und harmonischere Ehe zu bieten. Und wir werden nie wissen, ob es für uns besser gewesen wäre, wenn Daddy und ich einen neuen Anfang mit jemand anderem versucht hätten, wo wir dann unsere mühsam erworbenen Erfahrungen hätten nutzen können. Denn du und Jamie, ihr liegt uns so sehr am Herzen, dass wir den Gedanken nicht ertragen konnten, euch wehzutun, indem wir euer Zuhause zerstörten. Doch stattdessen haben wir euch wehgetan, weil wir nicht in der Lage waren, in Vertrauen, verständnisvoller Liebe und gegenseitiger Hingabe an unsere Seelen wirklich zusammenzufinden.

Doch wie lernt man es, abzuwägen und auszugleichen, die richtigen Kompromisse einzugehen und die Auswirkungen abzusehen?

Daddy und ich hatten es so schwer, weil wir als Kinder nicht gelernt hatten, uns selbst einfach nur dafür zu lieben, wir selbst zu sein. Wir waren beide so unsicher in Bezug auf unseren eigenen Wert, dass wir ständig auf den anderen setzten, um Wertschätzung zu erfahren, und uns selbst die geringsten Andeutungen einer Kritik total zu Herzen nahmen. Wir haben beide so viele Verletzungen, so viel Kummer und Enttäuschungen angesammelt, dass sich zwischen uns eine unüberwindbare Barriere aufgebaut hat. Du kannst deinen Wert nicht in einem anderen Menschen finden. Du musst zuerst dich selbst kennen und wertschätzen. Obwohl Daddy und ich bei uns gegenseitig gute Eigenschaften sehen und schätzen können, scheinen wir den Weg zu Vertrauen und Wohlwollen verloren zu haben. Diese Muster haben uns geprägt, und selbst im Angesicht meines verfrühten Todes scheinen wir daraus nicht ausbrechen zu können. Ich schreibe dir dies, weil ich möchte, dass du weißt, wie wichtig es ist, wirklich für eine lebenslange Partnerschaft bereit zu sein. Und ihr seid auf die beste Art bereit, wenn ihr euch selbst wirklich kennt und liebt.

Ich hoffe zutiefst, dass unsere große Liebe euch gegeben hat, was ihr braucht, um kluge und richtige Entscheidungen für euch zu treffen, und dass ihr in eurem tiefsten Innern erfahren habt, dass ihr Wertschätzung verdient und dass ihr wiederum die Fähigkeit besitzt, die andere Person wertzuschätzen. Was es wertzuschätzen gilt, hat nichts mit Fähigkeiten zu tun, mit Erfolg oder mit körperlichen Eigenschaften. Es hat damit zu tun, unser bestes Selbst in den Augen des anderen gespiegelt zu sehen; unser liebevollstes und heiligstes Selbst – nicht die Vorstellung des anderen davon, wie wir sein sollten. Stattdessen geht es um die Unterstützung all dessen, *was wir durch den göttlichen Funken, der uns lebendig macht, bereits sind – und auch darum, dass wir wiederum die andere Person mit der gleichen Anteilnahme betrachten. Es geht um die Freiheit, dem Licht Ausdruck zu verleihen, das wir alle in uns tragen, während wir uns gleichzeitig mit der Lebenskraft eines anderen Menschen verbinden, um uns gegenseitig Unterstützung und Wohlwollen zu erweisen. Diese Form der Liebe erfordert eine große Reife und harte Arbeit, doch selbst das ist nicht genug, wenn diese Menschen nicht zuerst einmal in sich selbst verwurzelt sind. Es muss einem leichtfallen, sowohl zu geben als auch zu empfangen, man muss die Fähigkeit haben, sowohl sich selbst zu vergeben als auch dem anderen, und eine Form liebevoller Distanz, die einem verschiedene Sichtweisen ermöglicht, sowie die Bereitschaft, Verantwortung für die eigenen Themen zu übernehmen, die wir alle mit uns herumtragen, egal, für wie »aufgeräumt« wir uns halten. Wir müssen unsere eigene innere Quelle für unser Wohlbefinden haben, aus der wir schöpfen können.*

Mein kleiner Liebling, ich wünsche euch das größte Glück und ein langes Leben miteinander. Es gibt eine bestimmte Art des Wachstums und der Reife, die erst mit dieser Verpflichtung entsteht, die ihr eingeht, genauso wie eine bestimmte Art der Liebe erst entsteht, wenn man zusammen Kinder großzieht. Das ist nicht für alle Menschen das Richtige, aber der Gedanke, dass es das Richtige für dich sein könnte, stimmt mich froh.

Ich liebe dich, liebste Gwenny, von ganzem Herzen. Wie sehr wünsche ich mir, ich könnte bei dir sein, dich umarmen, mit dir weinen und mit dir strahlen. Ich weine, wenn ich daran denke, dass mein springlebendiger kleiner Kobold zu einer schönen Frau herangewachsen ist, die im Begriff ist, ihr Leben mit dem eines anderen Menschen zu verbinden. Ich weiß nicht, warum uns die Freude, dies miteinander zu teilen, genommen werden muss, genauso wie das gemeinsame Erleben all der Freuden und der Sorgen, die vor diesem Ereignis liegen. Ich gebe mir redlich Mühe, mit mir auf irgendeine Weise Frieden zu schließen. Du kannst dir nicht vorstellen, welchen Schmerz es mir bereitet, dir diese Briefe zu schreiben. Ich bin ganz verzweifelt über die Fehler, die ich gemacht habe und immer noch mache, da ich weiß, dass es keine Zeit geben wird, um sie an dir wiedergutzumachen. Ich bin immer noch dabei zu lernen, wie ich dir eine gute Mutter sein kann. Du bist ein so einzigartiges und vielschichtiges kleines Wesen und brauchst eine feste und liebevolle Unterstützung, um herauszufinden, wer du bist und wozu du hier bist.

Gwenny, es tut mir so leid, dass ich dich verlasse. Bitte verzeih mir. Bitte lass die Liebe, die ich für dich empfinde, ihren Weg zu dir finden. Ich weiß, eine Truhe mit Briefen und Andenken kann meinen Platz nicht einnehmen oder den Verlust für dich ausgleichen. Aber ich wollte unbedingt etwas tun, um dir den Weg in deine Zukunft zu erleichtern.

Möge Gott diese Verbindung segnen, die du mit deinem Herzensmenschen eingehst. Möge sie dir die größte Freude schenken.

Deine dich liebende Mommy

Ich ließ die Tränen fließen. Wie viele Botschaften meiner Mutter ich auch las, sie brachten mich immer zum Weinen. Sie schienen einen Raum in meinem Herzen zu berühren, der sonst abgeschottet war.

Ich ging zu meinem Bücherregal und zog das Fotoalbum von der Hochzeit meiner Eltern heraus, ein dickes blaues Buch in einem Ledereinband. Von den Seiten lächelten mir meine Eltern entgegen, meine Mutter in Elfenbeinweiß mit Puffärmeln, mein Vater mit einer weißen Fliege und einem Frack. Es war eine Hochzeit, von der Mädchen träumten, so wie es ihnen beigebracht worden war, mit schönen Kleidern, wichtigen Gästen und überwältigenden Blumenarrangements. Sie waren neunundzwanzig und einunddreißig, als sie heirateten. Mit dreißig lag ich genau zwischen ihnen.

Ich war dankbar dafür, dass meine Mutter in ihrem Brief auch die Probleme in der Beziehung zu meinem Vater eingestanden hatte. Doch trotz der Wirren in ihrer eigenen Ehe gab es hinter ihren Worten Optimismus. Sie hatte immer noch die Hoffnung, dass ich vielleicht anders lieben würde, besser. Der Brief deutete sogar ihre eigene Sehnsucht nach einer zweiten Chance für die Liebe an. Immer wieder hatte sie mich in ihren Briefen gebeten, mich nicht vor der Liebe zu verschließen – nicht zuzulassen, dass mich der Verlust meiner Mutter davon abhält, Menschen an mich heranzulassen, Nähe zu riskieren.

Ich ließ meinen Blick noch einmal über die Empfehlung gleiten, die sie für mich hatte: *Es muss einem leichtfallen, sowohl zu geben als auch zu empfangen ... eine Form liebevoller Distanz ... Wir müssen unsere eigene innere Quelle für unser Wohlbefinden haben, aus der wir schöpfen können.* Verheiratet oder nicht – ich begriff, dass es sich lohnen würde, sich darum zu bemühen.

Als Will nach Hause kam, umarmte ich ihn und drückte ihm den Brief in die Hand.

»Würdest du das bitte lesen?«, fragte ich.

Gwen und Will, verlobt, 30.04.2023

NACHWORT

Als ich an einem Februarnachmittag die letzten Bearbeitungen an diesem Buch vornahm, stolperte ich über einen unbeschrifteten grünen Ordner, der mit einem schwarzen Band zusammengehalten wurde. Er enthielt einen dünnen Packen Briefe meiner Mutter, die ich noch nie gesehen hatte. Sie waren an meinen Bruder und mich adressiert, aber nicht wie die Briefe in der Truhe für spezielle Gelegenheiten markiert. Stattdessen waren sie wie Tagebucheinträge datiert, geschrieben in den Jahren zwischen ihrer Diagnose als unheilbar krank und dem Verlust ihres Sehvermögens. Ich war verblüfft. Nicht nur, dass mir diese Briefe neue Einsichten in die Gedanken meiner Mutter lieferten – sie boten auch eine unschätzbare Bestätigung für die Chronologie der Ereignisse, die ich so mühsam aus alten Fotografien, Internetrecherchen und Gesprächen mit Familienmitgliedern und Freunden zu rekonstruieren versucht hatte.

Die Erfahrung, für dieses Buch zu recherchieren und es zu schreiben, war voller Momente wie diesem, voll unerwarteter Geschenke, die mir plötzlich unerklärlicherweise in den Schoß fielen. Diese Geschichte zu Papier zu bringen war, als ob ich versuchte, etwas zu fassen zu bekommen, das sich immer weiter ausdehnt. Jedes Mal, wenn ich glaubte, ich hätte den letzten der geheimen Hinweise meiner Mutter gefunden – ihre versteckten Briefumschläge, Kästchen und Anweisungen –, erwies sich das als falsch. Sobald ich mich noch mal umsehe, ist da schon wieder etwas Neues.

Als ich mich schon zwei Jahre lang mit diesem Projekt beschäftigt hatte, stellte ich den Kontakt zu einem der alten Freunde meiner Mutter her (dem von ihrer Europareise), mit dem sie in ihren späteren Teenagerjahren zusammen war. Ich schrieb ihm an einem Sonntagnachmittag eine E-Mail, und vier Stunden später hatte ich eine Antwort.

> Hallo Gwen,
>
> ja, ich würde sehr gern mit dir über einen meiner Lieblingsmenschen sprechen. Vor ihrem Tod hat sie mich gefragt, ob ich für ihre Kinder als Quelle für Informationen/Erinnerungen/Verständnis zur Verfügung stehen würde – so ist es also nun gekommen.

Als ich seine E-Mail las, empfand ich die gleiche Aufregung wie mit neunzehn, als die Therapeutin meiner Mutter das Gleiche sagte – das prickelnde Gefühl, auf der richtigen Spur zu sein. In beiden Situationen spürte ich auch, dass etwas immer weiter wuchs, und ich empfand eine erneute Wertschätzung der umfassenden Vorbereitungen, die meine Mutter getroffen hatte – und der Art und Weise, wie diese über den Rand der Truhe quollen und sich hinaus in die Welt ergossen. Ich frage mich oft, ob es da draußen noch mehr Menschen gibt, die nur darauf warten, dass ihr Telefon klingelt.

Ein Brief in dem kleinen Stapel gehörte tatsächlich in die Truhe. Meine Mutter schrieb ihn für meinen ersten Geburtstag ohne sie, welcher auch immer das sein würde. Ich hätte ihn an dem Morgen öffnen sollen, an dem ich zwölf wurde. Er war zweiundzwanzig Jahre lang verloren gewesen und hatte doch am Ende seinen Weg zu mir gefunden – ein weiterer Hinweis darauf, dass die Geschichte, die meine Mutter mir in all diesen Jahren erzählt hat, über sich und auch über mich, noch nicht zu Ende ist.

Meine herzallerliebste Gwenny,

dies ist dein erster Geburtstag ohne mich. Ich weiß nicht, welchen Geburtstag du gerade feierst oder wie lange ich schon nicht mehr da bin. Ich kämpfe so sehr und mit all der Liebe, die ich habe, um einen Weg zu finden, damit dein erster Geburtstag ohne mich so weit wie möglich in der Zukunft liegt.

Während ich das schreibe, bist du eine entzückende Sieben- einhalbjährige. Ich liebe deine Intelligenz und deine Schnel- ligkeit. Ich liebe dein wunderschönes elfengleiches Gesicht und deinen schlanken, anmutigen Körper. Ich weiß, dass die Heftigkeit und die Bestimmtheit, die dich manchmal in Schwierigkeiten bringen, dir eines Tages nützlich sein werden. Ich möchte da sein, um dich dabei zu unterstützen, zu lernen, wie du sie positiv für dich nutzen kannst.

Da wir am gleichen Tag geboren sind, ist dieser erste Geburtstag ohne mich für dich wahrscheinlich besonders schwierig. Du könntest dich vielleicht schuldig fühlen, weil du auf der Welt bist und ich nicht. Du sollst wissen, dass ich mir ein langes und glückliches Leben für dich mehr als alles andere wünsche. Du verdienst ein wundervolles Leben in Fülle, voller Liebe und Freude. Und am gleichen Tag wie ich geboren zu sein wird dich auf eine besondere Art und Weise an mich erinnern und meine grenzenlose Liebe für dich spü- ren lassen.

Liebe ist stärker als der Tod. Ich werde immer ein Teil von dir sein. Ich liebe dich, liebe dich, liebe dich mit all meinem Sein – für immer und ewig.

In Liebe, Mommy

DANKSAGUNG

Ich war in meinem Leben mit so vielen guten Feen gesegnet, doch ich hatte nicht erwartet, zwei von ihnen in meiner lieben Agentin, Brettne Bloom, und meiner großartigen Lektorin, Marysue Rucci, zu finden. Zusammen haben sie diese Seiten mitgestaltet und betreut und mich dabei immer auf einen Weg zu den tiefer liegenden, wahrhaftigeren Aspekten geführt, die ich noch nicht sehen konnte. Ich bin unendlich dankbar für ihre Geduld, ihr Mitgefühl, ihre große Unterstützung und ihr feines Gespür.

Bevor ich diese Geschichte aufschrieb, habe ich sie gelebt, und das wäre ohne meinen lebenslangen Verbündeten und großen Bruder, Jamie Kingston, dessen kluger Verstand, dessen Humor und dessen Zuneigung mir Mut machten, wenn ich den Faden verloren hatte, unmöglich gewesen. Einen großen Dank an ihn und an unsere wundervolle große Familie für ihre wertvollen Erinnerungen, Einblicke und ihre Überprüfung der Fakten.

Danke an Zeynap Özakat dafür, dass sie sich auf einer Parkbank den ersten weitschweifigen Entwurf dieser Geschichte angehört und mir versichert hat, es sei ein Buch. An Dan Jones und Miya Lee von der Rubrik »Modern Love« der *New York Times* für die Veröffentlichung des Essays, aus dem dann das Buch entstand. An Emily Rapp Black und Blaise Allysen Kearsley für ihren aufmerksamen Blick auf meine frühesten Passagen, und an Jessica Ciencin Henriquez, Adam Dalva und Kathleen Tolan für die Hilfe beim Zusammenweben der Fäden.

Einen großen Dank der Familie Bousa, von der ich das unschätzbare Geschenk eines Ortes und der Zeit für das Schreiben erhielt. Meiner lieben Freundin Freesia Stein, die das Manuskript in jedem Stadium las und mich unermüdlich anspornte. Und schließlich meinem Partner Will Turner, dessen Engagement für Kunst und künstlerisches Schaffen mich immer wieder inspiriert und durch dessen Liebe, Geduld und Unterstützung alles möglich wird.

Kristina Mailliard
17. Februar 1952–7. Februar 2001